명상록

마르쿠스 아우렐리우스의 흉상

(터키 이스탄불 고고학박물관 소장)

현대지성 클래식 **18**

명상록

TA EIS HEAUTON

마르쿠스 아우렐리우스 | 박문재 옮김

현대
지성

원서 소개

『Marcus Aurelius』, edited and translated by C. R. HAINES
(Loeb Classical Libary No. 58), Harvard University Press, 1916.
위 책의 그리스어 원전 텍스트를 이 책의 대본으로 삼았습니다.

차례

해제

1. 서론

이 『명상록』은 고대 세계의 이른바 고전시대에 씌어진 현존하는 글들 중에서 그 연대와 문화에 있어서 유례가 없는 독보적인 저작으로서, 로마 황제였던 마르쿠스 아우렐리우스(Marcus Aurelius)가 자신의 생애 말기에 외적들의 침공을 제압하기 위해서 제국의 북부 전선이었던 도나우 지역으로 원정을 간 10여년에 걸친 기간 동안에 쓴 것으로 추정되는 철학 일기다. 우리는 그가 로마 제국을 다스리는 일과 이민족과의 전쟁이라는 외적인 압박감과 무거운 짐으로부터 물러나서 자기 자신 속으로 들어가서 흐트러질 수도 있는 자기 자신을 다스리기 위해 스스로에게 들려주고 있는 교훈들을 기록한 책을 마주하고 있다. 그에게 있어서 자신의 내면은 외적인 그 어떤 것도 침범할 수 없는 "요새"였다. 따라서 『명상록』은 우리가 그의 요새의 광장으로 들어가는 관문인 셈이다.

　　그는 스토아학파의 철학을 자기 나름대로 변형시킨 것을 근간으로 삼아서, 자신에게 다가오고 있던 아주 민감한 도전들이자 인류 전체가 보편적으로 직면한 도전들에 대처하기 위한 힘을 발견하기 위해서, 자신의 핵심적인 신념들과 가치들을 짤막하면서도 강렬하고 흔히 힘 있는 성찰들을 통해 정확하게 표현해내려고 애쓴다. 그 도전들은, 그에게

다가오고 있던 죽음을 어떤 식으로 맞아야 하는가 하는 것, 자신의 사회적 역할을 정당화해 주는 논리를 발견하는 것, 자연 세계 속에서 도덕적인 교훈을 찾아내는 것 등이었다. 인간의 삶과 죽음을 영원의 관점에서 성찰한 마르쿠스의 이 저작은 사람들에게 끊임없이 도전과 격려와 위로를 주는 영속적인 힘을 지니고 있다. 왜냐하면, 그의 글은 그 어떤 일에도 흔들림 없는 강력한 도덕적인 헌신, 만물은 하나로 통일되어 있다는 철학적인 확신, 인간과 신은 하나의 공동체를 이루고 있다는 확고한 신념으로 무장되어 있기 때문이다.

2. 마르쿠스 아우렐리우스는 누구인가

마르쿠스 아우렐리우스(기원후 121-180년)는 로마에서 정치적인 명망을 이미 얻고 있었던 스페인 출신의 한 가문에 마르쿠스 안니우스 베루스(Marcus Annius Verus)라는 이름으로 태어났다. 그의 아버지는 그가 어릴 적에 죽었고, 그는 하드리아누스 황제의 친척이었던 자신의 조부에 의해 양육을 받았다. 하드리아누스 황제는 어린 마르쿠스를 대단히 아껴서 베루스(Verus, "진실한")라는 이름에 빗대서 베리시무스(Verissimus, "아주 진실한 사람")라는 별칭을 붙여 주었다. 하드리아누스는 안토니누스 피우스(Antoninus Pius)를 자신의 상속자이자 후계자로 선택하면서, 안토니누스로 하여금 마르쿠스와 루키우스를 양자로 삼게 했다. 마르쿠스는 수사학자였던 프론토(Fronto)를 비롯해서 여러 유명한 스승들로부터 교육을 받았는데, 그가 그 스승들과 주고받은 서신들은 오늘날에도 여전히 남아 있다. 마르쿠스는 12세 때부터 철학에 깊은

흥미를 보였는데, 어린 나이에 유니우스 루스티쿠스(Junius Rusticus)의 지도 아래 스토아 철학에 입문해서 에픽테토스의 『담화록』을 배웠고, 이 책은 그의 『명상록』에 많은 영향을 끼쳤다.

마르쿠스는 145년에 안토니누스의 딸인 파우스티나(Faustina)와 혼인해서, 여러 자녀들을 두고서 대체로 행복한 결혼생활을 했던 것으로 보인다. 그는 『명상록』에서 유일하게 하나의 주제를 중심으로 체계적으로 서술되어 있는 제1권에서 자신의 가족과 친구들이 자신에게 끼친 윤리적이고 지적인 영향을 회고하면서, 자신의 양부이자 선황제였던 안토니누스 피우스의 영향을 자신이 많이 받았다는 것을 고백한다.

황제로서의 마르쿠스의 치세 기간(기원후 161-180년)은 일반적으로 황제와 원로원이 좋은 관계를 유지하는 가운데 선정을 베푼 시기로 평가된다. 마르쿠스는 루키우스 베루스가 169년에 병으로 죽을 때까지는 그와 공동 황제로서 통치하였고, 이 두 사람의 공동 통치는 순조로웠던 것으로 보인다. 하지만 이 시기는 외적들의 준동으로 말미암아 로마 제국의 안녕이 위협을 받던 시기이기도 했기 때문에, 마르쿠스는 그러한 위협들을 제거하기 위해 많은 노력을 기울였다.

162년부터 165년 사이에는 파르티아가 제국의 동부 지역을 침공한 것이 주된 문제였고, 166년과 168년에는 이탈리아에서 발생한 전염병과 루키우스 베루스의 죽음으로 인해 제국의 전선이었던 도나우 지역을 안정시키고자 하는 시도들이 중단되었다. 그 결과 170년에 게르만족의 침공이 심각해져서, 마르쿠스는 180년에 죽을 때까지 북부 이탈리아와 게르마니아에서 일련의 원정을 수행해야 했다. 이 원정들은 대체로 성공적이었고, 제국의 국경 지대들은 안정되었다. 175년에 이집트와 시

리아의 총독이었던 아비디우스 카시우스(Avidius Cassius)가 반란을 일
으킨 것도 비록 진압되기는 했지만 마르쿠스가 겪어야 했던 또 하나의
위협이었다. 대외적인 이런 사건들에도 불구하고, 마르쿠스 황제 시대
는 당시에나 그 이후에나 선정이 베풀어진 시기로 평가되었는데, 그는
특히 그의 뒤를 이어 황제가 된 그의 아들 코모두스(Commodus, 기원후
180-192년)가 폭정을 일삼아서 결국 폭군으로 낙인찍혀 암살된 것과 대
비되었다.

마르쿠스 아우렐리우스는, 기원후 96년에 네르바 황제가 즉위함으
로써 시작되어서 180년에 마르쿠스의 아들 코모두스가 즉위하면서 끝
이 난 5현제 시대의 마지막 황제였다. 『로마제국 쇠망사』의 저자인 에
드워드 기번(Edward Gibbon, 1737-1794년)은 80여 년에 걸친 이 시대를
회상하면서 인류의 황금시대라 부르며 그리워하였다: "세계사 속에서
인류가 가장 행복하고 번영했던 시대를 꼽으라고 한다면, 인류는 주저
없이 도미티아누스 황제가 죽은 때로부터 코모두스가 즉위하기 직전
까지의 기간을 꼽을 것이다."

3. 『명상록』은 어떤 유형의 책인가

『명상록』은 어떤 의미에서는 사실상 문학적인 형식을 지니고 있지 않
고, 고대의 저술과 관련해서 알려져 있던 그 어떤 장르에도 속하지 않
는다고 할 수 있다. 『명상록』이라는 명칭은 17세기에 와서 붙여진 것이
었고, 그 이전에는 『그 자신에게』라는 명칭으로 불렸는데, 후자의 명칭
의 기원은 9세기까지 거슬러 올라간다. 이 저작은 마르쿠스가 출판할

의도로 쓴 것이 아니라, 시간 나는 대로 틈틈이 한두 구절을 적어두는 식으로 순전히 자신의 개인적인 비망록으로 쓴 것이었기 때문에, 아마도 처음부터 제목이 없었던 것으로 보인다. 그가 평소에 사용한 언어는 당연히 라틴어였지만, 『명상록』은 헬라어로 썼는데, 이것은 헬라어가 고대 철학의 표준 언어였고, 그도 이 언어를 잘 알고 있었기 때문이었다. 이 저작이 그의 생애 말기에 씌어진 것임을 보여주는 여러 단서들이 눈에 띄는데, 제2권과 제3권에 그의 게르마니아 원정을 보여주는 표제들이 붙어 있는 것이 그 중 하나다.

명상록이 어떤 표준적인 장르에 속한 저작이 아니라고 해도, 이 저작을 쓴 전체적인 목적이 무엇이었는지를 아는 것은 그리 어렵지 않은데, 그 일차적인 목적은 마르쿠스가 자신의 내면 깊은 곳의 생각들을 살펴보고, 지금 이 상황에서 어떻게 사는 것이 최선의 삶인지를 자기 자신에게 충고하기 위한 것이었다. 즉, 이 저작에서 그는 자신이 지금까지 살아온 삶 전체를 떠받쳐 왔던 중요한 명제들, 윤리와 관련된 핵심적인 원리들과 통찰들을 짧은 글들 속에 명료하게 담아내고자 했다.

다음으로 좀 더 큰 틀에서 이 저작의 목적은 기원후 1세기와 2세기에 인간이 자신의 삶 속에서 실천할 수 있는 윤리를 담은 책을 펴내어 널리 전파하는 것이었다. 이 후자의 목적은 헬레니즘 시대(기원전 3세기부터 1세기까지의 시기)에 출현했던 철학 학파들, 특히 스토아학파와 에피쿠로스학파에 그 기원을 두고 있기는 하지만, 기원전 4세기의 위대한 사상가들이었던 플라톤과 아리스토텔레스, 그 중에서도 특히 플라톤의 영향을 받은 것이었다. 마르쿠스에게 특히 큰 영향을 끼쳤던 것은 에픽테토스(Epictetos, 기원후 55-135년)가 스토아 철학에 의거해서 실천 윤리에 대해 쓴 『담화록』이였다. 또한 스토아 철학의 영향을 아주 깊게 받았던 또 한 명의 로마 정치가 세네카(Seneca, 기원전 4년-기원후 65년)도 대화편, 산문, 서신 같은 문학 장르를 빌려서 실천 윤리에 대한 글을 광범위하게 썼다.

마르쿠스가 주로 기반으로 하고 있던 스토아 철학에서 널리 사용되던 이 두 가지 유형의 저작은 그의 『명상록』에 특히 큰 영향을 미쳤다. 그 중 한 가지 유형의 저작은 윤리적인 삶을 어떻게 영위해 나가야 하는지에 대한 일반적인 지침을 제시하는 것을 목적으로 해서, 인간의 삶은 선한 성품들이나 미덕들을 표현하는 삶이 되어야 하고, 거기에 비추어서 자신의 사회적인 역할과 일들을 해나갈 것을 강조했는데, 로마의 정치가이자 철학자였던 또 한 명의 인물 키케로(Cicero, 기원전 106-43년)가 쓴 『의무론』이 그 유명한 예였다.

또 다른 유형의 저작은 인간이 심리적이고 윤리적으로 어떤 실패들을 겪는지를 밝히고서, 그것들을 질병으로 규정하여 치유하는 수단으로 철학을 사용하는 것이었다. 예컨대, 키케로가 쓴 『투스쿨룸에서의 대화』와 세네카의 『분노론』이 그런 저작들이었다. 마르쿠스의 『명상록』은 이 두 유형의 저작들의 저술 목적과 주제들을 반영해서, 충고와 치유를 아주 독특한 방식으로 결합하여 제시한다.

마르쿠스 시대에 스토아 철학자들도 사람들이 꽤 체계적인 방식으로 인격도야를 할 수 있게 하기 위해서 실천 윤리와 관련된 구체적인 방법론이나 체계를 제시했다. 예컨대, 세네카는 세 가지 단계로 이루어진 방법론을 제시하는데, 첫 번째는 어떤 일의 윤리적 가치를 평가하는 것이었고, 두 번째는 그 일의 윤리적 가치에 동기를 일치시키는 것이었으며, 세 번째는 동기와 행동 간의 일관성을 유지하는 것이었다. 에픽테토스도 마찬가지로 세 단계로 이루어진 체계를 제시했는데, 첫 번째는 우리가 원하는 일의 가치와 우리의 욕구를 일치시켜서 적절한 정서적 반응을 형성하는 것이었고, 두 번째는 윤리적으로 적절한 동기를 형성하는 것이었으며, 세 번째는 우리의 다양한 신념들 간의 일관성, 그리고 우리의 신념들과 행위들 간의 일관성을 유지하는 것이었다. 우리는 『명상록』에서도 여러 단계로 이루어진 이런 방법론이나 체계를 발견한다.

4. 마르쿠스는 당시의 철학과 어떤 관계에 있었는가

어떤 사람들은 스토아 철학이 마르쿠스의 지성에 가장 중요한 영향력을 미쳤다는 것은 분명하지만, 그렇다고 해서 마르쿠스가 스토아 철학자였다고 단정하기는 어렵다고 주장하면서, 다음과 같은 여러 근거들을 제시한다. 그는 자신이 스토아 철학을 신봉한다고 밝힌 적도 없고, 스토아학파의 창시자인 제논(Zenon, 기원전 334-262년)을 언급하지도 않으며, 스토아학파의 가장 중요한 이론가였던 크리시포스(Chrysippos, 기원전 280-206년경)도 단지 두 번만 언급할 뿐이다. 또한 그는 자신이 철학 교육을 받아서 스토아 철학의 세 가지 주된 분야인 논리학, 자연학, 윤리학의 기반을 철저하게 닦은 것은 아니라는 사실을 분명하게 밝히기도 한다.

아울러, 『명상록』은 다른 철학 학파의 이론들로부터의 영향도 강하게 보여주고, 그의 이러한 포괄적인 접근방식은 그가 스토아 철학의 몇몇 핵심적인 주제들을 다루는 방식에도 영향을 미쳤으며, 특히 당시에 자연 속에 내재된 목적이 존재하느냐의 여부를 놓고 스토아학파와 첨예하게 맞섰던 에피쿠로스학파가 사용하던 개념들을 기꺼이 받아들여 사용하는 모습을 보여주기도 한다. 그리고 마르쿠스는 황제가 된 후에는 아테네에 당시의 주요 철학 학파들이었던 플라톤학파, 아리스토텔레스학파, 에피쿠로스학파, 스토아학파의 사상을 공식적으로 가르치는 학당들을 아테네에 다시 세우기도 했다. 따라서 마르쿠스는 『명상록』에서도 오직 스토아 철학에만 의거해서가 아니라 여러 철학 학파들의 사상을 혼합해서 자신의 신념을 설파한 것으로 보이기도 한다.

하지만 그런 절충주의적인 태도는 당시의 지식인 세계에서 일반적인 것이 아니었다. 마르쿠스의 자문의사들 중 한 사람이기도 했던 갈렌(Galen, 기원후 129-216년경)은 사상적으로는 진정한 의미에서 절충주의자였지만, 이 시대의 일반적인 경향은 어느 한 철학 학파를 신봉하여 따르는 것이었다. 마르쿠스가 언급한 헤라클레이토스(Heraclitus)와 플라톤과 소크라테스 같은 몇몇 사상가들은 스토아 철학의 형성과 발전에 중요한 역할을 했고, 마찬가지로 마르쿠스가 언급한 견유학파도 스토아 철학에 영향을 미쳤다. 『명상록』에 지대한 영향을 끼친 에픽테토스의 『담화록』에는 마르쿠스가 언급한 이 사상가들을 긍정적으로 평가하는 말들이 담겨 있고, 마르쿠스보다 더 전문적인 스토아 철학자였던 세네카도 에피쿠로스학파와 스토아학파의 사상 간의 공통점을 기꺼이 인정했다.

하지만 스토아 철학이 마르쿠스에게 영향을 미쳤음을 보여주는 좀 더 적극적인 이유는, 『명상록』에서 그는 스토아 철학의 전문용어들을 사용하지 않고 어떤 때에는 그 개념들을 자신만의 독특한 방식으로 재

구성해서 사용하기도 하지만, 전체적으로 볼 때에는 스토아 철학의 냄새를 강하게 풍긴다는 것이다. 따라서 우리는 마르쿠스는 기본적으로는 스토아학파의 철학을 따르면서 거기에 기반해서 여러 철학 학파의 사상들을 폭넓게 인정한 것이었다는 결론을 내릴 수 있을 것이다.

5. 스토아 철학의 핵심 개념들은 어떤 것들이었는가

우리는 마르쿠스 당시의 스토아 철학의 특징으로 적어도 다섯 가지를 들 수 있고, 이것들은 『명상록』에서 두드러지게 강조되고 있는 주제들과 일치한다.

첫 번째는, 미덕을 따라 사는 삶만이 행복한 삶이라고 본 것이다. 즉, 인간이 행복한 삶을 살기 위해 필요한 것은 미덕이 전부라는 사상이다. 사람들이 일반적으로 선하고 좋은 것으로 여기는 것들인 건강이나 물질적인 풍요로움, 심지어 가족과 친구들의 안녕조차도 행복과는 아무 상관이 없는 것들로 치부된다. 그런 것들은 사람들이 본능적으로 선호하는 것들이긴 하지만, 도덕적으로는 가치중립적인 것들이고 인간의 행복과는 무관하다.

두 번째는, 인간의 감정과 욕망은 어떤 것들을 가치 있거나 바람직한 것으로 여기느냐와 관련된 신념에 의해서 직접적으로 결정된다고 보는 사상이다. 즉, 감정과 욕망은 인간의 정신생활에서 별개의 비이성적인 차원을 형성하지 않는다. 대부분의 사람들이 지니고 있는 감정과 욕망은 윤리적으로 잘못된 신념들에 의해서 형성된 것이기 때문에 정신적인 질병으로 취급된다.

　세 번째는, 인간은 본성적으로 다른 사람들을 유익하게 하고자 하는 내재된 성향을 지니고 있다고 보는 사상이다. 그러한 성향은 제대로 바르게 발전하는 경우에는 가족과 공동체에 진심으로 헌신하고, 모든 사람들을 우주라는 거대한 국가의 동일한 시민들, 또는 형제들로 여기고서 따뜻하게 받아들이는 것으로 표현된다.

　이 세 가지 사상이 결합되었을 때에는, 인간의 윤리와 정신에 대한 고도로 이상화된 견해가 탄생하게 되는데, 고대의 비평가들은 그러한 견해를 대단히 이상적이고 비현실적으로 평가했다. 그럼에도 불구하고, 스토아 철학자들은 모든 인간이 그 이상을 완벽하게 이룰 수는 없다는 것을 인정하면서도, 기본적으로는 완전한 미덕과 행복이라는 이상을 향해 나아갈 수 있는 능력을 갖고 있다고 주장했다. 따라서 스토아 철학에서 윤리적인 삶은 그러한 목표를 향해 끊임없이 나아가는 과정 또는 여정이었고, 스토아 철학자들은 그 여정을 밑받침하고 돕기 위해서 실천 윤리의 방법론들을 제시하였다. 스토아 철학에서는 이렇게 인간의 윤리적인 발전과정과 관련되어 있는 이 세 가지 주제를 윤리학의 영역에 배치하였다.

　스토아 철학의 네 번째 특징은 앞의 세 가지와는 달리 자연학에 속한 것으로서 윤리학과 자연학을 이어주는 연결고리로서의 역할을 하는 것이었다. 이 시대에 지식인들 사이에서의 주된 쟁점 중의 하나는, 자연 또는 우주에는 내재된 목적 또는 의미가 존재하는 것인가, 아니면 단지 자연적인 법칙들이나 과정들이 제멋대로 작용해서 생겨난 결과물일 뿐이냐 하는 것이었다. 플라톤과 아리스토텔레스를 따랐던 스토아 철학자들은 첫 번째 견해를 채택해서 모든 일은 이미 결정되어 있고, 일련의 모든 사건들은 신의 목적이나 섭리를 구현하는 것이라고 보았던 반면에, 에피쿠로스 철학자들은 두 번째 견해를 채택해서, 물질의 원자적 성격에 기초한 자신들의 사상을 설파했다. 이것이 보여주듯이, 스토아 철학에서는 윤리학과 자연학 같은 철학의 분야들이 서로 연결되어 있어서 서로를 밑받침해 준다고 보았다. 따라서 신의 섭리에 대한 그들의 신념은 자연학의 일부였지만, 윤리학과 관련된 중요한 틀을 제시해 주는 것이기도 했다. 그리고 반대로 윤리학은 섭리를 비롯한 신과 결부된 원리들을 밑받침해 주고 의미 있게 해 주었다.

다섯 번째는, 스토아 철학자들은 철학을 고도로 통일되고 지식 체계를 형성하고 있는 것으로 보았다는 것이다. 따라서 서로 다른 개념들 및 철학의 여러 분야들 간의 연결 관계를 추적해서 이해하는 능력은 스토아 철학을 연구하는 데 중요한 부분이었다.

6. 『명상록』에 반복적으로 등장하는 주제들로는
   어떤 것들이 있는가

마르쿠스는 자신의 『명상록』에서 아주 표준적인 스토아 철학의 주제들을 사용하기도 하지만, 어떤 경우에는 우리가 예상할 수 없었던 자신만의 독특한 표현방식들을 사용하기도 한다. 예를 들면, 그는 우리의 정체성을 규정하는 것은 본질적으로 우리를 "지배하고 있는 것"(그리스어로 '헤게모니콘')임을 강조한다. 그가 우리를 "지배하고 있는 것"으로 표현한 것은 "이성"을 가리킨다. 그는 인간을 구성하고 있는 서로 다른 부분들인 "육신"과 "정신"을 대비시킨다. 마르쿠스가 "정신"

을 나타낼 때 사용하는 그리스어는 '프쉬케'(혼)이지만, 스토아 철학에서는 일반적으로 '누스'(정신)나 '프뉴마'(호흡, 숨, 생기)라는 단어를 사용한다. 그가 이렇게 말하는 것은 표면상으로 볼 때에는 몸이 없는 "정신"과 몸을 지닌 "육신"을 구별하는 플라톤적인 이원론을 따르고 있는 것처럼 보이고, 따라서 그것은 스토아 철학에서 인간의 정신도 물질적인 것으로 보는 것과 상반되는 것처럼 보인다. 하지만 좀 더 면밀하게 살펴보면, 그런 대목들은 사실은 우리가 앞에서 살펴본 스토아 철학의 첫 번째 특징적인 사상을 반영해서 윤리적인 교훈을 제시하고 있는 것일 뿐이라는 사실이 분명해진다. 즉, 마르쿠스가 그런 표현들을 통해서 말하고자 하는 것은 인간의 본성 중에서 진정으로 중요한 측면은 인간을 "지배하고 있는 부분"인 "이성"을 사용해서 "정신"을 통제하고, 이번에는 "정신"으로 하여금 "육신"을 통제해서 미덕의 삶을 살아내는 것이기 때문에, 물질적으로 좋은 것들이나 감각을 만족시키는 이런저런 쾌락들 같은 "행복과는 무관한 것들"에 최고의 가치를 부여해서는 안 된다는 것이다.

마르쿠스가 육신을 비롯해서 물질세계 전반을 부정적으로 평가하는 것처럼 보이는 표현들을 사용하고 있는 것도 우리는 앞에서 말한 것과 동일한 방식으로 이해해야 한다. 예컨대, 그는 고급스러운 요리를 "물고기의 시체"라고 표현하거나, 육체적인 성관계를 맺는 것을 "장기의 마찰과 점액의 갑작스러운 분출"이라고 표현하고, 아름다운 대리석은 "흙이 단단하게 응집된 것"이고, 황제의 옷을 만드는 데 사용되는 자주색 옷감은 "조개의 피"라고 표현한다. 그런 표현들은 그 자체로만 본다면 육신이나 물질을 열등한 것으로 보고 배척했던 플라톤적인 사상이나 인습적인 규범들을 배척했던 견유학파적인 태도를 수용한 것처럼 보일 수 있지만, 좀 더 큰 맥락에서 보면, "행복과는 무관한 것들"에 가치를 두지 않는 스토아 철학의 사상을 표현한 것이다.

다른 주제들에서는 마르쿠스에 대한 스토아 철학의 영향이 좀 더 분명하게 드러난다. 예컨대, 그는 에픽테토스와 마찬가지로 어떤 일이나 환경에 대해서 선하다거나 악하다는 쓸데없는 판단을 덧붙임으로써 괴로움을 자초하지 말라고 자기 자신에게 반복적으로 충고한다. 이것은 감정과 욕망은 신념, 특히 잘못된 신념이 반영된 것이기 때문에, 선악에 대한 판단을 중지하고, 신념을 바꾸면 감정도 바뀐다는 스토아 철학의 표준적인 사상을 표현한 것이다. 따라서 사람들을 바라보는 관점을 바꾸어서, 모든 사람은 인류라는 한 동족의 형제들이라는 진실을 받아들이게 되면, 스토아 철학자들이 잘못된 것으로 여기는 분노 같은 감정들을 제거할 수 있다는 것이다. 또한 인생이나 인간사를 저 높은 곳에서 바라봄으로써 그런 것들이 아무것도 아닌 것임을 알아야 한다고 말하는 것과 같은 마르쿠스의 특징적인 여러 자세들은 스토아 철학자들이 잘못된 것으로 보고서 정상적인 질병으로 여긴 죽음에 대한 두려움에서 벗어나서 초연해지게 하기 위한 목적을 지닌 것으로 보인다.

마찬가지로, 사회적이고 정치적인 관계들에 대한 마르쿠스의 충고들도 그러한 주제들에 대한 스토아 철학의 표준적인 사상들을 자기 나름대로 표현한 것이다. 스토아 철학에서는 인간은 본성적으로 다른 사람들을 유익하게 하기 위한 성향을 지니고 태어났고, 모든 사람은 우주라는 거대한 국가의 윤리 공동체의 구성원들이라고 보았기 때문에, 인간이 윤리적으로 성장하기 위해서는 그러한 성향이 자신이 속한 가족과 공동체와 국가에 헌신하는 것으로 표현되어야 한다고 생각했다. 따라서 그는 한편으로는 로마인이자 한 사람의 정치가이며 통치자로서 자신에게 주어진 책무들에 헌신해야 한다는 것을 자기 자신에게 상기시킴과 동시에, 다른 한편으로는 우주라는 거대한 국가의 시민으로서 자연과 본성의 법을 따라 인류를 한 형제로 여기고서 자신에게 주어진 좀 더 보편적인 책무들을 해나가야 한다는 것도 자기 자신에게 상기시킨다. 이렇게 그는 세네카가 "이중적인 시민적 책무"라고 불렀던 것, 즉 모든 인간에게는 지역적인 공동체의 시민이자 보편적인 공동체의 시민으로서의 책무가 주어져 있다는 사상을 따르고 있다. 『명상록』에서 그것은 "안토니누스로서 나의 조국은 로마이고, 한 사람의 인간으로서 나의 조국은 우주다"라는 말로 표현된다.

앞에서 말한 스토아 철학의 네 번째 특징, 즉 윤리학과 자연학은 서로를 밑받침해 준다는 사상과 관련해서 마르쿠스가 어떤 입장을 취했는지는 얼핏 보면 콕 집어서 말하기가 어려운 것처럼 보일 수 있다. 왜냐하면, 마르쿠스는 한편으로는 신적인 질서 또는 우주적인 질서가 인간의 윤리적인 삶에 중요한 틀을 형성하고 있다는 사상을 자주 언급하고, 이 점에서 에픽테토스를 많이 연상시키지만, 다른 한편으로는 "섭리인가 원자들인가"라고 반문함으로써, 자연에 내재하는 목적이 있다는 스토아학파의 사상과, 우주는 그저 원자들의 이합집산의 결과물일 뿐이라는 에피쿠로스학파의 사상 중에서 어느 쪽의 세계관이 참된 것인지를 단정하지 않고 유보하는 입장을 취하기도 하기 때문이다. 하지만 우리는 그런 반문은 단지 스토아 철학에서 말하는 섭리적인 세계관을 좀 더 강하게 제시하기 위한 수사학적인 장치일 뿐이라고 보아야 한다.

　전체적으로 보아서, 마르쿠스는 자신의 『명상록』에서 스토아 철학을 충분히 이해해서 윤리학과 자연학을 통합한 사상을 훌륭하게 제시하고 있다고 할 수는 없지만, 스토아학파의 섭리적인 세계관이 참되다고 믿었고, 그런 세계관을 기반으로 해서 인간의 윤리적 실천을 제시하고 있다고 말할 수 있다.

　　　　　　　　　　　　　　　　　　　　　　　박문재

마르쿠스 아우렐리우스의 연보

121년 4월 26일 마르쿠스가 로마에서 태어남.

124년경 마르쿠스의 생부인 마르쿠스 안니우스 베루스가 죽고, 그의 조부에 의해 입양됨.

138년 삼촌인 안토니누스에 의해 루키우스와 함께 입양되고,

7월 10일 안토니누스는 하드리아누스의 뒤를 이어 황제에 즉위함.

140년 처음으로 집정관이 됨.

145년 안토니누스의 딸인 파우스티나와 결혼함.

155-161년경 마르쿠스의 어머니 도미티아 루킬라(Domitia Lucilla)가 죽음.

161년 3월 7일 안토니누스 황제가 죽고, 마르쿠스와 루키우스가 공동 황제로 즉위함.

8월 31일 나중에 그의 뒤를 잇게 될 아들 코모두스(Commodus)가 태어남.

166-167년 로마와 제국 전역에 역병이 퍼짐.

168-180년 대부분의 기간을 도나우 강 북쪽의 중부 및 남동 유럽의 전선에서 보냄.

169년 공동 황제였던 루키우스가 죽음.

175년 시리아 총독 아비디우스 카시우스가 반란을 일으키고, 파우스티나가 죽음.

177년 마르쿠스의 유일하게 생존했던 아들 코모두스가 15세의 나이로 공동 황제가 됨.

180년 3월 17일 판노니아의 시르미움(Sirmium) 근방에서 죽고, 코모두스가 단독으로 황제가 됨.

명상록

제1권

1. 내 할아버지 베루스[1]에게서는 선량하다는 것과 온유하다는 것이 무엇인지를 알았다.

2. 내 아버지[2]에 대한 평판과 기억으로부터는 겸손함과 남자다움이 무엇인지를 알았다.

3. 내 어머니[3]에게서는 신을 공경하며 살아가는 경건한 삶, 사람들에게 후히 베푸는 삶, 잘못된 일을 실제로 하는 것만이 아니라 그런 일을 생각하는 것조차 하지 않는 삶, 부자들과는 거리가 먼 검소한 삶을

---

1 마르쿠스는 제1권에서는 자신에게 영향을 미친 인물들의 장점들을 세세하게 설명한다. 그가 제6권 제48장에서 "너의 마음을 즐겁고 기쁘게 하고자 한다면, 네가 함께 어울리는 사람들의 좋은 점들을 떠올려보라"고 말한 것처럼, 여기에서는 그 자신이 실제로 그렇게 하고 있다. 그리스어 본문에는 동사가 없지만, 마르쿠스는 대단히 겸손한 사람이었기 때문에, 자기가 이 사람들로부터 그런 장점들을 배워서 자기가 실제로 행했다고 말하려는 것이 아니라, 단지 자신이 그들에게 어떤 장점들을 보았는지를 말하고 있는 것이고, 자기가 그런 점들을 배우려고 한 것임을 말하고자 한 것이었다. 마르쿠스의 조부는 세 번이나 집정관을 지낸 마르쿠스 안니우스 베루스(Marcus Annius Verus) 였다. 마르쿠스의 생부가 죽자 어린 마르쿠스를 양자로 삼았던 그는 거의 90살이 될 때까지 살다가 138년에 죽었다.
2 마르쿠스의 생부의 이름도 그의 조부의 이름과 동일했다. 그의 생부는 그가 3살 때인 124년에 죽었다.
3 마르쿠스의 어머니는 도미티아 루킬라(Domitia Lucilla)였는데 상당한 부를 상속받은 여자였다.

보았다.

4. 내 증조부[4] 덕분에 일반 학교에 다니지 않고 훌륭한 선생님들을 집으로 모셔서 배우게 되었고, 이런 일에는 돈을 아끼지 말아야 한다는 것도 알게 되었다.

5. 내 개인교사[5]에게서는 전차경주에 나오는 녹색군과 청색군, 또는 검투 경기에 나오는 큰 방패군과 작은 방패군 중에서 어느 한 쪽을 편들고 응원해서는 안 된다는 것,[6] 어렵고 힘든 일들을 묵묵히 해나가는 것, 최소한의 것만으로 만족하며 요구하는 것이 별로 없는 것, 내가 해야 할 일들은 스스로 하고 남의 일에는 간섭하지 않는 것, 남을 비방하고 중상모략하는 말에는 귀를 기울이지 않는 것을 보았다.

6. 디오그네토스[7]에게서는 쓸데없는 일들에 힘을 쏟지 않는 것, 주술사들이나 사기꾼들이 주문이나 축귀 같은 것들에 대해 말하는 것들

---

4 여기에서 마르쿠스가 말한 증조부는 외가 쪽의 증조부로서, 그 이름은 루키우스 카틸리우스 세르베루스(Lucius Catilius Serverus)였다.

5 마르쿠스가 여기에서 말한 개인교사가 누구였는지는 알려져 있지 않지만, 아마도 마르쿠스의 소년기의 발달과 성장을 담당했던 교육 받은 노예였을 것이다.

6 전차경주에서는 녹색 상의를 입은 팀 과 청색 상의를 입은 팀으로 나누어서 시합을 벌였고, 검투 경기에서는 큰 방패를 든 팀과 작은 방패를 든 팀으로 나누어서 시합을 벌였기 때문에, 관중들이 어느 한 팀을 선택해서 열렬히 응원하는 문화가 정착되어 있었다. 마르쿠스는 원형경기장에서 벌어졌던 이러한 시합들을 혐오하였다(제6권 제46장을 보라).

7 마르쿠스에게는 미술과 음악 선생이 따로 있었는데, 그 중에서 디오그네토스(Diognetos)는 미술 담당 개인교사였다. 하지만 우리는 여기에서 디오그네토스가 단지 미술만을 가르친 것이 아니라, 마르쿠스에게 광범위한 영향을 끼쳤다는 것을 알 수 있다.

을 믿지 않는 것, 메추라기를 싸움 붙이는 놀이를 하지 않고 그 같은 일들에 열광하지 않는 것, 다른 사람들이 해 주는 솔직한 말들을 막지 말고 귀 기울여 잘 듣는 것을 보았다. 내가 철학을 잘 알게 되어 처음에는 바케이오스에게서 배우고 다음으로는 탄다시스와 마르키아누스에게서 배우게 된 것,[8] 어렸을 때 대화편을 쓰게 된 것, 간이침대나 가죽 담요를 비롯해서 그리스 철학자들이 추구했던 생활양식에 속한 모든 것들을 좋아하게 된 것도 디오그네토스 덕분이었다.

7. 루스티쿠스[9]로부터는 나의 성품을 교정하고 훈련할 필요가 있다는 것, 교묘한 언변과 수사학을 익히는 일에 빠져서 열을 올리지 않는 것, 순전히 이론적이거나 사변적인 문제들에 대한 글들을 쓰지 않는 것, 잘잘못을 따져 훈계하는 연설을 삼가는 것, 사람들에게 금욕주의자나 자선사업가처럼 보이려고 하지 않는 것, 수사학과 시학과 미사여구를 멀리하는 것, 정장을 하고 집안을 산책하는 것과 같은 허황된 행동들을 하지 않는 것, 루스티쿠스가 시누엣사[10]에서 내 어머니에게 쓴 편지처럼 편지는 담백하게 써야 한다는 것, 어떤 사람들이 내게 화를 내

---

8 바케이오스, 탄다시스, 마르키아누스는 마르쿠스에게 철학을 가르쳐 준 선생들이었는데, 이 세 철학자들에 대해서는 알려져 있는 것이 없다.
9 루스티쿠스는 93년에 도미티아누스 황제에게 처형당했던 스토아학파의 순교자 퀸투스 아룰레누스 유니우스 루스티쿠스(Quintus Arulenus Junius Rusticus)의 후손으로서 철학자이자 정치가로서, 마르쿠스에게 20대 중반부터 지적으로 지대한 영향을 끼친 인물들 중의 한 사람이었다. 그는 마르쿠스의 관심을 수사학에서 철학으로 돌려놓고 스토아 철학에 대해 관심을 갖게 했다. 마르쿠스는 황제가 되고 나서 루스티쿠스를 162년에는 두 번째로 집정관에, 163년에는 로마의 총독에 임명했다.
10 시누엣사는 라티움 또는 캄파니아 접경지대에서 가까운 비아 아피아(Via Appia)에 있던 해안 도시였다.

거나 잘못한 경우에도 금방 평정심을 되찾아야 한다는 것, 그들이 조금
이라도 돌이키고자 하는 기색을 보이기만 해도 그들과 기꺼이 화해하
고자 해야 한다는 것, 책들은 피상적으로 한 번 훑어보는 것으로 만족
하지 않고 주의 깊게 정독해야 한다는 것, 유창한 언변으로 청산유수처
럼 말하는 사람들의 말은 주의해서 들어야 하고 성급하게 동의해서는
안 된다는 것을 알았고, 그의 집에 있던 필사본을 빌려주어서 에픽테토
스[11]의 『담화록』도 알게 되었다.

8. 아폴로니오스[12]로부터는 내면의 자유, 그 어떤 것도 우연에 맡겨
두지 않겠다는 확고한 결심, 오직 이성만을 의지해서 살아가고 다른 것
들은 단 한순간이라도 돌아보지 않는 것, 극심한 고통을 겪거나 자녀를
잃거나 오랜 병을 앓아도 늘 한결같은 모습으로 살아가는 것, 한 사람
이 그토록 열정적으로 활동하면서도 늘 느긋하고 여유가 있으며 온유
할 수 있다는 것을 그의 생생한 모범을 통해 분명하게 알게 되었고, 다
른 사람들을 가르칠 때 조급하게 굴지 않고, 철학적인 진리들을 자신의
삶의 경험 속에 녹여서 알기 쉽게 가르치면서도 자신의 그런 재능을 자

---

11 에픽테토스(Epictetos)는 마르쿠스의 사상에 가장 큰 영향을 끼친 철학자로서, 그가 한 말들은
『명상록』에서 자주 직간접적으로 인용된다. 프리기아 속주의 히에라폴리스 출신이었던 에픽테토
스는 로마에서 노예로 있다가, 그의 주인이었던 에파프로디투스에 의해 해방되었다. 89년에 도미
티아누스 황제에 의해 다른 철학자들과 함께 로마에서 추방된 후에 에페이로스 지방의 니코폴리스
에서 학당을 세웠다. 그는 직접 글을 쓰지는 않았지만, 그가 가르친 내용들은 그의 제자였던 아리아
노스(Arrian, 86-160년)가 여덟 권으로 편집해서 펴낸 『담화록』이 있는데, 그 중 네 권이 현존한다.
12 아폴로니오스는 보스포로스 지방의 칼케돈 출신의 스토아 철학자이자 전문강사로서, 양부였
던 안토니누스 피우스가 로마로 초빙해서 마르쿠스를 가르치게 했다. 마르쿠스는 아폴로니오스를
대단히 존경했지만, 그것은 몇몇 다른 저술가들은 그가 오만했다고 비판한 것과 대조적이다.

랑하지 않고 아무것도 아닌 것으로 여기는 사람이 있다는 것을 그에게서 보았으며, 비굴하게 보이지도 않고 무성의하게 보이지도 않게 친구들이 베푸는 호의를 받아들이는 법도 알게 되었다.

9. 섹스토스[13]로부터는 인자함, 가장이 잘 다스려나가는 가정의 모범적인 모습, 자연과 본성을 따라 살아간다는 것이 무엇을 의미하는 것인가 하는 것,[14] 가식이 없는 위엄과 장중함, 친구들에 대한 존중과 배려, 알지 못하고 말하는 자들과 근거 없는 주장을 내세우는 자들에 대한 인내와 관용을 알게 되었다.

그는 그 누구와도 잘 어울리는 사람이어서, 그와의 대화는 그 어떤 칭찬을 듣는 것보다 더 즐거운 것이었고, 단지 그와 함께 있기만 해도 마음이 기뻤기 때문에, 그를 만나서 얘기를 해 본 모든 사람들로부터 아주 깊은 존경심을 불러일으켰다. 또한 그는 인생을 살아갈 때 꼭 필요한 원리들을 정확하게 파악해서 체계적으로 정리해서 보여줄 줄 아는 사람이었다.

그는 분노나 다른 어떤 격정의 내색을 조금이라도 내보인 적이 없었고, 격정으로부터 완전히 자유로움과 동시에 사람들을 사랑하는 마음과 정이 차고 넘쳐 보였으며, 티를 내거나 요란스럽지 않는 가운데 다른 사람들을 칭찬하였고, 박학다식했으면서도 절대로 잘난 체하지는

---

13 섹스토스는 중부 그리스의 보이오티아 지역에 있던 카이로네아 출신의 철학자로서, 유명한 다작의 전기작가이자 문필가였던 플루타르코스의 조카였다. 마르쿠스는 황제가 된 후에도 꾸준히 섹스토스의 강의에 참석했다.
14 자연과 본성을 따라 살아가는 것은 스토아 철학의 이상이었다. 이것에 대해서는 제1권 제17장을 보라.

않았다.

10. 수사학자였던 알렉산드로스[15]로부터는 다른 사람을 비판하지 않는 것, 무례하거나 어처구니없거나 황당한 말을 해도 중간에 말을 잘라버리거나 핀잔을 주지 않고, 도리어 그 사람이 사용한 표현 자체가 아니라 내용을 함께 생각하고 토론해 보거나 그 밖의 다른 방법을 사용해서 그런 상황에서는 어떤 표현을 사용하는 것이 적절한 것인지를 간접적으로 재치 있게 깨우쳐 주는 것이 좋다는 것을 알았다.

11. 프론토[16]로부터는 시기심이 많고 변덕스러우며 위선적으로 말하고 행동하는 것이 폭군의 특징이라는 것, 우리 가운데서 귀족의 지위에 있는 자들 중에는 인정이 없는 자들이 많다는 것을 배웠다.

12. 플라톤학파의 철학자인 알렉산드로스[17]로부터는 누구에게 말하

---

15 알렉산드로스는 소아시아의 프리기아 속주의 코티아이움 출신의 수사학자였는데, 마르쿠스의 개인교사 중의 한 명으로서, 당시에 수사학자로서 이름을 날렸고, 특히 호메로스 연구에 일가견이 있었다. 알렉산드로스는 위대한 소피스트이자 문장가였던 아에리우스 아리스티데스(Aelius Aristides)를 가르치기도 했다.

16 마르쿠스 코르넬리우스 프론토(Marcus Cornelius Fronto, 95-166년경)는 북아프리카의 누미디아 지방의 키르타 출신으로서, 로마에서 유명한 법률가이자 웅변가였고, 138년에 안토니누스 피우스에 의해 마르쿠스의 수사학 선생으로 임명되었다. 이 두 사람은 마르쿠스가 수사학에서 철학으로 옮겨가고 난 후에도 친밀하고 애정어린 우정을 계속해서 이어갔다. 그들이 주고받은 서신들에는 서로 간의 그러한 따뜻한 애정이 깊게 배어 있는데, 이 서신들은 1815년에 이르러서야 처음으로 발견되었고, 그 이전에는 알려져 있지 않았다. 이 서신들 속에는 마르쿠스의 성품과 풍부한 감성이 담겨 있다.

17 알렉산드로스는 소아시아의 킬리키아 속주 출신의 철학자이자 수사학자였다. 마르쿠스는 판노니아 속주의 군영에 있을 때에 그를 자신의 헬라어 비서로 임명했다. 따라서 마르쿠스가 이 글을 쓰고 있던 당시에도, 그의 옆에는 알렉산드로스가 있었을 것이다. 알렉산드로스는 "흙으로 된 플라톤"이라는 별명으로 불렸다.

거나 편지를 쓸 때 "내가 너무 바쁘다"라는 말은 꼭 필요한 경우에만 사용하고 자주 사용해서는 안 된다는 것, 사람들과의 관계에 의해서 생겨나는 의무들을 바쁘다는 핑계로 자꾸 회피하려고 해서는 안 된다는 것을 배웠다.

13. 카툴루스[18]로부터는 친구가 근거 없이 질책하고 비판하더라도 무시해 버리지 않고 도리어 그 친구가 평소의 모습을 되찾을 수 있게 해주려고 애써야 한다는 것, 도미티우스와 아테노도토스[19]에 대해 기록한 글들이 보여주듯이 스승들을 아낌없이 칭송하고 자녀들을 진심으로 사랑해야 한다는 것을 알았다.

14. 나의 형제인 세베루스[20]로부터는 가족에 대한 사랑, 진리에 대한 사랑, 정의에 대한 사랑을 보았고, 그를 통해서 트라세아와 헬비디우스와 카토와 디온과 브루투스를 알게 되었으며,[21] 하나의 법률이 모든 사

---

18 킨나 카툴루스는 다른 곳에서 스토아 철학자로 한 번 언급된 인물로서, 마르쿠스는 그의 강의에 참석해서 들었지만, 그에 관한 다른 것은 알려져 있지 않다.

19 마르쿠스가 여기에서 왜 도미티우스와 아테노도토스를 언급했고, 그 관계가 어떤 것이었는지는 모호하다. 아테네도토스는 프론토를 가르친 선생들 중 한 사람이었다.

20 세베루스는 146년에 집정관을 지낸 그나이우스 클라우디우스 세베루스 아라비아누스(Gnaeus Claudius Severus Arabianus)를 가리키는 것일 가능성이 큰데, 그의 아들은 마르쿠스의 딸들 중의 한 명과 결혼했다. 여기에서 마르쿠스가 말한 것들에 비추어 보면, 세베루스는 정치 철학에 조예가 깊었던 정치가였던 것으로 보인다.

21 트라세아와 헬비디우스와 카토와 디온과 브루투스는 폭정에 저항했던 스토아 철학자 또는 정치가들이었다. 푸블리우스 클로디우스 트라세아는 네로 황제 치하에서 원로원의 독립성을 지키려다가 66년에 자결을 해야 했고, 그의 사위였던 헬비디우스 프리스쿠스는 베스파시아누스 황제 치하에서 비슷한 활동을 하다가 75년에 처형당했으며, 마르쿠스 포르키우스 카토는 공화주의자로서 기원전 46년에 타프소스 전투에서 율리우스 카이사르에게 패한 후에 항복하지 않고 자결하였고,

람에게 적용되어야 한다는 것, 평등과 언론의 자유를 토대로 한 정부, 신민의 자유를 최우선적인 가치로 하는 왕정에 대한 사상을 갖게 되었다. 또한 그에게서 그런 사상을 늘 변함없이 일관되게 존중하는 것, 다른 사람들을 기꺼이 도와주고 호의를 베푸는 것, 후히 베푸는 일에 늘 열심을 보이는 것, 모든 일을 낙관적으로 보고 희망을 갖는 것, 친구들의 사랑을 믿고 확신하는 것, 악의적인 목적을 가지고 접근하는 자들에게도 완전히 마음을 열고 대하는 것, 친구들에게 자기가 무엇을 원하고 원하지 않는지를 분명하게 알게 해서 쓸데없는 추측을 하지 않게 하는 것을 보았다.

15. 막시무스[22]에게서는 자기 자신을 철저하게 절제하는 것, 한 번 결심을 했으면 절대로 흔들리지 않는 것, 병을 앓을 때나 그 밖의 다른 그 어떤 나쁜 상황에서도 쾌활함을 잃지 않는 것을 보았고, 온유함과 위엄이 잘 조화되어 있는 성품의 모범을 보았으며, 자신에게 맡겨진 일들을 아무런 불평 없이 해내는 것을 보았다.

그는 자기 입으로 말한 것들은 자기 마음속에서 생각한 것들을 있는 그대로 말한 것이고, 자기가 행한 것들은 나쁜 의도가 전혀 없이 행한

카토의 사위였던 마르쿠스 유니우스 브루투스는 율리우스 카이사르를 암살한 인물들 중 한 사람이었고, 기원전 42년에 필리피 전투에서 안토니우스와 옥타비아누스에게 패한 후에 자결하였는데, 그도 나중에 독재에 항거해서 로마의 자유를 지킨 인물로 추앙되었다. 마지막으로 디온이 누구를 지칭하는지는 확실하지 않지만, 기원전 4세기에 플라톤의 제자로서 시라쿠사(Syracuse)에서 자행되고 있던 폭정을 철인 왕정으로 개혁하려다가 기원전 353년에 암살된 시라쿠사의 디온을 가리키는 것일 가능성이 높다.

22 클라우디우스 막시무스는 스토아 철학자이자 원로원 의원이었던 인물로서 여러 고위 관직들을 역임하였다.

것이라는 믿음과 신뢰를 모든 사람에게 주었다. 그는 어떤 일에도 놀라거나 두려워하지 않았고, 급히 서두르거나 망설이는 법이 없었으며, 어떻게 해야 할지를 몰라 하거나 낙담하지 않았고, 사람들의 비위를 맞추거나 아부하지 않았으며, 갑자기 화를 내거나 의심하지도 않았다.

그는 너그럽고 선량했으며 기꺼이 용서했고 정직했다. 그는 바른 길을 고수하고 있는 사람이라기보다는 바른 길에서 절대로 벗어날 수 없는 사람이라는 인상을 주었다. 그를 만나본 사람들은 아무도 그에게서 무시당했다고 생각하지도 않았을 것이고, 자기가 그보다 더 낫다고 생각하지도 않았을 것이다. 그는 유쾌한 재치가 넘치는 사람이었다.

16. 내 양아버지[23]에게서는 온유함, 신중하게 심사숙고해서 한 번 내린 판단은 흔들림 없이 고수하는 것, 명예를 얻고자 하는 헛된 허영심이 없는 것, 일 자체에 대한 열정과 끈기, 공공의 유익을 위해 무엇인가를 제안하는 사람들의 말을 경청하는 것, 상벌을 엄격히 하는 것을 보았고, 밀어붙일 때와 풀어 주어야 할 때를 경험으로 알고 계신 것을 보았으며, 소년들에 대한 모든 감정을 억누르는 것을 보았다.[24]

그는 다른 사람들의 감정을 존중해서, 친구들에게 자기와 함께 식사하거나 여행하는 것을 강요하지 않았고, 그들이 다른 일 때문에 참석하지 못한 경우에도 그들을 늘 이전처럼 대하셨다. 회의가 있을 때에는

---

23 마르쿠스의 양아버지는 안토니누스 피우스로서 하드리아누스 황제의 뒤를 이어 138년 7월 10일에 즉위해서 161년 3월 7일에 죽었고, 그의 뒤를 이어 마르쿠스는 황제가 되었다. 안토니누스는 마르쿠스의 조부였던 마르쿠스 안니우스 베루스의 딸과 결혼했기 때문에, 마르쿠스에게는 삼촌이었다.
24 이것은 동성애를 가리킨다. 이 시대에는 동성애가 만연되어 있었다.

인내심을 가지고 모든 안건을 꼼꼼하고 세심하게 살폈고, 처음에 보고를 듣고 마음에 들었다고 해서 꼼꼼하게 따져보는 것을 생략하는 법이 없었다. 친구들을 대할 때에는 늘 한결같아서, 친구들에 대해 싫증을 느끼거나 친구들에게 푹 빠지는 일이 없었다. 모든 것에서 자족했고 늘 밝았다. 멀리 내다보고 아무리 작은 일도 미리 계획을 세웠지만 그렇게 하기 위해 야단법석을 떨지는 않았다.

그는 자신의 치세 동안에 대중의 환호와 온갖 아부에 재갈을 물렸고, 국정을 돌보는 일에 밤낮으로 노심초사했으며, 나라의 재정을 아끼고 지혜롭게 관리했으며, 거기에 따른 불만을 기꺼이 감수했다. 신들과 관련해서는 미신으로부터 자유로웠고, 백성들과 관련해서는 대중을 기쁘게 하거나 영합해서 인기를 끌려고 하지 않고, 도리어 모든 일을 순리대로 탄탄하게 해나갔으며, 저속하거나 신기한 것을 따르는 것이 전혀 없었다.

그는 행운이 그의 생활을 편리하게 해 주기 위해 그에게 풍부하게 공급해 준 물건들을 아무런 주저 없이 사용했지만, 과시하는 것이나 미안해하는 마음을 갖지 않았다. 있을 때는 별 다른 생각 없이 사용했고, 없을 때는 아쉬워하지 않았다. 그가 궤변이나 사람들이 듣기 좋아하는 말들을 늘어놓고 현학적인 체하는 사람이라고 말할 사람은 아무도 없었다. 그는 아부하는 말들에 귀를 막고서 자기 자신의 일과 다른 사람들의 일을 유능하게 처리할 줄 아는 성숙하고 온전한 사람이었다.

이런 것들에 더하여, 그는 참된 철학자들을 존경했지만, 그렇지 않은 부류의 사람들에 대해서도 꾸짖거나 현혹되어 끌려 다니지 않았다. 사교성도 있고 기지도 있었지만 지나침은 없었다. 자신의 몸을 적절하게 돌보았지만, 삶에 집착하거나 외모에 관심을 갖지 않았고, 도리어 자신의 몸을 함부로 굴리지 않고 적절한 주의를 기울였기 때문에, 의술이나 약의 도움을 받거나 외적인 처치를 해야 할 필요가 거의 없었다.

무엇보다도 그는 수사학이나 법률이나 윤리 같은 분야들에 특별한 재능을 지닌 사람들을 시기하지 않고 기꺼이 있는 그대로 인정해 주고, 그런 사람들이 각각 자신의 분야에서 탁월한 것에 합당한 대우를 받을 수 있도록 최선을 다해 도와주었다. 모든 일에서 조상들의 전통을 충실하게 따르고자 했지만, 자신이 전통을 따라 행하는 것임을 과시하고자 하지는 않았다.

또한 그는 변화를 주는 것이나 오락가락하는 것을 좋아하지 않았고, 늘 동일한 장소에서 동일한 일을 하곤 했다. 잠시 심하게 두통을 앓다가도 이내 다시 힘을 차리고서 일상으로 돌아가서 아무 일도 없었다는 듯이 일했다. 그가 비밀로 한 일들은 많지 않고 극히 적었고, 아주 가끔씩 오직 국사에 대한 것만 비밀에 부쳤다. 국가 행사를 하거나 공공 건축물을 짓거나 하사품을 내릴 때는 지나치지 않게 꼭 필요한 경우에만 했고, 그런 일들을 해서 얻게 될 개인적인 업적이나 명성은 전혀 고려하지 않았다.

시도 때도 없이 목욕하지 않았고, 멋있는 건물을 짓는 것에 애착을 보이지 않았으며, 음식이나 의복의 옷감과 색상이나 노예들의 미색에 관심이 없었다. 그의 옷은 로리움에 있는 그의 시골집에서 보내온 것들이었고, 그에게 필요한 다른 물건들도 대부분 라누비움에서 공급되었다. 그에게 용서를 구한 투스쿨룸의 징세관을 그가 어떻게 했는가.[25] 그

---

25 안토니누스는 로마에서 비아 아피아를 따라 남동쪽으로 18마일 가량 떨어져 있던 라티움 지역

는 늘 그런 식으로 처신했다.

　그에게는 냉혹하거나 무자비하거나 고압적인 면이 전혀 없었다. 그는 속된 말로 사람들로 하여금 "진땀나게 만드는" 그런 부류의 사람이 아니었다. 매사가 마치 여유로운 사람이 천천히 시간을 들여서 침착하게 아주 세밀한 부분까지 체계적으로 계획한 후에 그 계획을 단호하고 일관되게 실행해나가는 것 같았다. 소크라테스는, 많은 사람들이 의지가 너무 약해서 안 할 수 없고 한 번 하면 완전히 빠져들 수밖에 없는 그런 일들일지라도 자기는 안 할 수도 있고 적당히 즐길 수도 있다고 말했다고 하는데, 그 말은 그에게도 그대로 적용되는 말이다. 어떤 일을 할 수 있는 힘을 갖고 있으면서도 그 일을 안 할 수 있는 절제력도 함께 가지고 있다는 것은 막시무스가 병들었을 때 보여준 것과 같이 완전한 불굴의 정신을 소유한 사람의 특징이다.

　17. 신들에게서 나의 좋은 조상들, 좋은 부모, 좋은 누이,[26] 좋은 스승들, 좋은 권속과 친지와 친구들을 예외 없이 거의 모두 얻었다. 나는 사람들을 상처받게 할 수 있는 기질을 타고나서, 여건이 조성되기만 했다

의 "라누비움"에서 태어났고, 로마에서 비아 아우렐리아를 따라 서쪽으로 12마일 가량 떨어진 에트루리아 지방의 "로리움"에 있던 자신의 가문의 영지에서 죽었다. "투스쿨룸"은 로마에서 비아 라티나를 따라 남동쪽으로 10마일 가량 떨어진 라티움의 구릉지대에 있던 성읍으로서, 부유한 로마인들이 선호하던 여름 휴양지였다. 안토니누스가 그 지역의 징세관을 어떻게 했는지는 알려져 있지 않지만, 어쨌든 마르쿠스가 이런 것들을 말하는 목적은 그의 검소하고 소박한 삶을 강조하기 위한 것이다.

26　마르쿠스에게는 그보다 2년 후에 태어난 단 한 명의 동생이 있었는데, 여기에서 "좋은 누이"로 지칭된 안니아 코르니피키아 파우스티나가 그의 유일한 동생이었다. 마르쿠스는 이 누이가 결혼할 때 자신이 부모에게서 물려받은 유산 전체를 그녀에게 주었다. 그녀는 152년에 채 30살도 되지 못해서 두 자녀를 남겨 둔 채 죽었다.

면, 그들로 하여금 어떤 식으로든 깊은 상처를 받게 했을 것인데도, 실제로는 그렇게 하지 않은 것은, 나의 그런 기질이 나타날 수 있는 여건이 조성되지 않게 한 신들의 은총 덕분이었다.

내가 내 조부의 첩 옆에서 더 이상 양육받지 않게 되어서, 내 청춘의 순결을 보존하고, 적절한 때가 되기도 전에 성인의 역할을 하지 않아도 되게 그 시기가 미루어진 것도 신들의 은총이었다.

내가 한 나라를 다스리는 지위에 있는 양아버지를 만난 것도 신들의 은총이었다. 그는 내게서 온갖 허영심이나 교만함을 없애 주었고, 궁정에 살면서도 호위나 화려한 옷이나 횃불 들어 주는 자나 조각상 같은 허례허식이 필요하지 않고, 평민과 거의 비슷한 생활을 하면서도 얼마든지 한 나라의 군주로서 전혀 위엄의 손상 없이 국사를 돌볼 수 있다는 것을 깨닫게 해 주었다.

내게 아주 좋은 성품을 지닌 아우가 있어서 그를 볼 때마다 내 자신을 더욱 살펴서 언행을 조심해야 한다는 경각심을 불러일으켜 주면서도 나를 존경하고 사랑해서 내 마음을 기쁘게 해주는 것,[27] 나의 자녀들이 지능 면에서나 육체적으로나 아무 문제가 없는 것,[28] 내가 만일 수사

---

27 여기에 언급된 아우는 그와 함께 안토니누스의 양자로 들어간 루키우스 케이오니우스 코모두스를 말한다. 마르쿠스는 161년에 황제에 즉위한 후에 루키우스를 공동 황제로 삼아서 루키우스 아우렐리우스 베루스로 지칭했다. 루키우스는 164년에 마르쿠스의 장녀였던 루킬라와 결혼하지만, 169년에 39살의 나이로 요절했다. 고대의 기록들은 루키우스를 좋지 않게 평가했고, 심지어 잘한 일이 하나도 없다는 말까지 서슴지 않았던 것으로 보아서, 그에 대한 마르쿠스의 평가는 아주 너그러운 것이었다고 할 수 있다.

28 마르쿠스와 파우스티나는 145년에 결혼해서 14명의 자녀를 두었는데, 그 중에서 일곱 명은 어릴 때에 죽었다. 마르쿠스가 180년에 죽을 때, 그에게 남은 아들은 당시 18살이었던 코모두스뿐이었다. 코모두스는 황제에 즉위해서 폭정을 일삼다가 192년에 암살되었다. 기원후 4세기의 저술가였던 아우소니우스(Ausonius)는 "마르쿠스가 자신의 조국에 끼친 유일한 해악은 그런 아들을 두

학이나 시문이나 그 밖의 다른 학문에 뛰어난 재능을 보였다면 거기에 빠져서 헤어나오지 못했을 텐데 다행히 그런 분야에 뛰어나지 않은 것, 나의 스승들은 아직 젊으니까 나중에 천천히 관직을 주어도 괜찮을 것이라고 생각하지 않고 일찌감치 그들이 원하는 것으로 보였던 관직들에 서둘러 앉힌 것, 아폴로니오스와 루스티쿠스와 막시무스를 알게 된 것도 신들의 은총이었다.

자연과 본성을 따라 살아가는 삶[29]의 올바른 의미를 자주 명료하게 나의 생각속에서 그려볼 수 있어서, 그런 삶은 신들, 곧 신들의 축복과 도움과 영감에 달려 있기 때문에, 내 자신이 못나서, 그리고 신들의 가르침을 늘 명심하고 유념하지 못해서, 내가 여전히 그 이상에 못 미치기는 하지만, 내가 지금 즉시 자연과 본성을 따라 살아가는 삶을 살아가는 것을 방해할 수 있는 것은 아무 것도 없다는 것을 알게 된 것도 신들의 은총이었다.

내가 내내 이런 삶을 살아 왔는데도 내 몸이 지금까지 잘 버텨준 것, 베네딕타나 테오도토스[30]를 한 번도 건드리지 않았고 심지어 내가 나중에 정욕에 빠졌을 때도 거기에서 금방 헤어 나올 수 있었던 것, 루스티쿠스에게 종종 화가 났지만 나중에 후회할 짓을 한 번도 하지 않은 것, 내 어머니는 일찍 돌아가실 운명이었지만 적어도 말년을 나와 함께 보

었다는 것이었다"고 썼다.

29 자연과 본성을 따라 살아가는 삶은 스토아 철학의 이상으로서 『명상록』에 저류하는 기본적인 주제로서, 우주의 본성과 그 일부인 인간의 본성에 내재된 이성에 부합한 삶을 가리킨다.

30 베네딕타와 테오도토스는 안토니누스의 가솔에 속해 있던 노예들이었던 것으로 보인다. 당시에는 가문에 속한 노예들과의 성관계는 동성애든 이성애든 부끄러운 일이 아니었고 도리어 당연시 되었다.

내게 된 것은 신들의 은총이었다.

재정적으로 어렵거나 그 밖의 다른 도움을 필요로 하는 사람들을 도와주고 싶을 때마다 내게 그럴 만한 힘이 없다는 말을 한 번도 하지 않을 수 있었던 것, 내 자신은 다른 사람의 도움을 받아야 하는 그런 곤경에 한 번도 처한 적이 없었던 것, 아주 순종적이고 사랑이 많으며 사심 없는 아내를 만난 것, 나의 자녀들을 위해 훌륭한 스승들을 구해 줄 수 있었던 것도 신들의 은총이었다.

꿈을 통해서 유익한 조언들을 듣고 특히 각혈과 현기증을 치료할 수 있는 비법을 들을 수 있었던 것, 카이에타[31]에서 "네 자신이 사용하기 나름이니라"는 신탁을 듣게 된 것, 철학에 마음을 두었을 때 소피스트(궤변론자)에게 빠지거나 책상머리에 앉아서 책들을 섭렵하거나 삼단논법을 풀거나 천문 현상을 연구하는 데 골몰하지 않은 것도 신들의 은총이었다. 이 모든 일은 신들과 행운의 도움 없이는 안 되는 것들이기 때문이다.

---

31 카이에타는 로마에서 남동쪽으로 75마일 가량 떨어진 한 해변에 자리 잡은 성읍이었는데, 거기에 있던 아폴로 신전에서는 아폴로 신의 신탁을 들을 수 있었다.

제 2 권

그라누아 강변에 있는 콰디족의 땅에 머물며 쓰다.[1]

1. 하루를 시작하기 전에 네 자신에게 이렇게 말하라:[2] "오늘도 나는 주제넘게 이 일 저 일 간섭하고 돌아다니는 사람, 배은망덕한 사람, 제멋대로 교만하게 행하는 사람, 술수를 써서 남을 속이는 사람, 시기심이 많은 사람, 사교성이 없고 무뚝뚝한 사람을 만나게 될거야." 하지만 그들이 그런 짓들을 저지르는 것은 단지 선이 무엇이고 악이 무엇인지를 알지 못하기 때문이다.[3] 나는 선의 본성은 아름다운 데 있고 악의 본성은 추한 데 있다는 것을 알고, 그들이 비록 잘못을 저지르고 있을지

---

1 그라누아는 오늘날 헝가리 북부에 있는 에스테르곰(Esztergom) 지역을 흐르는 도나우 강의 한 지류 이름이고, 콰디족은 도나우 강 북쪽에서 오늘날 슬로바키아에 살던 게르만족의 한 부족이었는데, 마르쿠스는 170년대 초반에 그 지역으로 원정을 가 있었다.
2 『명상록』에는 마르쿠스가 하루를 잘 지내기 위해서 이른 아침에 일어나자마자 묵상할 것을 자기 자신에게 권하는 내용이 여러 번 나온다. 또한 그는 잠자리에서 어서 일어나라고 자기 자신에게 재촉하는데, 이것은 그가 말년에 심한 불면증에 시달렸기 때문이었다.
3 스토아 철학의 윤리학에서는 소크라테스로부터 미덕과 악덕 개념을 차용해서 사용하였다. 미덕은 진정으로 선한 것이 무엇인지에 대한 "지식"이고, 악덕은 무지의 결과다. 따라서 선을 알게 되면 당연히 행하게 되어 있다. 여기에서 소크라테스의 저 유명한 명제가 등장한다: "아무도 알면서 악을 저지르지는 않는다." 인간에게 닥칠 수 있는 유일하게 참된 해악은 사람이 자기 자신에게 행하는 것, 즉 자기 자신을 도덕적으로 악하게 만드는 것뿐이다. 그러므로 외부에 있는 제3자나 환경이나 그 어떤 일은 사람에게 진정한 해악을 끼칠 수 없다.

라도 그들의 본성은 나와 동일해서 그들이 나의 동족이자 형제들이라는 것도 안다. 그들이 나의 동족인 것은 그들이 나의 씨족에 속하여 나와 혈연관계에 있기 때문이 아니라, 나와 마찬가지로 그들 안에 이성과 신성의 파편을 지니고 있기 때문이다.[4] 그러므로 그들은 내게 해악을 끼칠 수 없고 나를 부끄러운 짓으로 끌어들일 수 없으며, 나도 내 동족인 그들에게 화를 내거나 미워할 수 없다. 우리는 두 발이나 두 손이나 두 눈꺼풀이나 상악과 하악처럼 서로 돕고 협력하기 위해 태어났기 때문이다. 따라서 서로 대립하는 것은 본성에 어긋나는 짓이다. 그리고 서로에게 화내고 등을 돌리는 것은 서로 대립하는 것이다.

2. 내가 누구이든, 나는 육신과 호흡과 이 둘을 지배하는 정신으로 이루어져 있는 존재다.[5] 네가 보던 책들을 집어 치워라. 그런 것들로 더 이상 너의 정신을 산만하게 하지 말라. 그렇게 하지 말고, 마치 네가 지금 죽음을 앞둔 사람인 것처럼 육신을 무시해 버려라. 육신이라는 것은

---

4 여기에 주의 깊게 구성되어 있는 윤리 철학에는 마르쿠스 사상의 중심을 이루는 서로 연관된 두 개의 공리가 결합되어 있는데, 하나는 모든 사람은 본성적으로 동족이고 하나의 동일한 공동체를 이루고 있다는 것이고, 다른 하나는 모든 사람 안에는 "신성"이 존재한다는 것이다. 우주를 지배하는 것은 신적인 이성이고, 인간을 지배하는 것은 여기에서 마르쿠스가 '헤게모니콘'이라 표현한 저 우주의 이성의 한 부분인 인간의 "이성적 정신"이다. 신과 자연은 약간 다른 뉘앙스를 지니는 용어이지만, 궁극적으로는 우주를 지배하는 원리를 가리키는 동일한 표현들인데, 마르쿠스는 일반적으로 후자를 선호한다.
5 마르쿠스는 인간이 육신과 호흡 또는 혼(그리스어로 '프쉬케') 또는 정신(그리스어로 '누스')으로 구성되어 있다고 본다. 혼이나 정신은 우주의 이성으로부터 나온 그 일부로서 신성을 지닌다. 혼이나 정신은 인간을 지배하고 인도하는 이성을 따라서 육신을 다스려야 한다. 그래서 마르쿠스가 '헤게모니콘'(지배하는 것)으로 표현한 것은 이성 또는 이성적 정신을 가리킨다. 원소라는 관점에서 이해하면, 육신은 흙이고, 호흡 또는 혼은 공기이며, 정신은 불이다. 불이나 공기는 위로 올라가는 속성이 있어서, 자신의 근원인 우주의 본성 또는 신에게로 끊임없이 올라가려고 한다.

단지 피와 뼈, 그리고 신경과 정맥과 동맥이 서로 얽혀 있는 그물망에 불과한 것이다. 또한 호흡이 무엇인지도 생각해 보라. 호흡이라는 것은 공기의 흐름이고, 그 공기도 늘 동일한 것이 아니라, 매 순간마다 내쉬었다가 다시 들이마시는 것이다. 너를 이루고 있는 세 번째 부분은 너를 지배하는 정신이다. 네 자신을 노인이라고 생각해서, 너의 정신이 이제 더 이상 노예로 살아가게 하지도 말고, 온갖 이기적인 충동들에 이리저리 끌려 다니는 꼭두각시가 되게 하지도 말며, 현재의 운명에 불만을 품거나 장래에 닥칠 운명을 두려워하게 하지도 말라.

3. 신들이 하는 일들에는 섭리가 가득하다. 그리고 운명이 하는 일들은 자연과 동떨어져 있는 것이 아니라 섭리에 의해 안배된 모든 것들로 서로 섞여 짜여 있다. 모든 것이 거기에서 흘러나온다. 필연이라는 것도, 네가 속해 있는 우주가 주는 온갖 혜택도 다 거기에서 흘러나온다. 우주의 본성이 가져다주는 혜택들이 자연의 모든 부분에 자양분을 공급해서 자연 전체를 보존한다. 원소들의 변화[6]와 그 합성물들의 변화에 의해 우주가 보존된다. 이 가르침만으로 네게는 충분하기 때문에, 이 가르침에 머물러라. 죽는 순간까지도 불평하는 사람이 되기를 원하지 않고, 진정으로 즐거워서 신들에게 진심으로 감사하는 마음으로 죽고 싶다면, 책에 대한 갈망을 버려라.

4. 그동안 신들이 네게 무수히 많은 기회들을 주었는데도, 너는 그

---

6 스토아 철학의 자연학의 중심적인 가르침은 원소들의 결합이 물리적인 우주와 거기에 속한 만물을 형성하고 있고, 이 원소들은 끊임없이 서로 자리를 바꾸어서 다시 결합하면서, 우주와 만물을 새롭게 하고 있다는 것이다.

기회를 단 한 번도 받아들이지 않고, 얼마나 오랫동안 이런 일들을 미루어 왔었는지를 기억해 보라. 하지만 이제는 네가 속해 있는 우주가 어떤 것이고, 그 우주의 어떤 지배자가 너를 이 땅에 보내어 태어나게 하고 살아가게 하고 있는지를 알아야 하고, 이 땅에서 네게 주어진 시간은 엄격하게 한정되어 있기 때문에, 네가 그 시간을 활용해서 네 정신을 뒤덮고 있는 안개를 걷어내어 청명하게 하지 않는다면, 기회는 지나가 버리고 네 자신도 죽어 없어져서, 다시는 그런 기회가 네게 오지 않을 것이라는 사실도 알아야 한다.

5. 매 순간마다 로마인답게, 그리고 남자답게, 꾸밈없는 당당함과 동포애와 독립심과 정의감을 가지고서 자신에게 맡겨진 소임을 정확하고 꼼꼼하게 사심 없이 완수하고, 다른 잡념들은 모두 다 버려라. 어떤 일을 할 때마다 마치 그 일이 이 땅에서 네가 하는 마지막 일인 것처럼 행하고, 네가 의도적으로 이성의 통제에서 벗어나서 너의 감정에 이끌려서 제멋대로 행하지 않으며, 위선과 이기심과 네게 주어진 운명에 대한 불만에 사로잡히지 않는다면, 너는 얼마든지 그렇게 할 수 있게 될 것이다. 사람이 몇 가지만 잘 이겨내면 경건하고 복된 삶을 살 수 있다는 것을 너도 알지 않는가. 그렇게 행하며 살아가는 자에게는 신들조차도 더 이상 아무것도 요구하지 않는 법이다.

6. 오, 나의 정신이여, 너는 네 자신을 학대하고 또 학대하고 있구나. 그것은 네 자신을 존귀하게 할 기회를 스스로 없애 버리는 것이다. 인생은 한 번뿐이고, 너의 인생도 끝나가고 있다. 그런데도 너는 네 자신

을 존중하지 않고, 다른 사람들이 너를 어떻게 평가하느냐에 마치 너의 행복이 달려 있다는 듯이 다른 사람들의 정신 속에서 너의 행복을 찾고 있구나.

7. 너는 왜 너의 외부에서 일어나는 일들에 휘둘리고 있는 것이냐? 그럴 시간이 있으면 네게 유익이 되는 좋은 것들을 더 배우는 일에 시간을 사용하고, 아무런 유익도 없는 일들에 쓸데없이 이리저리 끌려다니는 것을 멈추라. 하지만 그런 후에도 또다른 잘못을 범하지 않도록 주의해야 한다. 왜냐하면, 아무런 인생의 목표도 없이 그저 자신의 온갖 충동과 생각이 시키는 대로 열심히 달려오느라고 지쳐 버리는 것도 어리석은 것이기는 마찬가지이기 때문이다.

8. 다른 사람들의 정신 속에서 무슨 일이 일어나고 있는지를 잘 살피지 않았다고 해서 사람이 불행해지는 경우는 거의 없지만, 자신의 정신의 움직임들을 주의 깊게 잘 살피지 않는 사람은 반드시 불행해지게 된다.

9. 우주의 본성은 무엇이고, 내 자신의 본성은 무엇이며, 나의 본성은 우주의 본성과 어떤 관계에 있고 어떤 우주의 어떤 부분인지를 늘 마음에 새기고 있어야 한다. 그런 후에 네가 행하고 말하는 모든 것에서 늘 네가 속한 저 우주의 본성을 따른다면, 그것을 막을 자는 아무도 없다.

10. 테오프라스토스[7]는 철학자답게 여러 잘못들을 비교해서 다소 대중적인 관점에서 말할 때, 욕망에서 생겨난 잘못이 분노에서 생겨난 잘못보다 더 중대한 잘못이라고 말했다. 사람이 분노할 때에는 자신의 이성에 등을 돌려야 하기 때문에 자기도 모르게 심장을 잡아 찢는 듯한 고통을 느끼게 되지만, 욕망으로 인해 범죄하거나 잘못을 저지를 경우에는 쾌락에 사로잡혀서 훨씬 더 제멋대로 방탕하고 비열하게 행하기 때문이다. 그러므로 테오프라스토스가 쾌락이 수반되는 잘못은 고통이 수반되는 잘못보다 더 큰 비난을 받아야 한다고 말한 것은 철학자다운 옳은 말이다. 말하자면, 분노로 인해 잘못을 저지르는 사람은 먼저 남에게서 해악을 당한 후에 거기에서 생겨난 고통 때문에 분노한 사람과 같다고 한다면, 욕망으로 인해 잘못을 저지르는 사람은 스스로 자신의 욕망에 사로잡혀서 잘못을 범하는 사람과 같다.

11. 지금 바로 이 순간에 죽을 수도 있는 사람처럼 모든 것을 행하고 말하고 생각하라. 신들이 존재한다면, 인간 세상을 떠나는 것은 두려워해야 할 일이 아니다. 설마 신들이 너를 불행 속으로 밀어넣겠느냐. 만일 신들이 존재하지 않거나 인간사에 관여하지 않는다면, 신들도 존재하지 않고 섭리도 존재하지 않는 우주 속에서 더 이상 살아간들, 그것이 네게 무슨 의미가 있겠느냐. 하지만 신들은 존재하고, 인간사에도

---

7 테오프라스토스(기원전 371-287년경)는 그리스의 철학자이자 과학자이며 다방면에 박학다식했던 인물로서, 아리스토텔레스의 제자이자 후계자로서 기원전 322년부터 아리스토텔레스학파의 수장으로 있었다. 그의 저작들 중 상당수가 현존하지만, 마르쿠스가 여기에서 언급한 저작은 남아 있지 않다.

관여하며, 인간에게 그들에게 진정으로 해로운 것들에 빠지지 않을 수 있는 능력을 주었다. 만일 우리가 빠질 수 있는 어떤 다른 해악들이 있었다면, 신들은 우리 각자에게 그 해악들에도 빠지지 않을 수 있는 능력을 줌으로써 확실한 조치를 취해 두었을 것이다. 외부의 어떤 것이 인간을 더 나쁘게 만들 수 없는데, 하물며 어떻게 인간의 삶을 더 나쁘게 만들 수 있겠는가. 우주의 본성이 무지해서, 또는 알기는 하지만 보호하거나 바로잡을 힘이 없어서 그런 일들이 일어나는 것을 방관한다는 것이 말이 되겠는가. 또한 우주의 본성이 능력이나 솜씨가 없어서 유익한 일과 해로운 일이 선한 자들과 악한 자들 구별 없이 모든 사람에게 일어나게 한다는 것이 말이 되겠는가. 그러므로 선한 자들에게나 악한 자들에게나 똑같이 일어나는 죽음과 삶, 명예와 불명예, 고통과 쾌락, 부와 가난은 그 자체로는 사람을 존귀하게 해 주는 것도 아니고 부끄럽게 하는 것도 아니며 진정으로 유익한 일도 아니고 해로운 일도 아니다.[8]

12. 모든 것이 얼마나 신속하게 사라져 버리는가. 우주 속에서는 온갖 사물들이 아주 신속하게 사라지고, 시간 속에서는 그런 것들에 대한 기억이 아주 신속하게 사라져 버린다. 우리의 감각으로 인식하는 모든 대상들, 특히 쾌락으로 유혹하거나 고통으로 두렵게 하거나 허영심을

[8] 운명에 의해서 모든 사람들에게 할당되는 이런 일들은 선도 아니고 악도 아니며 사람에게 유익한 것도 아니고 해로운 것도 아니다. 스토아 철학에서는 이런 것들을 인간의 참된 행복과는 아무 상관이 없는 "가치중립적인" 것들이라고 말한다. 마르쿠스는 우리가 이런 가치중립적인 것들로 인해 괴로움을 겪거나 해악을 입는 것은 우리 자신이 이런 것들에 대해 좋다거나 나쁘다고 판단하기 때문이며, 따라서 이런 것들에 대한 판단을 멈추는 것이 지혜롭고 마땅한 일이라고 말한다.

부추기는 것들도 마찬가지다. 이 모든 것들은 얼마나 값싸고 하찮으며 추악하고 덧없으며 죽어 있는 것들인가. 이것을 아는 것이 우리 이성의 역할이다. 생각과 목소리로 명성을 얻는 자들이 어떤 자들인지, 그리고 죽음이 무엇인지를 생각하는 것도 이성의 역할이다. 합리적인 분석을 통해서 죽음을 둘러싼 온갖 거짓된 인상들[9]을 다 벗겨내고서 오직 죽음 그 자체만을 따로 고찰해 보면, 우리는 죽음이라는 것이 자연의 한 과정 외의 다른 것이 아니라는 것을 알게 된다. 그리고 자연의 한 과정을 보고서 두려워하는 사람이 있다면, 그 사람은 어린아이일 뿐이다. 사실 죽음은 자연의 한 과정일 뿐만 아니라 자연에게 유익하고 이롭다. 인간이 어떻게 신(神)과 접촉하는 것인지, 그리고 우리의 어느 부분으로 접촉하고, 그 부분의 어떤 성질을 통해 신을 접촉하는 것인지를 생각하는 것도 이성의 역할이다.

13. 온 세상을 돌아다니며 온갖 것들을 다 들추어 보다 못해, 시인이 말한 것처럼[10] 심지어 "땅 속 깊이 감추어 있는 것들까지도 파헤쳐 보고," 사람들의 혼 깊은 곳의 은밀한 것들을 읽어내 보려고 애쓰면서도, 자신의 내면에 있는 신성을 꼭 붙잡고서 한 마음으로 섬기는 것으로 충

---

9 "인상들"은 우리의 감각기관들이 외부의 사물들을 지각해서 우리의 사고 속으로 받아들일 때 우리의 사고 속에서 맺히는 심상들로서 우리의 인식의 원재료가 된다. 따라서 마르쿠스는 우리 안으로 들어오는 이 인상들은 대체로 거짓된 것들이기 때문에, 그 인상들을 그대로 따라서 우리의 인식과 판단을 형성해서는 안 되며, 도리어 우리의 이성으로 그 인상들을 바르게 판단해서 극복하고, 각각의 사물의 본질을 꿰뚫어보아야 한다고 말한다.

10 그리스어 본문에는 이 시인의 이름이 언급되고 있지 않지만, 이것은 핀다로스(Pindar)가 한 말이다. 그는 기원전 5세기 전반에 그리스의 대표적인 서사 시인이었다. 그의 글은 플라톤에 의해서도 인용되었다.

분하다는 것을 알지 못하는 사람보다 더 불쌍한 사람은 없다. 신성을 섬긴다는 것은 우리 안에서 생겨나는 온갖 정념들과 방자한 마음들, 그리고 신들이나 인간에게서 오는 온갖 외적인 것들에 대한 불만으로 인해 신성이 더럽혀지는 것을 차단하는 것이다. 신들에게서 오는 것들은 탁월하기 때문에 공경하는 것이 마땅하고, 인간에게서 오는 것들은 때로는 흰 색과 검은 색을 구별하지 못하는 것만큼이나 심각한 결함인 선악에 대한 무지로 인해 생겨나는 것들로서, 어떤 의미에서는 안타까운 것들도 있긴 하지만 어쨌든 우리 모두가 공통의 본성을 지니고 있다는 점에서 사랑스러운 것으로 받아들이는 것이 마땅하기 때문이다.

14. 설령 네가 삼천 년, 아니 삼만 년을 살 수 있다고 할지라도, 지나가는 것은 오직 지금 살고 있는 삶이고, 너는 지나가는 삶 외에 어떤 다른 삶을 사는 것이 아님을 명심해야 한다. 너의 인생이 아무리 짧거나 아무리 길어도, 이것은 변함이 없다. 현재라는 시간은 누구에게나 같고, 지나간다는 것도 누구에게나 같다. 지나가는 것은 언제나 순간이다. 과거나 미래가 지금 네게서 지나갈 수는 없기 때문이다. 소유하고 있지도 않은 것을 어떻게 뺏길 수 있겠는가. 그러므로 두 가지를 늘 명심하라. 첫 번째는, 우주는 영원 전부터 동일하고[11] 계속해서 주기적으로 순환하기 때문에, 백 년을 보든 이백 년을 보든 영원히 보든 아무런 차이가 없다는 것이다. 두 번째는, 가장 오래 산 사람이나 가장 짧게 산 사람이나

---

11 만물이 영원히 동일하다는 사상은 『명상록』에서 자주 등장하는 또 하나의 주제인데, 정통 스토아 철학에서는 우주는 동일한 주기로 끊임없이 순환하기 때문에, 지금 일어났던 일들은 모두 이전에 일어났던 일들이고 미래에 일어나게 될 일들이라고 믿었고, 마르쿠스는 이 사상을 채택하고 있다.

잃는 것은 똑같다는 것이다. 사람이 자기가 소유하고 있지 않은 것은 빼앗길 수 없고, 모든 사람은 다 똑같이 현재라는 순간만을 소유하고 있어서, 그가 누구든 오직 현재라는 순간만을 잃을 뿐이기 때문이다.

15. "모든 것은 생각하기 나름이군요."[12] 이것은 어떤 사람이 견유학파 철학자였던 모니모스[13]를 조롱한 말이지만, 이 말이 무슨 의미인지는 아주 분명하고, 이 말 속에 담겨 있는 속뜻을 정확히 이해한 사람에게 이 말이 유익하고 가치 있다는 것도 분명하다.

16. 인간의 정신은 다음과 같을 때 자기 자신에게 해를 끼친다. 첫 번째는 마치 우리 몸에 난 종양처럼 우주와 동떨어져서 혼자 놀 때이다. 자기에게 일어나는 일에 대해서 반발하는 것은 다른 모든 것들의 본성을 포괄하고 있는 우주의 본성에 반기를 들고 따로 떨어져 나오는 행위이기 때문이다. 두 번째는 다른 사람에게 등을 돌리거나, 분노한 사람들의 경우처럼 다른 사람을 해칠 의도로 대립할 때이다. 세 번째는 쾌락이나 고통에 굴복할 때이다. 네 번째는 거짓과 위선으로 행하거나 말할 때이다. 다섯 번째는 어떤 행동이나 충동을 정해진 목적에 따라 이

---

12 "모든 것은 생각하기 나름"이라는 것은 어떤 외적인 일이나 환경, 즉 행복이나 선악과는 아무런 상관이 없는 가치중립적인 것들의 성격과 영향은 그 일이나 환경에 의해서가 아니라, 오로지 사람이 그런 것들을 어떻게 받아들이느냐에 달려 있다는 의미다. 그래서 마르쿠스는 그러한 가치중립적인 일들에 대해서는 공연히 좋고 나쁨을 판단해서 괴로움을 자초하지 말고, 아예 처음부터 판단이나 생각을 중지하라고 권한다.

13 모니모스는 기원전 4세기의 견유학파 철학자였다. 이 말이 조롱한 말이 되는 이유는 모니모스가 이 말을 했다고 한다면, 그가 한 말도 사람들이 생각하기 나름이기 때문에, 그의 말이 참되다고 할 수 없기 때문이다.

끌어가야 하는 데도 아무런 목적도 없고 생각도 없이 행할 때이다. 인간은 아무리 작은 일도 반드시 목적을 따라 행하는 것이 마땅하기 때문이다. 이성을 지닌 모든 피조물에게 주어진 목적은 가장 오래된 국가[14]인 우주의 이성과 법을 따르는 것이다.

17. 인간의 삶에서 우리가 이 땅에서 살아가는 날들은 점에 불과하고, 우리의 실재는 유동적이며, 우리의 인지능력은 형편없고, 우리의 육신을 이루고 있는 것들은 언젠가는 다 썩게 될 것이며, 우리의 혼은 늘 불안정하고, 우리의 운명은 예측할 수 없고, 우리의 명성은 위태롭다. 요컨대, 육신에 속한 모든 것은 강물처럼 흘러가 버리고, 호흡에 속한 모든 것은 꿈이고 신기루다. 인생은 전쟁이고 낯선 땅에 머무는 것이다. 우리 인생에서 마지막으로 남는 것은 망각이다. 그렇다면 무엇이 우리를 호위해서 우리가 가야 할 길을 안내해 줄 수 있는가. 오직 한 가지가 있는데, 그것은 철학이다. 철학은 우리 안에 있는 신성이 침해를 당하거나 해악을 입지 않게 지켜 주고, 쾌락과 고통을 이기게 해 주며, 목적 없이는 아무것도 하지 않게 해 주고, 거짓과 위선으로 행하지 않게 해 주며, 남들이 무슨 짓을 해도 그런 것들에 흔들리지 않게 해 주고, 우리에게 일어나거나 안배된 모든 것들을 우리 자신이 기원한 바로 그곳에서 온 것으로 알고 받아들이게 해 주며, 그리고 무엇보다도 죽음은

---

14 스토아 철학에서는 우주 또는 우주를 하나의 목적으로 결합되어 있는 통일적인 유기체이자 공동체로 보고서 세상의 국가에 비유한다. 따라서 우주에는 법이 있고, 모든 것들은 이성과 본성에 의해 할당되고 배정되는데, 이것을 우주의 관점에서는 섭리라고 하고, 우리의 관점에서는 운명이라고 부른다. 이성적 존재인 우리 인간은 우주의 이성과 법을 따라야만 참되고 행복한 삶이 될 수 있는데, 이것이 이성을 지닌 존재에게 주어진 운명이다.

모든 살아 있는 피조물들을 구성하고 있는 원소들이 해체되는 것 이외에 다른 것이 아니라는 것을 알고서 기쁜 마음으로 기다릴 수 있게 해 준다. 원소들이 끊임없이 변화하는 것이 원소들 자체에게 두려운 일이 아닌데, 우리가 원소들의 변화와 해체를 두려워해야 할 이유가 어디 있겠는가. 그것은 자연과 본성에 따라 일어나는 일이고, 자연에 따라 일어나는 것은 나쁜 일일 수 없기 때문이다.

제 3 권

카르눈툼[1]에서 쓰다.

1. 사람은 자기가 살 날이 날마다 점점 줄어든다는 것만을 생각해서는 안 되고, 더 오래 살게 되면, 자신의 정신이 변함없이 맑아서 사물을 제대로 파악하고 신과 인간의 일들을 잘 살피고 성찰해서 바르게 이해할 수 있을 것이라는 보장이 없다는 것도 생각해 보아야 한다. 사람이 노년이 되었을 때, 호흡과 소화, 상상력과 욕구 등을 비롯한 여러 기능들은 정상이어도, 자기 자신을 바르게 사용하고, 자신의 의무를 정확하게 이해하며, 자기 눈 앞에서 벌어지는 일들을 올바르게 평가하고, 자기가 세상을 떠날 때가 되었는지의 여부를 아는 것 같이 잘 훈련된 추론능력을 필요로 하는 일들을 처리하는 능력은 그런 기능들보다 일찍 소멸된다. 그러므로 긴장감을 가지고 살아야 한다. 매 순간마다 죽음이 다가오고 있고, 사물들을 제대로 파악하고 이해해서 판단하는 능력은 죽음보다 더 일찍 사라지기 때문이다.

---

1 카르눈툼은 오늘날 오스트리아의 하인부르크(Hainburg)로서, 로마 제국의 판노니아 속주의 북부와 제국에 적대적이었던 게르만 부족들의 거주 지역 간의 접경지대 남쪽에 있었는데, 마르쿠스가 170년대 초반에 북부 지역을 원정했을 때 본부가 있던 곳이었다.

2. 우리는 자연적이고 본성적인 과정들에서 부수적으로 생겨나는 것들에도 아름답고 매력적인 면이 있다는 것을 유의해야 한다. 예를 들어, 빵은 굽는 과정에서 여기저기 갈라지고, 그런 갈라진 금들은 어떤 의미에서는 제빵사의 실패라고 할 수 있지만, 묘하게 우리의 마음을 끌어서 식욕을 돋우는 역할을 한다. 또한 무화과도 아주 잘 익었을 때 갈라지고, 올리브 열매도 잘 익어서 나무에서 떨어져 썩기 직전에 가장 아름답다. 마찬가지로 땅을 향해 고개를 숙인 이삭, 사자의 주름진 이마, 멧돼지 입에서 흘러나오는 거품은 그 자체만 따로 떼어서 보았을 때에는 아름다움과는 거리가 멀지만, 자연적이고 본성적인 과정에서 생겨난 것이라는 사실로 인해서 우리의 주목을 끄는 어떤 아름다움과 매력이 있다.

예민한 감수성과 깊은 통찰력을 지닌 사람이 우주가 돌아가는 것들을 보는 경우에는, 우주에서 벌어지는 모든 일들, 심지어 부차적인 현상들조차도 그를 기쁘게 해 주지 않은 것은 거의 없다는 것을 알게 될 것이다. 그런 사람은 야수들이 입을 벌리고 으르렁대는 실물의 모습 속에서도 화가와 조각가가 모방해서 그리거나 조각해서 예술품으로 승화시켜 놓은 것들을 볼 때와 똑같은 감흥과 즐거움을 느낄 것이다. 또한 그런 사람은 노인에게서는 특별한 성숙의 미를 보고, 맑은 눈을 지닌 아이들에게서는 순수한 젊음의 매력을 볼 수 있을 것이다. 그 외에도 많은 예들이 있지만, 이런 것들은 누구나 다 느낄 수 있는 것은 아니고, 자연과 자연이 하는 일들을 진정으로 보는 눈을 지닌 자들만이 느낄 수 있다.

3. 히포크라테스[2]는 많은 사람들의 병을 치료해 주었지만, 자신은 병들어 죽었다. 칼다이오이족[3]의 점성술사들은 많은 사람들의 죽음을 미리 알려 주었지만, 그들도 죽을 운명을 피하지는 못했다. 알렉산드로스, 폼페이우스, 율리우스 카이사르는 여러 번 도시 전체를 폐허로 만들어 버리고, 전쟁터에서 수많은 기병과 보병들을 도륙하였지만, 그들에게도 세상을 떠날 날은 어김 없이 찾아왔다. 헤라클레이토스는 오랜 동안 심사숙고를 거듭해서 우주가 대화재로 멸망을 맞게 될 것임을 알아내어 설파하고 다녔지만,[4] 그 자신은 몸에 물이 가득차는 병에 걸려서 자신의 몸에 온통 쇠똥을 바른 채 죽었다.[5] 데모크리토스는 해충 때문에 죽었고,[6] 소크라테스도 또 다른 종류의 해충 때문에 죽었다.[7]

그렇다면 이것은 무엇을 의미하는 것인가. 너는 배를 타고 항해하여 항구에 닿았다. 그렇다면 이제 배에서 내려라. 네가 내린 곳에서 또 다른 생이 시작된다면, 거기에도 반드시 신들이 있을 것이다. 설령 네가

---

2 히포크라테스(기원전 460-370년경)는 소크라테스의 동시대인으로서 고대부터 "의술의 아버지"로 추앙받아 왔지만, 그에 대해 알려진 것은 거의 없다.

3 칼다이오이족은 바빌로니아인들을 가리킨다.

4 헤라클레이토스(기원전 540-480년경)는 기원전 6세기와 5세기의 전환기 동안에 소크라테스가 등장하기 이전에 우후죽순처럼 출현했던 많은 철학자들 중 한 사람이었다. 그는 우주 전체가 불로 화하게 될 것을 예측하였는데, 스토아 철학에서는 그의 그런 견해를 정설로 받아들여서 우주의 주기적인 대화재와 재탄생에 관한 이론을 정립하였다.

5 고대에는 쇠똥의 열기가 몸 속의 물기를 증발시켜 준다고 믿었다.

6 데모크리토스(기원전 460-357년경)는 트라키아 지방 압데라 출신으로서 원자설을 주장한 철학자였다. 마르쿠스가 여기에서 그를 언급한 것은 착각에 의한 것이었던 것 같다. 여기에서 말한 해충인 "이"에 감염되어서 죽은 철학자는 기원전 6세기에 활동했던 시로스의 페레키데스였다.

7 마르쿠스가 소크라테스도 "또 다른 종류의 해충" 때문에 죽었다고 말한 것은 기원전 399년에 소크라테스에게 사형을 선고했던 아테네의 배심원단과 재판관들을 "해충"에 비유해서 그렇게 말한 것이었다.

내린 곳에서 네 자신이 아무것도 느끼지 못하는 상태가 시작된다고 할지라도, 네게는 이제 더 이상 고통과 쾌락이 없을 것이고, 고귀한 이성과 신성이 저급한 흙과 핏덩이의 노예가 되어 섬기는 일도 더 이상 없게 될 것이다.

4. 공동체의 유익을 위해 행하는 일이 아니라면, 다른 사람들에 대해 이런저런 생각을 하는 데 너의 남은 생애를 허비하지 말라. 사람들이 어떤 목적으로 무슨 일을 하는지, 그리고 무엇을 말하고 생각하고 계획하는지를 상상하는 것 같은 일들은 너의 주의를 흐트러놓아서 네 자신을 다스리는 이성에 제대로 집중하지 못하게 하고, 네게 진정으로 유익이 될 다른 일들을 할 기회를 뺏을 뿐이기 때문이다.

너의 일련의 생각들 속에서 아무런 목적이 없는 쓸데없는 공상과 잡념, 특히 호기심과 악의에서 생겨나는 생각들을 피해야 한다. 누군가로부터 갑자기 "무슨 생각을 하느냐"는 질문을 받더라도, 그 즉시 지체하지 않고 아주 정직하게 "나는 이런저런 생각을 하고 있다"고 대답할 수 있는 그런 생각들을 하기 위해 스스로 훈련해야 한다. 그렇게 했을 때, 너는 언제나 정직하고 무엇인가를 베풀며 공동체에 유익한 생각들만을 하고, 쾌락이나 방종이나 다툼이나 시기나 의심 같은 것들과 너의 마음속에서 생각했다고 솔직하게 털어놓았을 때 네가 부끄러워할 수밖에 없는 그 밖의 다른 생각들은 하지 않는다는 것이 너의 대답 속에서 즉시 분명하게 드러나게 될 것이다.

가장 선한 자들 가운데 한 자리를 차지하기 위해 노력하는 것을 미루지 않고 자신 안에 있는 신성을 바르게 대하는 사람은 신들의 사제이

자 종이다. 그런 사람은 쾌락에 물들어 더럽혀지지 않고, 온갖 고통에 굴복하지 않으며, 그 어떤 해악에도 영향을 받지 않고, 그 어떤 해악도 의식하지 않으며, 모든 싸움 중에서 가장 크고 중요한 싸움에서 투사가 되어 그 어떤 정념에도 지지 않고, 정의감에 충만하며, 자기에게 일어나고 주어지는 모든 것을 진심으로 환영하고, 공동선을 위해 꼭 필요한 경우에만 다른 사람들이 무엇을 말하고 행하며 생각하는지를 살핀다. 왜냐하면, 그런 사람은 오로지 자신이 해야 할 일들을 하는 데만 열중하고, 우주 속에서 자기에게 할당된 일들만을 늘 생각하기 때문이다. 또한 그런 사람은 자신이 해야 할 일들을 최선을 다해 완수하고, 자기에게 할당된 일들은 무엇이든지 선하다고 믿는다. 각 사람에게 할당된 운명은 우주 안에서 그에게 주어져서 그를 우주 속으로 끌어들여 동화시키기 때문이다.

그런 사람은 이성을 지닌 모든 존재는 자신의 동족이고, 인간의 본성에 비추어 보았을 때, 자기가 돌보아야 할 사람은 모든 사람이지만, 모든 사람의 말을 경청해서는 안 되고, 오직 자연과 본성에 따른 삶을 살아가는 사람들의 말만을 경청해야 한다는 것을 유념한다. 또한 그런 사람은 자연과 본성에 따른 삶을 살아가지 않는 사람들이 집에서와 밖에서 어떤 부류의 사람들이고, 밤에와 낮에 어떤 사람들과 어울려서 어떤 악들을 행하는지를 늘 유념한다. 그래서 그런 사람은 스스로에게조차 인정받지 못하는 그런 자들의 입에서 나오는 칭찬에 아무런 가치도 두지 않는다.

5. 어떤 일을 할 때에는 하기 싫은데 억지로 하지 말고, 다른 사람들

과 상의하지 않고 독단적으로 하지 말며, 먼저 치밀하게 검토함이 없이 하지 말고, 무리하게 하지 말라. 너의 생각에 화려하고 그럴 듯한 옷을 입히지 말라. 말을 많이 하지 말고, 많은 일을 벌이지 말라. 네 안에 있는 신이 너를 이끌어 나가게 하여, 맹세나 그 누구의 증언이 없어도 한 사람의 로마인이자 한 사람의 통치자로서 너의 자리에서 네게 맡겨진 국사를 원숙하고 담대하게 처리하다가, 이 세상에서의 삶으로부터 퇴각하라는 신호가 나면 아주 기꺼이 물러나라. 늘 쾌활함을 잃지 말고, 외부의 도움 없이 네 자신의 힘으로 해 나가며, 다른 사람이 주는 편안함을 물리치고 스스로 서라. 네가 스스로 바르게 서야 하고, 남의 도움을 받아 서거나, 남이 너를 바르게 세우게 해서는 안 된다.

6. 네가 인간의 삶 속에서 정의, 진리, 절제, 용기보다 더 선한 것을 발견한다면, 다시 말해 네가 모든 일에서 참된 이성의 명령을 따라 행할 수 있는 것들은 그렇게 행하고, 너의 선택과는 상관없이 네게 일방적으로 주어진 것들에서는 아무런 불평 없이 운명을 따름으로써 네 마음이 만족을 얻는 것보다 더 선한 것을 발견한다면, 너는 네 마음과 목숨을 다해 그것을 행하여, 네가 발견한 최고의 것을 누려라.

하지만 네 안에 있는 신성, 즉 너의 온갖 욕망들을 굴복시켜 다스리고, 너의 생각들을 철저하게 검열하며, 소크라테스의 말을 빌리면 감각의 모든 유혹들을 물리치고 오직 신들에게만 복종하고, 사람들을 깊이 생각하고 소중히 여기는 신성보다 더 선한 것이 나타나지 않아서, 다른 모든 것들은 이 신성보다 못하고 중요하지 않은 것들이라는 것을 알게 되었다면, 너는 그런 것들에는 네 마음의 자리를 내어주지 말라. 만일 네가 그런 것들에 마음이 끌려서 돌아보게 되면, 온전히 너의 것인 저 선을 너의 온 마음을 다해 흐트러짐 없이 높이는 일은 더 이상 불가능해지고 말 것이다.

대중의 칭송이나 부귀영화나 향락에 빠지는 것 같은 온갖 외적인 것들을 이성과 공동체 의식 같은 저 선과 비교하는 것은 옳지 않다. 그런 외적인 것들은 잠시 우리의 삶을 편안하고 윤택하게 해 주는 것처럼 보이지만 어느 날 갑자기 우리를 압도하여 휩쓸어가 버린다. 다시 한 번 말하건대, 더 선한 것을 일심으로 흔쾌히 선택해서 굳게 붙잡고 놓지 말라. 더 선한 것이 네게 유익하다. 어떤 것이 이성적인 존재로서의 네게 유익한 것이라면, 바로 그것을 굳게 붙잡으라. 하지만 단지 동물로서의 네게 유익한 것일 뿐이라면, 그것을 거부하고, 너의 판단을 견지하되 교만하지는 말고, 오직 너의 판단에 오류는 없었는지를 잘 살펴라.

7. 너로 하여금 언젠가는 너에 대한 사람들의 신임을 저버리고, 너의 명예를 내팽개치며, 다른 사람을 미워하고 의심하고 저주하고, 위선적으로 행하며, 담과 휘장으로 가릴 필요가 있는 일들에 골몰하지 않을 수 없게 만들 그런 것들이 네게 이롭고 유익할 것으로 여겨서 소중히 여기는 우를 범하지 말라. 다른 모든 것들을 돌아보지 않고 오직 자신의 이성과 신성을 선택해서 거기에 최고의 가치를 두고 헌신하는 사람은 비참함을 호소하거나 우는 소리를 하지 않을 것이고, 혼자 있고 싶어하거나 사람들과 함께 하는 데서 위안을 얻고자 하지도 않을 것이다. 무엇보다도 그런 사람은 어떤 것을 의도적으로 추구하거나 피하는 삶을 살지 않게 될 것이다. 그리고 그런 사람은 자신의 정신이 육신에 갇혀서 얼마

나 오래 또는 얼마나 짧게 있어야 하는지에 대해서 관심을 갖지 않는다. 바로 지금 이 세상을 떠나야 한다고 해도, 마치 자기에게 맡겨질 다른 일들을 처리하기 위해 가는 것처럼 당당하고 단정한 마음가짐으로 기꺼이 죽음을 따라나설 것이다. 그런 사람이 이 세상에서 살아가는 동안에 관심을 갖는 유일한 것은 자신의 생각이 어떤 경우에도 이성과 공동체 의식을 지닌 존재로서의 품격을 지키며 살아가는 것뿐이다.

8. 절제되고 정화된 사람의 정신 속에서는 더러운 종양이나 썩은 괴저나 곪은 곳이 발견되지 않는다. 그런 사람에게는 운명의 날이 찾아왔을 때, 마치 연극이 끝나지도 않았고 자신의 배역을 다 끝내지도 못했는데 무대를 떠나는 배우처럼, 이 세상에서의 자신의 삶을 중간에 갑자기 그만두고 떠나는 일은 없다. 또한 그런 사람에게는 노예처럼 비굴한 것도 없고 허세를 부리는 것도 없으며, 다른 사람들을 의지하는 것도 없고 사람들로 단절되어 있는 것도 없으며, 해명할 일도 없고 숨겨진 잘못이 있어서 해명을 피하는 일도 없다.

9. 너의 판단력을 믿고 존중하라. 너를 지배하는 이성이 본성이나 이성적 존재로서의 너의 본질에 맞지 않는 것을 용납하지 않는 것은 전적으로 너의 판단력에 달려 있다. 분별 있고 사려깊은 사고, 다른 사람들과의 친화력, 신들에게 복종하는 것이 모두 거기에 달려 있다.

10. 다른 모든 것들은 내던져 버리고 오직 다음과 같은 몇 가지만 굳게 붙잡아라. 너를 비롯한 모든 사람은 오직 현재라는 아주 짧은 순간

만을 살아갈 뿐이고, 다른 모든 시간은 지나간 과거이거나, 네가 살게 될지조차 불확실한 미래라는 것을 기억하라. 그러므로 너의 인생은 극히 짧고, 네가 발을 딛고 살아가는 땅 조각도 아주 작다. 사람이 죽은 후에 남기는 명성도 아무리 길게 지속된다고 해도 마찬가지로 아주 짧고, 그 명성을 대대로 전하는 자들은 아주 짧은 시간 살다가 죽을 자들이고, 오래전에 죽은 사람은 말할 것도 없고 그들 자신도 제대로 알지 못하는 그런 자들이다.

11. 앞에서 말한 것들에 한 가지만 더 추가하자면, 너의 생각 속에 있는 모든 대상을 하나하나 다 정확히 정의하고 서술해서, 모든 부수적인 곁가지들을 다 제거했을 때 그 대상의 본질이 무엇인지를 알아야 하고, 그 대상을 전체적으로 및 부분적으로 구별할 수 있어야 하며, 그 대상의 고유한 명칭과 그 대상을 구성하고 있는 요소들의 명칭과 그 대상이 해체되었을 때 변화된 요소들의 명칭을 말할 수 있어야 한다.

우리의 정신을 위대하게 하는 데 가장 크게 기여하고 도움이 되는 것은 우리가 삶 속에서 만나는 모든 것들을 체계적이고 정직하게 살피는 능력이다. 우리는 그런 능력을 사용해서 우주의 본성이 무엇인지, 어떤 행동이나 일이 우주의 본성에 어떤 기여를 하는지, 그것이 우주 전체와 인간에게 어떤 가치를 지니는지를 고찰해야 하는데, 인간은 우주라는 저 최고의 국가의 시민이고, 다른 모든 국가들은 단지 저 최고의 국가의 권속들일 뿐이기 때문이다. 그런 후에는 지금 내 생각 속에서 인상을 만들어 내고 있는 그것은 무엇이고, 어떤 요소들로 구성되어 있고, 그 본성에 따라 얼마 동안이나 지속될 것이며, 그것은 내게 온유함, 용기, 진실함, 성실함, 정직함, 소박함, 자족함 등과 같은 미덕들 중에서 어떤 미덕을 요구하는지를 물어야 한다.

그러므로 우리는 각각의 일에서 이렇게 말해야 한다: 이 일은 신으로부터 온 것이고, 운명에 기초해서 온갖 세상사가 우연에 의해 얽히고 설켜서 빚어진 것인 반면에, 저 일은 자신의 본성과 진정으로 부합하는 것이 무엇인지에 대해 무지한 나의 동족인 어떤 사람으로부터 온 것이다. 그러나 나는 그런 것에 무지하지 않기 때문에, 인간은 누구나 같은 동족이고 하나의 공동체라는 자연적이고 본성적인 법을 따라 사람을 우정과 정의로써 대하고, 아울러 선하지도 않고 악하지도 않아서 도덕적으로 중립적인 일들에 대해서는 그것들의 참된 가치를 분별해 내고자 한다.

12. 네게 지금 맡겨진 일을 바르고 참된 이성을 따라 선의를 가지고서 진실하고 과감하며 용기 있게 행하고, 다른 불순한 것들은 돌아보지 않는 가운데 오직 네 안에 있는 신성을 순수한 상태로 지켜서, 지금 당장 돌려달라는 요구를 받아도 주저 없이 당당하게 돌려줄 수 있으며, 그런 삶을 고수하면서도 아무것도 바라지 않고 아무것도 겁내지 않으며, 오직 본성에 따라 그때그때 행하는 것과 너의 입에서 나오는 모든 말과 의도가 늘 한 치의 거짓도 없이 참되다는 것에 만족한다면, 너의 삶은 행복할 것이고, 아무도 너의 그런 삶을 가로막을 수 없다.

13. 의사들이 응급환자가 발생했을 때 언제라도 수술할 수 있기 위해서 늘 수술도구들을 자기 곁에 준비해 두는 것처럼, 신 및 인간과 관

련된 그 어떤 일들이 언제 일어나도, 신의 일과 인간의 일은 아무리 사소한 일이라도 서로 연결되어 있다는 것을 알고서, 그 일들을 진단해서 구체적인 대응책을 마련하기 위해 필요한 원리들이 늘 너의 마음속에 준비되어 있어야 한다. 인간에 관한 일도 신에 관한 일과 연결되어 있고, 신에 관한 일도 인간에 관한 일과 연결되어 있어서, 그런 연결 관계를 말해 주는 원리들을 알지 못하는 경우에는 인간으로서의 도리를 제대로 하는 것이 불가능하기 때문이다.

14. 이제 더 이상은 이리저리 헤매거나 우물쭈물하지 말라. 네게는 네가 적어 놓은 비망록 수첩이나 고대 로마인들과 그리스인들의 행적이나 나이 들어서 다시 읽어 보겠다고 생각해서 쌓아둔 발췌본들을 읽을 시간도 아마 주어지지 않을 것이다. 그러므로 네 자신에게 어떤 염려되는 것이 있다면, 아직 시간이 허락되는 동안에 다른 모든 헛된 희망들은 다 내던져 버리고서, 오직 그 목표를 완성하는 데 온 힘을 다 쏟아서 네 자신을 구해내라.

15. 사람들은 도둑질한다거나 파종한다거나 물건을 산다거나 휴식한다거나 자신이 무엇을 해야 하는지를 안다거나 하는 말들에 얼마나 많은 의미가 담겨 있는지를 알지 못한다. 이것은 육신의 눈으로 보아서 알 수 있는 것이 아니고, 또 다른 눈으로 보아야만 알 수 있는 것이기 때문이다.[8]

---

8 "육신의 눈으로" 본다는 것은 단지 눈이라는 감각기관을 통해 받아들인 인상들에 의거해서만

16. 육신과 혼과 정신. 육신은 감각들을 알고, 혼은 욕망들을 알며, 정신은 원리들을 안다. 감각을 통해서 인상들을 받아들이는 것은 동물들에게도 가능하다. 욕망이라는 줄에 조종당해서 꼭두각시처럼 놀아나는 것은 들짐승들과 변태성욕자들과 팔라리스나 네로[9] 같은 폭군들에게도 가능하다. 단순히 생각을 안내자로 삼아서 자신의 의무라고 생각되는 것을 해나가는 것은 신들을 믿지 않는 자들과 조국을 배신하는 자들과 닫힌 문 안에서 무슨 짓이라도 하는 자들에게도 가능하다.

이런 모든 것들이 앞에서 말한 부류의 사람들도 얼마든지 할 수 있는 것이라면, 오직 선한 자만이 할 수 있는 것은 무엇인가. 그것은 운명에 의해서 자기에게 주어진 모든 것과 운명이 자기를 위해 빚어 놓는 모든 것을 기뻐하고 환영하는 것, 자신의 마음속에 좌정하고 있는 신성을 더럽히지도 않고 밖에서 들어오는 무수한 인상들로 인한 혼잡한 상념들로 신성을 어지럽히지도 않는 것, 신에게 온전히 복종하여 참되지 않은 것은 말하지 않고 정의롭지 않은 일은 행하지 않음으로써 신성을 끝까지 편안하게 섬기는 것이다. 그런 사람은 자기가 단순하고 겸손하며 즐거운 삶을 살고 있다는 것을 모든 사람이 믿지 않아도 그 누구에게도 화내지 않고 자신의 삶의 목표를 향해 흔들림 없이 묵묵히 걸어간다. 그런 사람은 그 누가 강제하지 않아도 자신의 운명을 순순히 받아들이고서 언제라도 이 세상을 떠날 준비를 갖추고서 신성을 순수하게

판단하고 인식하는 것을 의미하고, "다른 눈으로" 본다는 것은 인간에게 주어져 있는 이성적 정신의 눈으로 그러한 인상들을 판단하고 아는 것을 의미한다.

9 팔라리스는 기원전 6세기 전반에 시칠리아의 아크라가스를 다스리던 폭군으로서 가학적인 잔인성으로 악명이 높았고, 네로(기원후 37-68년)는 54년에 황제로 즉위해서 68년에 자살할 때까지 정신병적인 잔인함과 어머니까지 죽인 악행으로 악명이 높은 폭군이었다.

유지하는 가운데 평안한 마음으로 행하여 결국 그 목표에 도달하게 되어 있다.

제 4 권

1. 우리를 지배하는 이성은 본성과 일치하게 작동되는 경우에는 우리에게 생기는 모든 것을 순순히 받아들이고자 하는 성향을 지니기 때문에, 우리에게 일어날 수 있거나 실제로 일어나는 모든 일을 언제나 편안하게 받아들인다. 왜냐하면, 이성은 여러 가지 제약 속에서 자신의 목표를 추구하긴 하지만, 그렇게 할 때 특정한 것들을 선호하고 고집하는 것이 아니라, 자신에게 대항하는 그 어떤 장애물들도 자신의 목표를 이루는 데 유용한 것들로 변화시켜서 사용하기 때문이다. 이것은 마치 우리가 불길 속으로 어떤 것을 던져넣으면 불은 그것이 무엇이든 다 지배해서 자신의 불길을 더욱 거세게 하는 데 사용하는 것과 같다. 그런 경우에 작은 불길은 그 불길 속으로 던져진 것들에 의해서 꺼져 버릴 수도 있겠지만, 활활 타오르는 불길은 그 불길 속으로 던져진 모든 것들을 그 즉시 동화시키고 태워 버리고서는 더욱더 높이 타오른다.

2. 그 어떤 행위도 아무 목적 없이 행하지 말고,[1] 그 행위를 완전하게

---

[1] 마르쿠스는 분명한 목적을 가지고서 모든 행동과 충동과 생각을 해야 한다는 것을 반복적으로 역설한다. 그렇게 하지 않았을 때에는 인간은 해악을 입게 된다. 그렇기 때문에, 만일 우주가 목적 없이 존재하고 운행된다고 할지라도, "너만은 반드시 목적을 가지고 행해야 한다"고 말한다. 여기

만들어 주는 참된 원리들에 부합하지 않는 방식으로 행하지 말라.

3. 사람들은 시골이나 해변이나 산속에서 혼자 조용히 물러나 쉴 수 있는 곳을 갖기를 원하고, 너도 그런 곳을 무척 그리워하곤 한다. 하지만 그런 생각을 하는 것은 너무나 어리석은 짓이다. 너는 네 자신이 원할 때마다 그 즉시 네 자신 속으로 물러나서 쉴 수 있기 때문이다. 사람이 모든 근심과 걱정에서 벗어나서 고요하고 평안하게 쉬기에는 자신의 정신보다 더 좋은 곳이 없다. 자신의 내면 속으로 물러나서 거기에 있는 것들을 보자마자 그 즉시 더할 나위 없이 편안해질 수 있는 사람이라면 더더욱 그러하다. 내가 여기서 마음이 편안해진다고 한 것은 마음이 선한 질서를 따라 정리된다는 것을 의미한다. 그러므로 끊임없이 네 마음속으로 물러나 쉼으로써, 너의 마음이 선하게 정리되고 늘 새롭게 되게 하라. 네가 좌우명으로 삼아야 할 원리들은 핵심을 담고 있는 짧은 것들이어서, 네가 그 원리들을 너의 뇌리에 떠올리자마자 그 즉시 모든 고민과 잡념이 제거되고, 네가 마땅히 돌아가야 할 것들로 너를 돌아가게 해 주어서, 네게서 모든 불만이 사라지게 해 주는 그런 것이어야 한다.

너의 불만은 무엇인가. 인간이 악하다는 것이 불만인가. 이성을 지닌 존재들은 서로를 위해 지음 받았기 때문에, 서로를 참아주고 관용하는 것도 정의의 일부이고, 악을 저지르는 것도 원래는 원하지 않는 것이라는 원리를 떠올려 보라. 그리고 지난날 얼마나 많은 사람들이 적대

에서 그가 말하는 목적은 당연히 자연과 본성을 따라 미덕을 행하여 행복한 삶을 영위하고자 하는 목적이다.

68

감과 의심과 증오심을 참지 못하고 서로를 향해 칼을 겨누었다가 죽어서 땅 속에서 한 줌의 재로 변해 버렸는지를 생각하라. 그러므로 인간이 악하다고 불만을 품는 일을 멈춰라. 또한, 우주 안에서 네게 할당된 것들이 불만스러운가. 섭리를 따라 살아가거나 원자들로 분해되거나 둘 중의 하나라는 원리를 떠올려 보고,[2] 우주는 일종의 국가 같은 것임을 보여주는 무수히 많은 증거들을 떠올려보라. 육신과 관련된 일들이 여전히 너의 마음과 생각을 붙잡고서 놓아주지 않느냐? 정신은 일단 육신으로부터 분리되어서 자신의 능력을 알게 되면, 호흡이 거칠든 부드럽든 그런 것과는 아무 상관이 없게 된다는 것을 생각해 보고, 쾌락과 고통에 대해 네가 듣고 동의한 모든 것들도 생각해 보라.

　저 하찮고 덧없는 명예욕이 너를 사로잡아 잘못된 길로 들어서게 하는가? 모든 것이 얼마나 신속하고 완벽하게 잊혀지고, 우리의 앞뒤로 얼마나 무한한 시간의 심연이 자리하고 있으며, 군중들의 환호와 박수갈채가 얼마나 공허하기 짝이 없는 메아리일 뿐이고, 네게 찬사를 보내는 자들이 얼마나 변덕스러우며 분별력이 결여되어 있는 자들이며, 이 모든 일이 얼마나 좁고 제한된 공간에서 벌어지고 있는 일들인지를 생각해 보라. 지구 전체가 한 점에 불과한 것을 감안하면, 우리가 이 땅에 머물며 차지하고 살다가 가는 이 좁디 좁은 공간은 도대체 무엇이겠는가.

---

2 "섭리를 따라 살아간다"는 것은 스토아 철학의 사상을 나타낸 것으로서, 스토아 철학자들은 우주가 섭리, 신, 또는 자연이라고 다양하게 불리는 어떤 이성적인 원리에 의해서 만들어지고 보존되며 다스려지고 있는 하나의 동일한 질서를 따라 통일되어 있는 목적지향적인 전체라고 보았다. 반면에, "원자들로 분해된다"는 것은 에피쿠로스 철학의 사상을 나타낸 것으로서, 그들은 만물은 원자들의 자의적인 이합집산의 결과물이라고 보았다.

그러므로 이제부터는 네 자신이라는 이 작은 공간 속으로 물러나 쉴 생각을 하라. 무엇보다 고민하지 말고 긴장하지 말라. 네가 자유인으로서 네 자신의 주인이 되어, 한 사람의 남자이자 인간이자 시민이자 죽을 수밖에 없는 존재로서 사물을 바라보라. 네 마음에 새겨두고서 늘 반추하고 돌아보아야 할 두 개의 원리가 있다. 하나는 외부에 있는 사물들은 외부에 있어서 너의 혼을 지배할 수 없고 너를 흔들어놓을 수 없기 때문에, 불안은 언제나 너의 내면에 있는 생각이나 판단에서 생겨난다는 것이다. 다른 하나는 네 눈에 보이는 이 모든 것들은 한순간에 변하여 더 이상 존재하지 않게 되리라는 것이다. 네 자신이 이미 얼마나 많은 변화를 겪어 왔는지를 끊임없이 생각하라. 우주는 변화이고, 삶은 의견이다.

4. 사고력이 우리 모두가 공통적으로 지니고 있는 것이듯이, 우리를 이성적 존재로 만들어 주는 이성도 우리 모두가 공통적으로 지니고 있는 것이다. 그렇다면, 우리에게 이것을 하라고 명령하거나 저것을 하지 말라고 명령하는 이성도 우리 모두에게 공통이다. 그렇다면, 법도 공통이다. 그렇다면, 우리는 모두 동일한 시민들이다. 그렇다면, 우리는 동일한 국가 공동체의 구성원들이다. 그렇다면, 우주는 일종의 국가다. 인류 전체를 구성원으로 하는 국가가 우주 외에 다른 어떤 국가일 수 없기 때문이다. 그리고 인류 전체가 공통적으로 속해 있는 이 국가로부터 우리의 사고력과 이성과 법이 생겨난다. 만일 그렇지 않다면, 그런 것들은 어디로부터 생겨날 수 있겠는가. 나라는 존재 중에서 흙으로 된 부분은 흙에서 온 것이고, 물로 된 부분은 또 다른 요소에서 온 것이며,

내가 호흡하는 공기는 어떤 원천에서 온 것이고, 내게 있는 따뜻한 불의 성분은 또 어떤 원천에서 온 것이다. 어떤 사물이 소멸되어 완전한 무(無)가 되는 경우가 없듯이, 무에서 생겨나는 것도 없기 때문이다. 그렇다면, 우리의 사고력도 어딘가로부터 온 것일 것임은 의심의 여지가 없다.

5. 죽는 것은 태어나는 것과 마찬가지로 자연의 신비다. 원소들이 결합되는 것이 출생이고 해체되는 것이 죽음이기 때문에, 죽는 것은 부끄러운 일이 전혀 아니다. 죽는 것은 사고력을 지닌 존재와 부합하지 않는 것도 아니고, 그런 존재의 이성과 부합하지 않는 것도 아니다.

6. 온갖 유형의 사람들이 서로 다르게 행동하는 것은 본성에 따른 자연스럽고 불가피한 일이다. 사람들이 자신의 본성과 다르게 행동하기를 바란다면, 그것은 무화과나무에서 얼얼하고 매운 즙이 나오지 않기를 바라는 것과 같다. 요컨대, 너도 곧 죽을 것이고 그 사람도 곧 죽을 것이며, 얼마 지나지 않아서 너의 이름조차 흔적도 없이 사라지게 될 것임을 기억하라는 것이다.

7. 판단을 하지 말라. 그러면 네가 피해를 입었다는 생각이 사라질 것이다. 그런 생각이 사라지면, 피해도 사라질 것이다.

8. 어떤 것이 사람을 이전보다 더 악하게 만들지 못한다면, 그런 것은 그 사람의 삶을 더 악하게 만들 수도 없고, 외부로부터나 내면으로

부터나 그 사람에게 해를 끼칠 수 없다.

9. 본성적으로 유익한 것은 반드시 유익한 쪽으로 작용하게 되어 있다.

10. 모든 일어나는 일들은 정의롭다. 주의 깊게 살펴보면, 너도 이 말이 맞다는 것을 알게 될 것이다. 내가 "정의롭다"고 말한 것은 일들의 인과관계가 정확하고 옳다는 것만을 의미하지 않고, 우주를 다스리는 분이 모든 것을 공과에 따라 안배하기 때문에, 정의 개념에 비추어 보아서도 "정의롭다"는 것을 의미한다. 그러므로 네가 지금까지 해 왔던 것처럼 주의 깊게 살펴보면서, 무슨 일을 하든 진정한 의미에서 오직 선한 자가 마땅히 해야 하는 방식을 따라 하라. 모든 행위에서 이것을 지켜라.

11. 누가 너에게 강요하는 대로, 또는 누가 네게 원하는 대로 어떤 것을 보지 말고, 모든 것을 있는 그대로 보라.

12. 네가 늘 마음에 새겨두고서 반추해 보아야 할 것이 두 가지가 있다. 하나는 입법 권한이 있는 제왕으로서의 네 이성이 인류의 선을 위한 것이라고 말해 주는 것들만을 행해야 한다는 것이고, 다른 하나는 누군가가 네 곁에서 너의 생각이 잘못되었다는 것을 지적해 주고 바로잡아 주는 경우에는 너의 생각을 바꾸어야 한다는 것이다. 하지만 너의 생각을 바꾸는 것이 정의롭고 공동체의 유익에 기여하는 것이라는 확

신이 드는 경우에만 그렇게 해야 한다. 너의 생각을 바꾸는 이유가 오직 그것만이어야 하고, 그렇게 바꾸는 것이 쾌락이나 인기를 위해서 좋을 것 같아 보인다는 것이 이유가 되어서는 안 된다.

13. "네게 이성이 있는가." "있다." "그런데 왜 이성을 사용하지 않는가. 너의 이성이 제대로 작동하기만 한다면, 네게 다른 그 무엇이 필요하겠는가."

14. 지금 너는 우주의 일부로 존재하고 살아가고 있고, 나중에는 너를 낳았던 바로 그 우주 속으로 사라질 것이다. 아니, 너는 변화의 과정을 통해 만물의 근원인 우주의 이성 속으로 다시 돌아가게 될 것이다.

15. 수많은 작은 유향 방울들이 동일한 제단 위에 떨어진다. 어떤 것들은 거기에 먼저 도착하고, 어떤 것들은 나중에 도착하지만, 차이는 없다.

16. 네가 원리들로 돌아가서 너의 이성을 존중하기만 한다면, 지금 너를 짐승이나 원숭이로 여기는 자들이 채 열흘도 되지 않아서 너를 신으로 받들게 될 것이다.

17. 마치 수천 년을 살 것처럼 살아가지 말라. 와야 할 것이 이미 너를 향해 오고 있다. 살아 있는 동안 최선을 다해 선한 자가 되라.

18. 사람들이 무슨 말을 하고 무슨 행동을 하며 무슨 생각을 하는지는 신경 쓰지 않고 오로지 자신의 언행심사를 바르게 하고 의롭게 하는 데만 신경을 쓰는 사람은 마음이 평안하고 여유가 넘치게 된다. 다른 사람들의 검은 마음을 곁눈질로 훔쳐 보는 일을 그만두고, 한 눈 팔지 않고 오로지 목표를 향해 달려가는 것이 선한 자가 해야 할 일이다.

19. 자신의 사후의 평판이 어떻게 될지를 걱정하며 마음을 쓰는 자는 그를 기억하고 있는 모든 사람과 그 자신이 머지않아 곧 죽게 될 것이고, 그 다음 세대도 그럴 것이며, 그렇게 여러 세대에 걸쳐 그에 대한 기억이 불타올랐다가 꺼지는 일이 반복되다가 결국에는 완전히 꺼져 버리게 될 것임을 생각하지 않는다. 설령 너를 기억하는 사람들이 영원히 죽지 않고, 너에 대한 기억도 영원히 보존된다고 할지라도, 그것이 도대체 너와 무슨 상관이 있단 말인가. 사람들의 찬사나 칭송이 죽은 자에게는 아무런 의미가 없다는 것은 새삼 말할 필요도 없고, 산 사람에게도 실제로는 부차적인 의미 외에 무슨 큰 의미가 있겠는가. 너에 대한 후세 사람들의 평판에만 매달리고 신경을 쓰다보면, 현재라는 시간 속에서 네게 주어지는 자연의 풍성한 선물을 누릴 기회를 잃게 될 것이다.

20. 어떤 종류의 아름다움이든 자신의 고유한 아름다움을 지닌 모든 것은 그 자체로 아름답고, 그 아름다움에 외부의 다른 어떤 것을 필요로 하지 않는다. 찬사는 그 아름다움의 일부가 아니다. 찬사를 받는다고 해서 더 선해지지도 않고 더 악해지지도 않기 때문이다. 자연적인

것들이나 인위적인 것들 중에서 사람들이 일반적으로 아름답다고 하는 것들에도 이 말이 그대로 적용된다. 어떤 것이 진정으로 아름답다면, 그 자체 외에 다른 무엇이 필요하겠는가. 그런 것들 중에서 법이나 참됨이나 선의나 겸손보다 더 아름다운 것은 없다. 이것들 중에서 어느 것이 찬사를 받는다고 해서 아름다워지고, 비난을 받는다고 해서 아름다움을 잃겠는가. 에메랄드가 찬사를 받지 못한다고 해서 그 탁월한 아름다움을 잃겠으며, 황금과 상아와 자주색 옷과 현악기인 리라와 단검과 한 송이 꽃과 어린 관목은 또 어떠한가.

21. 사람이 죽었을 때 육신은 없어져도 혼은 계속해서 살아남는 것이라면, 대기는 시간이 시작된 때로부터 태어났다가 죽은 모든 혼을 어떻게 다 수용하고, 대지는 저 무한히 거슬러 올라가는 때로부터 죽어 땅에 묻힌 자들의 시신을 어떻게 다 수용하는 것인가. 대지에 묻힌 시신들이 얼마 동안 땅 속에 머물면서 변화를 거쳐 해체되어 다른 시신들에게 자리를 내어주는 것과 마찬가지로, 대기 속으로 자리를 옮긴 혼들도 얼마 동안 거기에 머물면서 변화를 거쳐 흩어져서 불이 되어 다시 우주의 원천인 이성 속으로 돌아감으로써 나중에 대기 속으로 들어온 혼들에게 자리를 내어준다. 이것이 사람이 죽은 후에 육신은 없어져도 혼은 계속해서 살아남는다는 전제 아래에서 제시할 수 있는 대답이 될 것이다.

하지만 이 문제와 관련해서는 이렇게 끊임없이 대지에 묻히는 사람들의 시신만이 아니라, 우리 인간이나 다른 짐승들이 매일같이 잡아먹는 동물들의 시신도 생각해야 한다. 얼마나 많은 동물들이 잡아먹혀서,

그 동물들을 먹어치운 사람들이나 짐승들의 몸 속에 묻히는가. 하지만 사람들이나 짐승들이 잡아먹은 동물들의 시신은 공기나 불로 변하여 피 속으로 흡수됨으로써, 또다시 다른 동물들을 잡아먹을 수 있는 공간이 만들어진다. 이 문제와 관련해서 진리를 탐구하는 방법은 어디에 있는가. 그것은 질료와 원인을 구분하는 것이다.[3]

22. 헤매거나 주저하지 말고, 네 속에서 어떤 충동이 일어나거든 정의의 요구만을 들어주고, 네 안에서 어떤 상념이 떠오르거든 확실하고 분명한 것만을 붙잡아라.

23. 오, 우주여, 너와 잘 맞는 모든 것은 나와도 잘 맞는다. 너에게 시의적절한 것은 내게도 너무 이르거나 늦지 않다. 오, 자연이여, 너의 계절들이 가져다주는 모든 것은 내게도 결실이다. 만물이 네게서 오고 네 안에 있으며 네게로 돌아간다. "케크롭스의 사랑스러운 도시여"라고 노래한 시인이 있다. 너는 "오, 제우스의 사랑스러운 도시여"라고 노래하지 않겠는가.[4]

24. 어떤 현자는 더 즐겁고 만족스러운 삶을 살고자 한다면 적게 일

---

3 이것은 마르쿠스가 자기 자신에게 자주 권하는 사물이나 일을 분석하는 방법이다. 어떤 사물이나 일이든 스스로는 움직일 수 없는 "질료"나 재료가 있고, 그 질료나 재료를 움직이는 "원인"이 있다.
4 이 구절은 희극시인이었던 아리스토파네스(기원전 450-386년경)의 글에서 인용한 것이다. "케크롭스"는 아테네인들이 그들의 도시를 창건한 조상으로 여긴 아주 옛적의 아테네의 왕으로서 신화적인 인물이다. "제우스의 사랑스러운 도시"는 우주를 가리킨다. 마르쿠스는 만물의 근원을 우주나 자연이나 신들로 표현하기도 하고 "제우스"로 표현하기도 한다.

하라고 말했다.[5] 하지만 오직 꼭 필요한 일들을 행하고, 시민으로 살기 위해 태어난 우리의 이성이 행할 것을 요구하는 것을 이성이 요구하는 방식대로 행하라고 말하는 것이 더 나은 원리가 아니겠는가. 그렇게 했을 때, 적게 일했을 때 오는 만족만이 아니라 선한 일을 했을 때 오는 만족도 얻게 되기 때문이다. 우리가 말하고 행하는 것들 중에서 거의 대부분은 불필요한 것이기 때문에, 그런 것들을 버리면, 여유는 훨씬 더 늘어나고 불안은 훨씬 줄어들게 될 것이다. 그러므로 어떤 일을 할 때마다, 이 일이 그러한 불필요한 일들 중의 하나는 아닐지를 스스로에게 물어보아야 한다. 하지만 우리는 불필요한 행동들만이 아니라 불필요한 생각들도 버려야 한다. 그랬을 때, 쓸데없는 행동들이 사라지게 될 것이다.

25. 네가 과연 우주 전체 가운데서 자신에게 주어진 것들에 만족하고, 자신의 행위가 정의롭고 성품이 선하다는 것에 만족하는 선한 자의 삶을 살고 있는 것인지를 시험해 보라.

26. 그림의 이쪽 면을 보았느냐. 이제는 저쪽 면을 보라. 고민하지 말고 단순해져라. 누가 잘못을 저지르는가. 그 잘못은 그에게 있다. 어떤 일이 네게 일어났느냐. 좋은 일이다. 네게 일어나는 모든 일은 우주 전체 속에서 처음부터 네게 정해져 있던 일들이 하나하나 일어나고 있는 것일 뿐이다. 한 마디로 말해서, 인생은 짧다. 바른 이성과 정의로운 행

---

5 여기에서 "현자"는 데모크리토스를 가리킨다.

동을 통해서 현재로부터 네게 유익하고 이로운 것을 얻어내라. 정신은 맑게 하고 마음은 편히 가져라.

27. 우주는 질서를 따라 잘 정돈되어 있거나 모든 것들이 서로 혼잡하게 뒤엉켜 있거나 둘 중의 하나이겠지만, 그래도 어쨌든 우주 전체에 내재하는 질서가 존재한다. 만일 우주 전체에 무질서만이 존재한다면, 네 안에 네 자신의 개인적인 질서가 어떻게 존재할 수 있겠는가. 특히 만물은 서로 구별되어 흩어져 있는데도 서로 연결되어 함께 공감하고 감응하는 것을 보면, 거기에는 분명히 질서가 존재한다.

28. 음흉한 성격, 겁 많고 나약한 성격, 완고하고 고집 센 성격, 비인간적이고 짐승 같으며 유치하고 우둔하며 거짓되고 뻔뻔스러우며 장사치 같고 폭군 같은 성격.

29. 우주 안에 어떤 것들이 존재하는지를 알지 못하는 사람이 우주 안에서 겉도는 이방인 같은 존재라면, 우주 안에서 무슨 일들이 일어나는지를 알지 못하는 사람도 마찬가지다. 공동체적인 이성으로부터 도망하는 사람은 도망자다. 이성의 눈을 감아 버리는 사람은 맹인이다. 자신의 삶에 필요한 모든 것들을 자신 안에 있는 자원으로부터 가져오지 못하고 다른 사람들에게 의지해서 살아가는 사람은 거지다. 우주 안에서와 자기에게 일어나는 일들이 마음에 들지 않는다고 우리 모두에게 공통된 본성의 이성을 거부하고 그 이성으로부터 스스로를 단절시키는 사람은 우주에 붙어 있는 종양이다. 바로 그 동일한 이성이 모든

일들을 낳고 너도 낳았기 때문이다. 모든 이성적인 존재들의 정신은 하나가 되어 있는데, 거기에서 자신의 정신을 분리시키는 사람은 국가로부터 떨어져나간 자와 같다.

30. 어떤 사람은 속옷도 입지 않은 채로, 어떤 사람은 책도 없이, 어떤 사람은 반은 벌거벗은 채로 철학을 하면서 이렇게 말한다: "내게 먹을 양식은 없지만, 나는 이성에 충실하다. 철학으로 밥벌이를 하지는 못하지만, 그래도 철학을 그만둘 수는 없다."

31. 네가 배운 기술이 보잘것없더라도 그 기술을 소중히 여기고 거기에 의지해서 살아가라. 너의 모든 것을 진심으로 신들에게 맡기고서, 그 누구의 폭군도, 그 누구의 노예도 되지 말고 너의 여생을 지내라.

32. 예컨대 베스파시아누스 시대를 생각해 보라. 너는 그때에도 다음과 같은 일들이 똑같이 일어났다는 것을 알게 될 것이다: 결혼해서 자녀들을 양육하는 것, 병든 것, 죽는 것, 전쟁하는 것, 축제를 열어 즐기는 것, 장사하는 것, 농사짓는 것, 아부하는 것, 잘난 체하는 것, 의심하는 것, 음모를 꾸미는 것, 자기가 미워하는 어떤 사람들이 죽게 해 달라고 신에게 기원하는 것, 자신의 운명에 대해 불평불만을 늘어놓는 것, 사랑하는 것, 재물을 긁어모으는 것, 집정관이 되기를 탐하는 것, 왕이 되려고 하는 것. 하지만 지금은 그런 삶을 살았던 자들의 흔적은 다 사라지고 그 어디에도 남아 있지 않다.

트라야누스 시대로 옮겨가보자. 이번에도 모든 것이 동일하고, 그런 삶을 살았던 자들도 다 죽어 사라지고 없다. 마찬가지로 과거에 모든 나라들에 관한 다른 기록들도 살펴보라. 얼마나 많은 사람들이 혼신의 힘을 다해 온갖 일들을 도모하다가 이내 죽어서 원소들로 해체되고 말았는지를 보라. 무엇보다도 네 자신이 잘 알고 있는 사람들에 대해 곰곰이 생각해 보라. 그들은 헛된 일들을 도모하느라 모든 힘을 쏟아 붓다가, 그들 자신의 본성에 맞는 일들을 찾아서 충실히 행하며 살아가고 그런 삶에 만족하는 데 실패한 사람들이 아니었더냐. 여기에서 네가 꼭 기억해 두어야 할 것이 있는데, 그것은 모든 일에서 각각의 일이 지닌 합당한 가치에 비례해서 일의 경중에 따라 너의 관심과 힘을 쏟아야 한다는 것이다. 그렇게 한다면, 하찮은 일들에 많은 시간을 들여 몰두했다가 네가 원하는 성과가 나오지 않는 것을 보고서 낙심하는 일이 없게 될 것이다.

33. 과거에는 사람들이 일상적으로 사용하던 표현들이라도 지금은 한물 가서 사용되지 않는다. 마찬가지로 과거에 사람들로부터 입에 침이 마르게 칭송받던 영웅들의 이름도 지금은 어떤 의미에서는 한물 가서 사용되지 않는 이름들이다. 카밀루스와 카이소와 볼레수스와 덴타투스가 그랬고, 얼마 후에는 스키피오와 카토가 그랬으며, 그 후에는 아우구스투스가 그랬고, 그 다음에는 하드리아누스와 안토니누스가 그랬다.[6] 왜냐하면, 모든 것이 신속하게 사라져서 전설이 되고 이내 완전

---

6 "카밀루스와 카이소와 볼레수스와 덴타투스"는 초기 로마 공화정의 위대한 인물들이다. 카밀루스는 기원전 390년에 갈리아 인에 의해 로마가 점령당했을 때 다시 로마를 되찾은 인물이었고, 나머지 세 인물에 대해서는 잘 알려져 있지 않다. "스키피오"는 한니발을 물리친 인물이었고, "아우구

히 망각된다. 내가 지금 말한 것은 세상에서 휘황찬란하게 그 이름을 날리던 인물들에게 해당되는 말이다. 그런 인물들을 제외한 나머지 사람들은 그들의 육신에서 호흡이 끊어지자마자, 그 즉시 사람들의 시야에서 사라지고 사람들의 생각에서 사라지고 만다. 사람들은 죽어서 영원한 이름을 남긴다고 말하지만, 사후의 명성이라는 것은 도대체 무엇인가. 정말 허망하기 짝이 없는 것이다. 그렇다면 사람이 힘써야 할 것은 무엇인가. 오직 한 가지뿐인데, 그것은 정의로운 생각, 공동체의 유익을 위한 행동, 거짓 없는 말, 모든 일어나는 일들은 우리 자신과 동일한 기원과 원천에서 나오는 필연적이고 우리에게 친숙한 일들이라는 것을 알고서 기꺼이 환영하는 품성이다.

34. 네 자신을 기꺼이 운명의 여신[7]에게 전적으로 맡기고, 그녀가 너라는 실을 가지고서 자신의 목적과 계획에 따라 원하는 것을 짜게 하라.

35. 기억하는 모든 것이 덧없고, 기억되는 모든 것이 덧없다.

36. 변화를 통해 만물이 생성된다는 것을 늘 명심하고, 우주의 본성은 이미 존재하고 있는 것들을 변화시켜서 그것들과 비슷하지만 새로

스투스"는 로마의 초대 황제였으며, "하드리아누스"는 117년부터 138년까지 로마 황제였던 인물이었고, "안토니누스"는 마르쿠스의 양아버지였다.

7 "운명의 여신"은 그리스어 본문에는 "클로토"로 되어 있는데, 클로토는 "베 짜는 자"라는 의미로서 라케시스, 아트로포스와 더불어 세 명의 운명의 여신들 중 한 사람이다. 마르쿠스는 인간의 삶을 결정하는 원천을 운명, 섭리, 신, 자연 등으로 표현한다.

운 것들을 만들어 내는 것을 특히 좋아한다는 생각에 익숙해져라. 모든 존재하는 것들은 어떤 의미에서는 나중에 자신에게서 생겨나게 될 것의 씨앗이다. 네가 대지나 모태에 뿌려지는 것만이 씨앗이라고 생각한다면, 그것은 철저하게 너의 생각일 뿐이다.

37. 머지않아 너는 죽게 될 것이다. 그런데도 너는 아직도 여전히 단순하지 않고, 초연하지 않으며, 외적인 것들에 의해서 해악을 입게 될 것에 대한 두려움에서 벗어나지 못하고, 모든 사람과 화목하지 못하며, 정의롭게 행하는 것만이 지혜라는 확신도 갖고 있지 못하다.

38. 사람들을 지배하고 있는 이성을 주의 깊게 살피고, 현자들이 무엇을 피하고 무엇을 추구하는지를 살피라.

39. 너의 불행은 다른 사람을 지배하고 있는 이성에 달려 있지도 않고, 너를 둘러싸고 있는 환경의 변화에 달려 있지도 않다. 그렇다면 무엇에 달려 있는가. 그것은 너를 구성하는 부분들 중에서 어떤 것들을 악이라고 판단하는 부분이 어떻게 하느냐에 달려 있다. 아무것도 판단하지 말라. 그러면 모든 것이 잘될 것이다. 너의 존재 중에서 판단을 관할하는 부분과 가장 가까운 너의 육신이 베이거나 불타거나 곪거나 썩을지라도, 그런 일들에 대해 판단을 내리는 부분은 초연히 있게 하라. 즉, 너의 그 부분으로 하여금 악인에게나 선한 자에게나 똑같이 일어날 수 있는 일들에 대해 악하다거나 선하다고 판단하지 못하게 하라. 본성에 따라 살아가는 사람에게나 본성을 거슬러 살아가는 사람에게나 똑

같이 일어나는 일은 본성에 부합하는 것도 아니고 본성에 어긋나는 것도 아니기 때문이다.

40. 우주는 단일한 실재와 단일한 정신을 지닌 하나의 생명체라는 것, 만물은 우주의 단일한 생각으로 돌아가고, 우주의 단 한 번의 움직임으로 모든 것이 이루어지며, 모든 존재하는 것들은 장래에 존재하게 될 모든 것들의 공동의 원인들이고 또한 만물은 수많은 실들이 서로 촘촘하게 짜여져서 이루어진 하나의 피륙과 같다는 것을 언제나 잊지 말라.

41. 에픽테토스가 말했듯이, 너는 시신을 짊어지고 다니는 작은 혼이다.

42. 변화하는 것에 악한 것이 전혀 없고, 변화의 결과물로서 존재하는 것에 선한 것이 전혀 없다.

43. 시간은 모든 생성되는 것들의 강, 아니 급류다. 어떤 것이 눈에 보이자마자 이내 떠내려가 버리고, 또다른 것이 떠내려 오면, 그것도 이내 떠내려가 버린다.

44. 모든 일어나는 일들은 봄에 피는 장미나 여름에 열리는 과실처럼 잘 아는 친숙한 것들이다. 질병과 죽음, 중상모략과 권모술수, 어리석은 자들을 기쁘게 하거나 슬프게 하는 모든 일들이 그런 것들이다.

45. 직후에 오는 것은 언제나 직전에 지나간 것과 통일성을 지닌다.

이 둘은 불가피하게 연속적으로 출현할 수밖에 없긴 하지만, 서로 분리된 것들이 시간 속에서 나열되는 것이 아니라, 이성으로 서로 연결되어 있기 때문이다. 모든 존재하는 것들이 서로 결합되어 하나의 조화로운 질서를 이루고 있듯이, 모든 생성되는 것들도 단순히 시간 속에서 나열되는 것이 아니라 경이로운 통일성을 지닌다.

46. 헤라클레이토스가 "흙은 죽어서 물이 되고, 물은 죽어서 공기가 되며, 공기는 죽어서 불이 되고, 불이 죽으면 흙이 되는데, 이런 순환이 반복된다"고 한 말을 늘 명심하라. 또한 자신의 집으로 돌아가는 길을 잃어버린 사람에 관한 그의 비유를 기억하라. 사람들은 살아가면서 단 한시도 떨어지지 않고 늘 접하는 유일한 것, 즉 우주를 다스리는 이성과 불화하고 있고, 사람들은 그 이성을 매일같이 만나는데도 낯설어 하며, 우리는 꿈에서도 마치 우리가 행하고 말하는 것처럼 생각하기 때문에, 잠이 들어서 꿈속에서 살아가는 사람들처럼 행하고 말해서는 안 되고, 부모가 해 준 말들을 그저 형식적으로만 따르는 자녀가 되어서는 안 된다고 한 그의 말도 기억하라.

47. 신이 너에게 네가 내일 아니면 모레 반드시 죽게 될 것이라고 말했다면, 너는 아주 쪼잔한 사람이라면 몰라도 하루 차이는 차이도 아니라고 여겨서 내일 죽든 모레 죽든 상관없다고 생각할 것이다. 마찬가지로, 너는 수십 년 후에 죽든 내일 죽든 그런 것은 별 차이가 없다고 생각해야 한다.

48. 이마에 주름이 생길 정도로 혼신의 힘을 다해 다 죽어가는 많은

환자들을 살린 의사들도 결국에는 죽었고, 다른 사람들이 언제 죽을지를 기가 막히게 알아맞히는 많은 예언들을 한 점성술사들도 결국에는 죽었으며, 죽음과 불멸에 대해 무수히 연구하고 논쟁을 벌인 철학자들도 결국에는 죽었고, 전쟁터에서 수많은 적군을 도륙한 위대한 장군들도 결국에는 죽었으며, 마치 자기는 영원히 살 것처럼 생각하고서 안하무인이 되어 자신의 권력을 마음대로 휘둘러 수많은 사람들을 죽인 폭군들도 결국에는 죽었고, 헬리케와 폼페이와 헤르쿨라네움[8]을 비롯한 무수히 많은 "도시들 전체가 죽었다"(이런 표현을 사용할 수 있는지는 모르겠지만)는 것을 너는 늘 명심하라.

네가 알고 지냈던 사람들 중에서 이미 죽은 사람들을 하나하나 떠올려보라. 한 사람은 자신의 친구의 눈을 감겨준 후에 얼마 안 있어 자기도 눈을 감았고, 다른 사람은 그 사람을 묻어 주고서 얼마 후에 자기도 묻혔다. 이 모든 일이 짧은 시간 안에 일어났다. 한 마디로 말해서, 너는 인생이라는 것이 얼마나 짧고 덧없는 것인지를 늘 유념해야 한다는 것이다. 어제는 진액이었다가 내일은 미라나 재로 변한다. 그러므로 올리브 열매가 다 익으면 자기를 낳아준 대지를 찬양하고 자기를 길러준 나무에 감사하며 떨어지는 것처럼, 너도 이 짧은 인생을 본성에 따라 살아가다가 인생 여정을 끝낸 후에는 기쁜 마음으로 떠나는 것이 마땅하다.

49. 파도가 자기에게 끊임없이 밀려와서 부서지지만, 그 자신은 견

---

8 "헬리케"는 그리스의 펠로폰네소스 반도에 있던 도시로서 기원전 373년에 지진으로 폐허가 되어 수몰되었다. "폼페이"와 "헤르쿨라네움"은 캄파니아 지방에 있던 도시들이었는데, 79년 8월 24일에 베수비우스 화산의 폭발로 인해 매몰되었다.

고히 서서 주변의 용솟음치는 바닷물을 고요하게 만드는 해안의 넓은 바위처럼 되라.

"이런 일이 내게 일어난 것은 내게 불운이다"라고 말하지 말고, 도리어 "이런 일이 내게 일어났는데도 여전히 나는 현재 일어난 일 때문에 망가지지도 않고, 미래에 일어날 일도 두렵지 않으며, 이렇게 아무런 해악도 입지 않고 멀쩡한 것은 내게 행운이다"라고 말하라. 그런 일은 누구에게나 일어날 수 있지만, 누구나 그런 일에도 불구하고 해악을 입지 않는 것은 아니기 때문이다. 그런데도 너는 왜 전자를 생각해서 불운이라고 말하면서, 후자를 생각해서는 행운이라고 말하지 않는 것이냐. 그리고 너는 왜 인간의 본성에서 벗어나지 않은 일을 불운이라고 말하거나, 인간의 본성의 목적에 어긋나지 않은 것을 인간의 본성에서 벗어난 것이라고 여기는 것이냐. 너는 인간의 본성의 목적이 무엇인지를 이미 배워서 알고 있다. 인간의 본성의 목적은 정의롭고 고결하며 절제하고 지혜로우며 사려 깊고 정직하며 겸손하고 자유로운 것, 그리고 인간의 본성을 완성시켜 주는 그 밖의 다른 특질들을 추구하는 것인데, 네게 일어난 그런 일이 네가 그런 것들을 추구하는 것을 조금이라도 방해하더냐. 앞으로는 다음과 같은 원리를 마음에 새기고 있다가, 네가 해악을 입었다고 느끼는 어떤 일이 일어날 때마다 그 원리를 굳게 붙들어라: "이 일은 불운이 아니다. 도리어 이런 일을 겪는데도 내가 나의 본성을 지켜내는 것이야말로 내게 행운이다."

50. 내 생각으로는 어떻게든 오래 살기 위해서 악착같이 매달렸던 사람들을 하나하나 기억해 보는 것도 죽음을 하찮은 것으로 여기는 데

도움이 되고 꽤 효과적이다. 과연 그들은 때가 되기 전에 일찍 죽은 사람들에 비해서 무슨 좋은 것을 얻었는가. 결국 그들도 어딘가에 묻혀서 무덤에 누워 있지 않은가. 카디키아누스, 파비우스, 율리아누스, 레피두스 같은 부류의 사람들도 다른 많은 사람들을 무덤으로 실어 나른 후에는 결국 자신들도 무덤으로 실려 가지 않았던가.[9]

얼마나 오래 사느냐 하는 것은 중요하지 않고 별 차이가 없다. 우리는 너무나 연약한 육신을 이끌고서 보잘것없는 사람들과 어울려서 온갖 고생과 수고를 다하며 삶을 살아가고 있는 것이 아니던가. 그런 인생이 무엇이 그리 대단하다고, 그토록 오래 살려고 아등바등한단 말인가. 네 뒤로는 이미 지나간 영겁의 시간이 있고, 네 앞으로도 앞으로 올 영겁의 시간이 있다는 것을 기억하라. 그런 영겁의 시간 속에서 삼일을 살다가 죽은 유아의 삶과 세 세대를 산 네스토르의 삶이 무슨 차이가 있겠는가.[10]

51. 늘 짧은 길로 달려라. 짧은 길은 너를 가장 바른 언행으로 인도해 줄 자연의 길이다. 그러면 고민하고 괴로워하며 피곤하고 지치는 것에서 벗어나게 될 것이고, 가식적으로 꾸며서 말하거나 행할 필요가 없게 될 것이다.

---

9 여기에 열거된 인물들에 대해서는 알려져 있는 것이 없다. 마르쿠스는 아마도 그들이 장수한 것으로 유명한 사람들이어서 인용한 것으로 보인다.
10 네스토르는 호메로스의 『일리아스』에 나오는 그리스의 노장군이다. 현명한 노인, 원숙한 노년의 상징이다.

제 5 권

1. 날이 밝았는데도 잠자리에서 일어나기가 싫을 때는 마음속으로 이렇게 생각하라: "나는 인간으로서 해야 할 일을 하기 위해 일어나는 것이다. 나는 그 일을 위해 태어났고, 그 일을 위해 세상에 왔는데, 그런데도 여전히 불평하고 못마땅해하는 것인가. 나는 침상에서 이불을 덮어쓰고서 따뜻한 온기를 즐기려고 태어난 것이 아니지 않느냐."

"하지만 침상에서 이렇게 빈둥거리는 것이 좋은데 어쩌란 말인가."

"너의 그 말은 네가 쾌락과 즐거움을 누리기 위해서 태어났다는 말이냐. 요컨대 내게 묻고 싶은 것은 네가 태어난 것은 누리기 위해서인가 행하기 위해서인가 하는 것이다. 작은 들풀 하나, 공중의 작은 새, 개미, 거미, 꿀벌 같은 천하의 모든 미물들도 각자에게 맡겨진 소임을 수행하면서, 우주의 질서에 기여하기 위해 각자의 몫을 다하고 있는 것이 네 눈에는 보이지 않는단 말이냐. 그런데도 너는 인간으로서 해야 할 일을 하기를 거부하고, 자연과 본성이 네게 명하는 일들을 하기 위해 달려가지 않겠다는 것이냐."

"하지만 얼마간의 휴식도 꼭 필요한 법이다."

"나도 그 점을 부정하지 않는다. 하지만 자연은 먹고 마시는 것에 한계를 정해 놓았듯이 휴식에도 한계를 정해 놓았다. 그런데 너는 그 한계를 이미 넘어섰고, 네게 필요한 정도를 넘어섰다. 반면에 네가 해야 할 일들에서는 너의 능력을 다 발휘해서 하지 않았고 여전히 미흡하다. 문제는 네가 네 자신을 사랑하지 않는다는 데 있다. 만일 네 자신을 사랑했다면, 분명히 너는 너의 본성과 그 본성의 의지도 사랑했을 것이다. 자신의 일이나 기술을 사랑하는 자들은 그 일에 몰두하느라고 목욕하는 것도 잊고 먹는 것도 잊는다. 하지만 네가 네 자신의 본성을 존중하는 정도는 대장장이가 철물을 만들어내는 것, 무용수가 춤을 추는 것, 수전노가 돈주머니를 지키는 것, 명성을 얻고자 하는 자가 자신에 대한 대중의 환호를 소중히 여기는 것보다 못하다. 그런 사람들은 자기가 소중히 여기는 그런 일들에서 무엇인가를 이루어내고자 할 때에는 먹는 것과 자는 것을 그만두고서라도 그 일들을 이루어내고 만다. 그런데 너는 공동선을 위한 일들을 하는 것이 그런 일들에 비해 중요하지도 않고 애쓸 가치도 적다고 생각하는 것이냐."

2. 우리의 이성과 맞지 않아 이질적이어서 우리를 혼란스럽게 하고 괴롭히는 온갖 인상을 제거하고 지워내서 즉시 완전한 평정심을 되찾는 것은 얼마나 유쾌한 일인가.

3. 자연(본성)에 부합하는 모든 말과 행위는 네게 합당한 것이라고 생각해서, 다른 사람들의 비판이나 그들이 하는 말에 휘둘려서 포기하지 말고, 어떤 것을 말하거나 행하는 것이 선한 경우에는, 네가 그 일을 하지 않아도 된다고 생각하지 말라. 그들에게는 그들을 지배하고 다스리는 이성이 있고, 그들은 자신의 충동을 따르는 것이니, 너는 그들이 말하거나 행하는 것들에는 눈을 돌리지 말고, 오로지 네 자신의 본성과

우주의 본성을 따라 계속해서 곧장 나아가라. 네 자신의 본성의 길과 우주의 본성의 길은 하나이고 동일하다.

4. 나는 자연(본성)의 길을 따라 내내 걸어가다가, 내가 날마다 숨쉬어 왔던 저 대기 속으로 나의 마지막 숨을 내쉰 후에, 내 아버지에게 그의 씨앗을, 내 어머니에게 그녀의 피를, 내 유모에게 그녀의 젖을 대주었을 뿐만 아니라, 그토록 오랜 세월 동안 날마다 내게 먹을 것과 마실 것을 공급해 주었고, 내가 내 발로 무수히 밟고 다니고 온갖 용도로 써 먹었는데도, 여전히 나를 떠받쳐준 그 대지 위에 쓰러져서, 나의 수고에서 벗어나 안식하리라.

5. 너는 날카로운 기지와 기가 막힌 유머로 사람들의 입에서 감탄과 찬사가 절로 나오게 할 수 없을지는 모르지만, 네게는 다른 많은 좋은 자질들과 재능들이 있기 때문에, "나는 가지고 태어난 게 아무것도 없어"라고는 절대로 말할 수 없다. 전적으로 너의 능력 안에 있는 그런 자질들을 보여주어라. 정직함, 고결함, 그 어떤 수고도 마다하지 않는 끈기, 쾌락을 따르지 않는 금욕, 자신의 운명에 대해 불평하지 않는 것, 적은 것으로 만족하는 것, 자비로움, 독립심, 검소함, 과묵하고 진지함, 고매함 등이 그런 것들이다. 이미 네 안에는 네가 태어나면서부터 지니고 있는 온갖 미덕들이 있고 그런 미덕들을 얼마든지 밖으로 내보일 수 있기 때문에, 너에게는 타고난 재능이나 잘하는 것이 없다고 변명하거나 핑계를 댈 필요가 없다는 것을 너는 알지 못하느냐. 그런데도 너는 여전히 낮은 기준에 만족하고자 하는 것인가. 아니면, 너는 네게는 타고

난 재능이 없다는 것을 핑계 삼아서, 네 자신이 자신의 운명에 불평하고 인색하게 굴며 아부하고 너의 못난 육신을 탓하며 허세를 부리고 허풍을 떨며 네 마음이 불안해하는 것을 합리화하고자 하는 것인가. 신들의 이름을 걸고 맹세하건대 그래서는 안 된다! 네가 잘 깨닫지 못하고 이해하는 것이 둔하다고 해도, 너의 그런 모습을 애써 무시해 버리려 하거나 그것을 핑계로 삼아서 자신의 결점들을 덮어 버리려고 하지 않고, 도리어 훈련을 통해서 극복하고자 했다면, 너는 이 모든 것들을 이미 오래 전에 떨쳐 버리고도 남았을 것이다.

6. 어떤 사람들은 다른 사람을 도와주거나 호의를 베푼 경우에는 보답을 기대한다. 어떤 사람들은 보답을 기대하지는 않지만, 자기가 그 사람에게 해준 일을 기억해 두고, 그 사람을 자신의 채무자로 여긴다. 어떤 사람들은 자기가 한 일을 의식하지 않는다. 이 마지막 부류의 사람들은 포도송이들이 주렁주렁 열려 있는 포도나무가 일단 자신의 열매들을 잘 키워낸 후에는 거기에 대한 그 어떤 보상도 바라지 않는 것과 같고, 자신이 주파해야 할 경주로를 다 달린 경주마와 같으며, 사냥감을 끝까지 추적해서 잡은 사냥개와 같고, 부지런히 꿀을 모아서 벌집을 다 만든 꿀벌과 같다. 포도나무가 때가 되면 또다시 새롭게 포도송이들을 맺듯이, 그런 사람들도 한 가지 선행을 마친 후에는 말없이 또 다른 선행에 착수한다.

"그렇다면 사람은 어떤 일을 할 때 자기가 무슨 일을 하고 있는지를 의식하지 않은 채로 해야 한다는 말인가."

"그렇다."

"하지만 사람은 자기가 무슨 일을 하고 있는 것인지를 의식하고 있어야 하지 않겠는가. 진정으로 공동체적인 정신을 지닌 사람은 자기가 그런 정신에 합당한 일을 하고 있음을 알고, 공동체의 다른 구성원들도 그런 정신에 합당한 일이 무엇인지를 알기를 바라는 것이 그 특징이기 때문이다."

"네가 방금 한 그 말은 옳지만, 너는 네가 앞에서 한 말의 의미를 잘 깨닫지 못하고 있다. 그렇기 때문에 너도 내가 앞에서 말한 부류의 사람들 중 한 사람이 되고 말 것이다. 왜냐하면, 그들도 그럴 듯해 보이는 추론을 하다가 샛길로 빠져서 잘못된 길로 가버린 사람들이기 때문이다. 하지만 내가 앞에서 말한 의미를 네가 진정으로 이해해서 그대로 한다면, 너는 절대로 공동체적인 정신으로 행하는 데 소홀함이 없게 될 것이다."

7. 아테네인들의 기도: "사랑하는 제우스 신이시여, 아테네인들의 경작지와 그들의 목초지에 제발 비를 내려 주소서." 기도는 아예 하지 말든가, 아니면 이렇게 단순하고 솔직하게 하라.

8. 아스클레피오스[1]는 사람에 따라 말 타기나 냉수욕이나 맨발로 걷기 같은 처방을 했다고 하는데, 자연 전체가 사람에 따라 질병이나 불구나 손실 등등을 처방했다고 말할 수 있다. 처방했다는 것은 전자(아스클레피오스)의 경우에는 이 사람에게는 이것이, 저 사람에게는 저것

---

1 아스클레피오스는 그리스 신화에 나오는 의술의 신이다. 펠로폰네소스 반도의 에피다우로스에 있던 이 신의 신전과 거기에서 행해진 제의는 기원전 5세기부터 고대 세계에서 유명했다. 이 신의 라틴어 이름은 아이스쿨라피우스다.

이 그들의 건강에 이로운 것으로 여겨 정해 주었다는 의미이고, 후자(자연)의 경우에는 이 사람에게는 이것이, 저 사람에게는 저것이 그들의 운명에 이로운 것으로 여겨 정해 주었다는 의미다. 석공들이 성벽이나 피라미드를 만들기 위해서 거대한 네모난 돌들을 차곡차곡 쌓아서 서로 조화를 이루고 아구가 잘 맞아서 하나의 통일적인 건축물이 되어가는 경우에 그 돌들이 서로 "잘 맞는다"고 말하는 것처럼, 우리는 우리에게 생기는 모든 일들이 서로 아구가 "잘 맞는다"고 말할 수 있다. 만물 속에 오직 하나의 조화가 존재하기 때문에, 우주를 이루는 모든 사물들이 서로 결합되어 하나의 통일체로 존재하듯이, 사람의 운명을 이루는 모든 원인들도 서로 결합되어 하나의 통일된 원인이 된다. 아무리 무식한 자들도 "운명이 그 일을 그 사람에게 보냈다"고 말하는 것을 보면, 이런 이치는 누구나 알고 있는 것이 분명하다. 왜냐하면 그들이 그렇게 말하는 것은 그 일이 그에게 일어난 것은 누군가가 그에게 그렇게 처방한 것이라는 의미이기 때문이다. 그러므로 우리는 아스클레피오스의 처방을 두말없이 받아들이듯이, 우리에게 처방된 운명도 두말없이 받아들이는 것이 마땅하다. 사실 그의 처방에는 따르기 싫은 것들도 많지만, 우리는 건강해질 것이라는 희망이 있기 때문에 기꺼이 그 처방을 따르지 않는가.

너는 우주의 본성이 네게 처방해 주어서 이루는 일들도 마찬가지로 너를 건강하게 하기 위한 것이라고 여겨서, 아무리 싫고 네 마음에 들지 않는 일들이 네게 일어난다고 할지라도, 그 모든 일들을 기꺼이 환영하고 맞아들여라. 네게 처방된 모든 일들은 우주의 건강을 위해 제우스가 직접 모든 것을 감안해서 잘 처방한 것들이기 때문이다. 제우스는 우주 전체에 유익이 되지 않는 것은 처방하지도 않고 그 누구에게도 보내지 않는다. 네가 어떤 본성을 타고 났든, 그 본성은 너에게 유익이 되지 않는 일들이 네게 일어나게 하지 않는다.

네가 네게 일어나는 모든 일에 만족하고 기꺼이 받아들이는 것이 마땅한 이유가 두 가지 있다. 첫 번째는, 그 일들은 너를 위해 일어난 것이고, 너를 위해 처방된 것이며, 오직 너와 관련된 것이고, 까마득한 저 옛날의 원인들에 의해 처음부터 너를 위해 정해진 운명의 실들이기 때문이다. 두 번째는, 개개인에게 일어나는 일들은 우주 전체를 지배하는 이성이 잘되고 완전해지며 계속해서 존속할 수 있게 해 주는 원인이 되기 때문이다. 네가 서로 결합되어 하나의 통일체와 연속체를 이루고 있는 원인들이나 부분들 중에서 아주 조금이라도 잘라내 버린다면, 우주 전체의 완전함은 손상을 입게 된다. 그런데도 너는 네 마음에 들지 않을 때마다 네가 할 수 있는 한 그 원인들이나 부분들을 잘라내 버리고 파괴해 버린다.

9. 네가 바른 원리들을 따라 행하는 데 늘 성공하지 못한다고 해도, 그렇게 하는 데 염증을 느끼거나 의기소침하거나 좌절해서는 안 된다. 실패했을 때에는 계속 반복해서 시도하고, 네가 인간으로서 바르게 살아가려고 온 힘을 다해 애쓰고 있다는 사실을 기뻐하며, 네가 무수히 실패하는데도 끝까지 추구하고 있는 그 길을 사랑하라. 마치 어린 학생이 엄격한 훈육선생 앞에 서듯이 철학을 대하지 말고, 눈에 질병이 있는 환자가 해면과 달걀의 흰자위를 찾고, 이런 환자가 고약을 찾고, 저런 환자가 습포제를 찾듯이, 철학을 찾으라. 그렇게 하면 너는 이성에

순종하는 것이 무거운 짐이 아니라, 도리어 안식과 위안의 원천이라는 것을 알게 될 것이다. 그리고 너는 너의 본성에 부합하지 않는 것들을 원하는 반면에, 철학은 너의 본성이 원하는 것들만을 원한다는 것을 기억하라. 물론, 너는 너의 본성에 부합하지 않는 것들을 하는 것이 네게 즐거움과 쾌락을 가져다주기 때문에 그렇게 하는 것이리라. 그것이 우리가 쾌락이라는 덫에 걸리게 되는 이유가 아니겠느냐. 하지만 고매함, 자유롭고 독립적인 정신, 소박함, 자애롭고 사려깊은 마음, 경건함 속에 너를 더 즐겁게 해 주는 것이 들어 있는 것은 아닌지 한 번 잘 생각해 보아라. 우리에게 지혜가 있으면, 일들을 순리를 따라 확실하고 분명하게 깨달을 수 있고 알 수 있다는 것을 네가 생각해 본다면, 무엇이 지혜보다 더 즐거운 것일 수 있겠는가.

10. 우리를 둘러싸고 일어나는 일들은 어떤 의미에서는 신비 속에 감추어져 있어서, 유명하다고 하는 여러 철학자들이 그 일들을 전혀 알 수 없다고 생각했고, 심지어 스토아 철학자들도 깨닫기 어렵다고 생각했다. 실제로 우리가 감각을 통해 받아들인 것들에 대한 우리의 판단은 틀리기 쉽다. 그런 식으로 단 한 번도 잘못 판단하지 않는 사람이 어디 있겠는가. 이번에는 우리의 인식 대상들 자체로 눈을 돌려보라. 그것들은 변태성욕자들이나 창녀나 도둑들도 얼마든지 소유할 수 있는 것들이니, 얼마나 덧없고 가치 없는 것들인가. 이번에는 네가 함께 어울리는 사람들이 어떤 사람들인지로 눈을 돌려보라. 사람이 자기 자신조차 용납하고 받아들이기가 무척 힘들다는 것은 두말할 필요도 없고, 그 사람들 중에서 가장 고결한 사람조차도 용납하고 받아들이기가 힘들지

않던가.

사정이 이러한데, 그런 짙은 어둠과 추악함 속에서, 그리고 모든 존재하는 것들과 시간과 운동과 움직이는 것들이 끊임없이 명멸을 거듭하는 와중에서, 거기에 무슨 대단한 가치가 있거나 우리가 진정으로 추구할 만한 것들이 있을 것이라고는 도저히 생각할 수 없다. 도리어 그 반대로 우리는 우리 자신이 언젠가는 자연에 의해 해체될 것임을 위안으로 삼고서, 그 날이 늦게 온다고 조바심치지 말고, 오직 다음과 같은 두 가지 생각 속에서 우리 자신을 위로하는 것이 마땅하다. 그 중 하나는 보편적 자연에 부합하지 않는 일은 내게 절대로 일어나지 않으리라는 것이고, 다른 하나는 신과 내 안에 있는 신성을 거스르는 일을 하지 않을 수 있는 능력이 내게 있다는 것이다. 나를 강요해서 신과 신성을 거스르게 할 수 있는 자는 아무도 없기 때문이다.

11. "지금 나는 내 정신을 어떻게 사용하고 있는가." 모든 일에서 늘 네 자신에게 이 질문을 던지고, 아울러 다음과 같은 질문들도 던져서 네 자신을 살펴보라. "나를 구성하는 여러 부분 중에서 나를 지배하는 이성이라고 불리는 부분이 지금 무엇을 하고 있는가. 지금 내 정신은 어떤 정신인가. 어린아이의 정신인가, 소년의 정신인가, 여자의 정신인가, 폭군의 정신인가, 가축의 정신인가, 짐승의 정신인가."

12. 대다수의 사람들이 어떤 것들을 선한 것들이라고 생각하는지를 알아볼 수 있는 한 가지 방법이 있다. 어떤 사람이 지혜와 절제와 정의와 용기 같은 것들을 진정으로 선한 것들이라고 추호의 의심도 없이

생각한다면, 이런 생각이 그의 마음을 사로잡고 있기 때문에, 그 사람은 이제 "선한 것들은 너무나 많다"는 저 시인의 말을 더 이상 귀담아들을 수 없을 것이다.[2] 그 시인의 말은 맞지 않기 때문이다. 반면에 어떤 사람이 대다수의 사람들이 선한 것들이라고 생각하는 것들을 자기도 선한 것들이라고 생각하고 있다면, 그 사람은 저 희극시인이 한 말을 맞는 말이라고 여겨서 경청하며 기꺼이 받아들일 것이다. 사람들은 그런 식으로 그 차이를 느끼고 안다. 그렇지 않다면, 사람들은 그런 농담을 저질적인 것으로 여겨서 못마땅해하고 배척하는 것이 아니라, 도리어 부귀영화와 명성이 가져다주는 것에 대한 설득력 있고 재치 있는 논평으로 받아들일 것이다. 그러므로 계속해서 우리는 "그 사람의 집에는 그런 것들이 차고 넘쳐서 똥 눌 자리도 없다"는 말을 사람들로부터 들을 정도로, 어떤 사람이 그런 것들을 그렇게 많이 갖고 있다면, 그것들을 과연 선한 것들로 여길 수 있는 것인지를 물어보아야 한다.

13. 나라는 존재는 "원인"으로 작용한 것들과 "질료"로 사용된 것들로 이루어져 있고, 이것들 중 그 어떤 것도 무(無)에서 생겨난 것이 아니듯이, 무로 사라지지도 않는다. 따라서 나를 이루고 있는 모든 부분들은 변화에 의해 우주의 어느 다른 부분을 형성하게 될 것이고, 그 부분은 또다시 변화하여 우주의 또다른 부분이 될 것이며, 이러한 순환은

---

2 이것은 그리스 희극시인인 메난드로스(Menandros, 기원전 344-292년경)가 쓴 희곡인 『유령』에 나온다. 그는 신희극의 대표적인 작가였다. 근본적으로 서로 다른 일반 사람들과 철학자의 "선" 개념은 『명상록』에서 자주 다루어지는 주제다. 일반 사람들은 부귀영화와 건강, 좋은 옷과 집, 명성 같은 것들을 "선한 것들"이라고 생각하지만, 마르쿠스와 스토아 철학자들은 그런 것들을 선악이나 행복과는 무관한 가치중립적인 것들로 취급하고, 그런 것들을 멸시하는 것이 미덕이라고 말한다.

무한히 계속될 것이다. 이런 변화의 과정 속에서 내가 생겨났고, 나의 부모도 생겨났으며, 이 과정은 무한으로 거슬러 올라간다. 우주가 정해진 주기에 따라 무한히 순환하는 것이라고 해도, 이렇게 말하는 것은 전혀 틀리지 않다.

14. 이성과 추론은 그 자체로나 그 고유한 활동에서나 부족함이 없고 완전하다. 그것들은 그 고유한 원리에서 시작해서 그것들 앞에 설정되어 있는 목표를 향하여 나아간다. 이성을 따른 행위들을 바른 행위라고 말하는 것은 그 행위들이 바른 길을 따라 나아가기 때문이다.

15. 우리는 인간으로서의 우리 자신이 합당하게 할당받지 않은 것들에는 그 어떤 것에도 눈길을 주어서는 안 된다. 그런 것들은 인간에게 요구되는 것일 수도 없고, 인간의 본성이 명령하는 것도 아니며, 인간의 본성을 완성해 주는 것도 아니다. 따라서 그런 것들에는 인간의 삶이 목표로 하는 것, 즉 선도 아니고, 인간이 선이라는 목표에 도달하는 데 도움을 주는 것도 아니다. 만일 그런 것들이 선한 것이고 인간에게 합당한 것이라면, 그런 것들이 어떤 사람에게 주어졌을 경우에는, 그것들을 멸시하거나 거부하는 것은 합당하지 않은 일일 것이기 때문에, 그것들이 자기와는 아무 상관이 없는 것처럼 여기는 사람은 칭찬받을 수 없을 것이고, 그것들에 미치지 못하는 자는 선한 사람이 아니게 될 것이다. 하지만 실제로는 어떤 사람이 그런 것들로부터 벗어나서 초연하게 지낼수록, 그 사람은 더 선한 자다.

16. 네 마음의 품성은 네가 어떤 생각들을 자주 하느냐에 의해서 결

정될 것이다. 정신을 어떤 색깔로 물들이는 것은 생각들이기 때문이다. 그러므로 끊임없이 다음과 같은 생각들로 너의 정신을 물들여라: 사람이 살아갈 수 있는 곳이라면 그 어디에서도 선하게 잘 살아갈 수 있다. 사람은 궁정에서도 살아갈 수 있기 때문에, 궁정에서도 얼마든지 선하게 잘 살아갈 수 있다. 또한, 모든 존재는 어떤 목적을 위해 만들어지기 때문에 언제나 자기가 만들어진 바로 그 목적을 지향하게 된다. 각각의 존재가 지향하는 것에 그 존재의 목적이 있다. 어떤 존재의 목적이 있는 거기에는 그 존재의 유익과 선도 있다. 그런데 이성적인 존재에게 있어서 선은 공동체를 이루어 서로 교제하는 것이다. 우리가 공동체적인 교제를 위해 존재한다는 것은 앞에서 이미 말했다. 열등한 존재는 우월한 존재를 위해 존재하고, 우월한 존재는 서로를 위해 존재한다는 것은 분명하지 않은가. 그리고 생명체는 무생물보다 우월하고, 이성적인 존재는 단순한 생물보다 우월하다.

17. 불가능한 것들을 추구하는 것은 정신 나간 짓이다. 그리고 악인들이 악하지 않게 행하는 것은 불가능하다.

18. 자신의 본성으로 감당할 수 없는 그 어떤 일은 누구에게도 일어나지 않는다. 어떤 사람들에게는 너에게 일어나는 것과 동일한 일들이 있지만, 그들은 자기에게 어떤 일이 일어났는지를 모르기 때문에, 또는 자신의 담력과 용기를 과시하고자 하는 의도에서 그 일을 아무렇지도 않게 견뎌낸다. 무지와 허영이 지혜보다 더 강할 수 있다는 것은 정말 이상한 일이다.

19. 외부의 사물들은 그 자체로는 정신에 전혀 영향을 미칠 수 없고, 정신 속으로 들어올 수도 없으며, 정신을 바꾸어 놓거나 움직일 수도 없다. 오직 정신만이 자신을 바꾸고 움직이고, 외부로부터 자신에게 제시된 것들을 자신이 옳다고 생각하는 것을 따라 판단한다.

20. 우리는 인간에게 선을 행하고 용납해야 한다는 점에서, 어떤 면에서는 인간은 우리에게 가장 가깝고 친밀한 존재다. 하지만 어떤 사람들은 내가 인간으로서 해야 할 일들에 방해가 된다는 점에서는, 인간은 해나 바람이나 짐승 같이 나와 상관없는 것들 중의 하나다. 그들이 나의 어떤 활동에는 방해가 될 수 있다고 해도, 나의 마음이나 정신에는 방해가 될 수 없다. 내게는 조건과 상황을 적절하게 바꾸어서 활용할 수 있는 능력이 있기 때문이다. 나의 마음과 정신은 자신의 활동을 가로막는 모든 것들을 도리어 그 활동을 촉진시키는 요소로 적절하게 바꾸어 놓음으로써, 그 활동을 저해했던 것들이 도리어 돕는 것들이 되고, 나의 길을 막고 있던 것들이 도리어 나의 길을 활짝 열어주는 것들이 된다.

21. 우주 안에서 가장 강하고 탁월한 존재를 존중하라. 그 존재는 바로 만물을 활용해서 지배하는 존재다. 마찬가지로 네 자신 안에서 가장 강하고 탁월한 부분을 존중하라. 그 부분은 우주 안에서 가장 강하고 탁월한 존재와 동족관계에 있고 동일한 일을 한다. 네 안에 있는 그 부분도 네 안에 있는 다른 모든 것들을 활용해서 너의 삶을 지배하기 때문이다.

22. 공동체에 해롭지 않은 것은 개인에게도 해롭지 않다. 네가 해를 입었다는 생각이 들 때마다, 이 기준을 적용해서 판단하라: 공동체가 그 일로 해를 입지 않았다면, 나도 해를 입은 것이 아니다. 반면에 공동체가 해를 입었다면, 너는 공동체에 해를 입힌 자에 대해 분노하지 말고, 그가 무엇을 잘못했는지를 그에게 말해 주는 것이 마땅하다.

23. 이미 존재하는 것들이나 이제 생성되고 있는 것들이 얼마나 신속하게 우리를 지나 시야에서 사라져 가는지를 자주 생각하라. 모든 존재하는 것들은 끊임없이 흘러가는 강과 같다. 그 활동들은 늘 변화하고, 그 원인들은 무수히 다양해서, 변함없이 그대로 있는 것은 거의 없다. 네 앞에는 입을 크게 벌리고 있는 과거라는 무한한 시간과 미래라는 무한한 시간이 있고, 모든 것들은 거기로 사라져 버린다. 이런 상황에서 마치 단 한 가지라도 영원히 지속될 것처럼 우쭐해져서 자랑하거나 심난해하거나 자신의 고통스러운 운명에 분개하는 자가 있다면, 그는 어리석기 짝이 없는 멍청이가 아니겠는가.

24. 너라는 존재는 우주 중에서 아주 작은 부분에 지나지 않고, 네게 할당된 시간은 무한한 영겁의 시간 중에서 찰나에 지나지 않는 아주 적은 것이며, 너의 운명은 한없이 거대한 운명의 아주 작은 한 분깃일 뿐임을 늘 기억하라.

25. 다른 사람이 네게 잘못을 했다고 하자. 그것은 너와는 아무 상관이 없고, 오직 그 사람의 몫일 뿐이다. 그 사람에게는 그 자신에게 주어진 고유한 것이 있고, 그는 거기에 따라 그 일을 한 것이다. 나는 우주의

본성이 내게 주고자 한 것들을 갖고 있고, 나의 본성이 내게 하기를 원하는 것들을 행하고 있다.

26. 네 정신을 지배하고 주도하는 이성이 네 육신 안에서 일어나는 부드럽거나 격렬한 움직임들에 휘둘리지 않게 하고, 그러한 움직임들과 섞이는 것이 아니라 그런 것들과 분리되어서 철저하게 독립성을 유지하게 하며, 그런 움직임들은 그들의 고유한 영역 내에서만 활동하게 하라. 반면에 유기체에서 늘 그렇듯이, 그런 움직임들이 다른 고유한 공감 작용에 의해서 너의 정신이나 마음속에서 어떤 감각들을 불러일으키는 경우에는, 그것은 자연스러운 것이기 때문에, 너는 그 감각들에 저항하지 말고, 네 정신을 지배하고 주관하는 이성이 이런 감각은 선한 것이고 저런 감각은 악한 것이라는 그 어떤 판단도 거기에 더하지 못하게 해야 한다.

27. 신들과 함께 살아가라. 자신의 정신이 자신에게 주어진 운명에 늘 만족하고, 제우스가 각 사람을 이끌 대장이나 인도자로 개개인에게 준 자신의 분신인 저 신성의 뜻을 행하고 있다는 것을 신들에게 알게 하는 사람은 신들과 함께 살아가는 자들이다. 여기에서 신성이라는 것은 각 사람의 정신과 이성이다.

28. 너는 겨드랑이에서 악취를 풍기는 사람에게 화를 내고, 입 냄새가 나는 사람에게 화를 내느냐. 그렇게 화를 내보아야 네게 무슨 유익이 있느냐. 그 사람은 냄새나는 겨드랑이와 입을 가졌기 때문에, 거기

에서 악취가 나는 것은 어쩔 수 없는 일이다. 너는 이렇게 말할 것이다: "하지만 그 사람에게도 이성이 있고, 조금만 주의를 기울여서 살펴보면 왜 사람들이 그에게 화를 내는지를 알 수 있을 것이다." 옳은 말이다. 너에게도 이성이 있다. 그렇다면 네가 이성적으로 그 사람을 깨우쳐 주고 충고해 주어서 그에게서 이성적인 반응을 불러일으켜라. 그가 경청한다면, 너는 그를 바로잡게 될 것이기 때문에, 화를 낼 필요가 없다. 비극 배우처럼 행하지도 말고 창녀처럼 행하지도 말라.

29. 너는 이 세상을 떠난 후에는 네가 원하는 대로 살리라고 생각할지 모르겠지만, 여기 이 세상에서도 얼마든지 네가 원하는 대로 살 수 있다. 그런데 사람들의 방해로 그런 삶을 살 수 없을 때, 그 때가 바로 네가 이 세상을 떠날 때다. 하지만 그 때에도 너는 사람들이 네게 뭔가를 잘못해서 네가 이 세상을 떠나기로 한 것처럼 보여서는 안 된다. "불에서는 연기가 나고, 나는 집을 떠난다."[3] 왜 너는 세상을 떠나는 것이 마치 큰 일이라도 된다는 듯이 생각하는 것이냐. 하지만 나의 삶을 방해하는 사람들이 있어서 내가 이 세상을 떠나는 일이 일어나지 않는 경우에는, 나는 자유인으로 살 수 있고, 내가 원하는 것들을 하며 살아가는 것을 그 누구도 막지 못할 것이다. 그리고 나는 이성적이고 공동체적인 존재로서의 본성에 부합하는 것들을 원한다.

---

3 이것은 에픽테토스가 한 말이다. 불에서 연기가 나는 것이 지극히 자연과 본성에 따른 지극히 자연스러운 일이듯이, 불의 성질을 지닌 사람의 정신이 흙의 성질을 지닌 육신을 떠나 우주 속으로 돌아가는 것은 지극히 자연스러운 일이라는 뜻이다.

30. 우주의 정신은 공동체적이다. 그 정신은 우월한 것들을 위해 열등한 것들을 만들었고, 우월한 것들끼리는 서로를 위하고 협력하게 했다. 우리는 우주의 정신이 어떤 것들은 종속시키고, 어떤 것들은 대등하게 함으로써, 모든 것에 자신의 자리를 주었고, 우월한 존재들은 서로 화합하여 하나가 되게 하였다는 것을 볼 수 있다.

31. 지금까지 너는 신들, 부모, 형제, 아내, 자녀, 스승들, 개인교사들, 친구들, 친척들, 하인들을 어떻게 대해 왔는가. 지금까지 너는 그들 모두에 대해서 "나는 누구에게도 악을 행하거나 악한 말을 하지 않았다"고 진심으로 말할 수 있는가. 지금까지 네가 무수히 많은 일들을 겪어 왔고, 그 일들을 잘 견뎌 왔다는 것, 네 인생의 역사는 이미 다 기록되었고, 너의 복무기간은 그 끝이 다가오고 있다는 것, 네가 수많은 아름다운 일들을 보아 왔고, 수많은 쾌락을 외면하고 고통을 극복했으며, 야망을 이루고 영광을 누릴 수많은 기회들을 도외시했고, 너에 대한 사람들의 수많은 냉담함에 따뜻함으로 되갚아주었다는 것을 기억하라.

32. 왜 노련하고 유식한 정신들이 서투르고 무지한 정신들에 의해 낭패를 당하는가. 도대체 어떤 정신이 진정으로 노련하고 유식한 정신인가. 시작과 끝을 알고, 모든 존재에 대해 알고 있고 정해진 주기를 따른 영원한 순환 속에서 우주 전체를 다스리는 이성을 아는 정신이다.

33. 잠시 후면 너는 다 타버린 재나 몇 개의 마른 뼈로 변해 버리고

이름만 남거나, 심지어 이름조차도 남지 않게 될 것이다. 그리고 이름이 남는다고 해도, 이름이라는 것은 단지 소리와 메아리에 불과하다. 우리가 살아 있을 때 그토록 소중히 여기고 중시했던 모든 것들은 곧 썩어져 버릴 허망하고 하찮은 것들이기 때문에, 그런 것들을 차지하려고 서로 물어뜯는 우리는 서로 싸우며 물어뜯는 강아지들이나 웃다가도 서로 티격태격하고는 금세 울음을 터뜨리는 어린아이들과 같다. 하지만 성실함과 겸손함과 정의로움과 진실함은 대지의 넓은 길을 따라 올림포스로 날아오른다. 감각의 대상들은 늘 변하고 영원한 것이 없고, 우리의 감각기관들은 너무나 형편없어 아주 쉽게 속아 넘어가며, 우리의 가련한 혼은 피가 내뿜는 증기이고, 그런 세상에서 명성을 얻는 것은 허망한 일이라면, 왜 우리는 이 세상에 남아 있는 것인가. 이 세상에서 우리가 할 일은 무엇인가. 우리의 인생의 끝이 소멸되는 것이든 어딘가 다른 곳으로 가는 것이든 담담히 그 끝을 기다리는 것이다. 하지만 우리에게 그 때가 올 때까지 우리는 무엇을 해야 하는가. 오직 신들을 공경하고 찬양하며, 사람들에게 선을 행하고 사람들을 용납하고 감당하는 것 외에는 없다. 하지만 우리의 가련한 육신과 호흡의 한계 내에 있는 모든 것들은 너의 것도 아니고 네 능력 안에 있는 것도 아님을 기억하라.

34. 네가 바른 길을 따라간다면, 즉 너의 생각과 행동이 이성의 길을 따라간다면, 너는 너의 삶이 바르게 흘러가고 있다는 것을 늘 확신할 수 있다. 신과 인간과 모든 이성적인 존재의 정신은 두 가지를 공통적으로 지니는데, 하나는 타자의 방해를 받지 않는다는 것이고, 다른 하

나는 정의로운 성품과 정의로운 행동 속에서 자신의 선이 있다는 것을 알고서 오직 그런 것들만을 원하고 추구하는 것이다.

35. 어떤 일이 나의 악도 아니고, 나의 악으로 인해 생겨난 것도 아니며, 공동체에 해를 끼치는 것도 아니라면, 그 일이 공동체에 어떤 해를 끼칠 수 있는 것도 아닌데, 내가 그 일에 그렇게 신경을 쓸 이유가 없지 않은가.[4]

36. 다른 사람들이 근심한다고 해서 무턱대고 감정적으로 거기에 휩쓸리지 말고, 네가 할 수 있는 한도 내에서 경우에 맞게 최선을 다해 그들을 도와라. 어떤 사람이 선악과 관계없는 중립적인 일들에서 손해를 보고서 근심하는 것이라면, 너는 그 사람이 큰 해를 입은 것이라고 생각해서는 안 된다. 그것은 잘못된 사고방식이다. 도리어 이 경우에 너는 어떤 노인이 세상을 떠나기 직전에 자신의 양자의 팽이가 단지 팽이일 뿐이라는 것을 뻔히 알면서도 그 팽이를 고쳐준 것처럼 그렇게 행하라. 그렇게 하지 않는다면, 너는 연단 위에 올라가서 너의 가련한 모습을 널리 알리는 꼴이 되고 말 것이다. 사람아, 너는 그런 일들이 아무런 가치도 없는 일들이라는 것을 잊었느냐. "잘 안다. 하지만 그런 일들이 이 사람들에게는 중요하다." 그렇다면 너는 그들과 똑같이 어리석은 자가 되겠다는 것이냐.

내가 무엇을 해도 행운이 따르는 때가 내게 있었다. 하지만 진정한

---

4 공동체란 우주를 의미한다.

행운은 네 자신이 정하는 것이다. 진정한 행운은 혼의 선한 성향, 선한 충동들, 선한 행동들에 있기 때문이다.

제 6 권

1. 우주의 실재는 유순하고 유연하다. 그리고 그 실재를 주관하는 이성은 악을 행할 원인을 그 자체 속에 전혀 가지고 있지 않다. 이성은 악이 없고, 악을 행하지 않으며, 그 어떤 것에도 해를 끼치지 않는다. 만물은 이성에 의해 생성되고 완성된다.

2. 네가 네게 맡겨진 의무를 행할 때에는 춥든지 덥든지, 졸리든지 푹 잤든지, 욕을 먹든지 칭송을 받든지, 죽어가든지, 또는 그 밖의 다른 어떤 상황이 닥쳐도 개의치 말고 행하라. 죽는 것도 인생의 일부이기 때문에, 죽음을 눈앞에 두었더라도 네게 맡겨진 일을 잘 하는 것으로 충분하다.

3. 어떤 것이든 그 속을 꿰뚫어보라. 어떤 것이든 그것이 지닌 특별한 속성이나 가치를 간과해서는 안 된다.

4. 우주의 실재는 하나의 통일체이기 때문에, 모든 존재하는 것들은 이내 변화되어서, 증기로 화하거나 원자들로 분해되어 흩어질 것이다.

5. 우주를 주관하는 이성은 자신이 어느 쪽으로 기울지를 알고, 자신이 무슨 일을 할지를 알며, 어떤 질료에 작용해서 그 일을 해낼지를 안다.

6. 최고의 복수는 너의 대적과 똑같이 하지 않는 것이다.

7. 너의 모든 생각을 신에게 집중한 채로 하나의 공동체를 위한 행동을 한 후에 또 다른 공동체를 위한 행동으로 옮겨가는 식으로 끊임없이 공동체를 위해 일하는 것을 너의 기쁨으로 삼고 거기에서 안식을 누려라.

8. 우주를 주관하는 이성은 스스로 깨어나서, 스스로 변화하며, 자기 자신을 자신이 원하는 것으로 만들고, 모든 일어나는 일들이 자신이 원하는 모습으로 보이게 한다.

9. 모든 것은 우주의 본성에 따라 완성된다. 외부로부터 어떤 것을 둘러싸고 있거나, 어떤 것 안에 둘러싸여 있거나, 어떤 것의 외부에 붙어 있는 다른 어떤 본성이 그것을 완성할 수는 없다.

10. 우주는 혼돈 및 원자들의 뒤얽힘과 해체이거나, 하나의 통일성과 질서와 섭리일 것이다. 전자라면, 모든 것이 무작위로 엉망진창이고 뒤죽박죽이 되어 있는 혼돈 속에서 내가 살아갈 이유가 무엇인가. 다시 흙으로 돌아가는 것 외에 거기에서 내가 바랄 것이 무엇이 있겠으며, 고민하고 불안해할 이유가 어디에 있겠는가. 내가 무엇을 해도 결국 나

는 원자들로 해체되고 말 것이 아닌가. 하지만 후자라면, 나는 만물을 다스리는 이를 신뢰하고 공경하며 굳건히 서게 될 것이다.

11. 환경으로 인해서 네가 불안해지고 혼란스러워질 수밖에 없게 되면, 신속하게 네 자신에게로 돌아가고, 필요 이상으로 불안과 혼란 속에 노출되어 있지 말라. 끊임없이 네 자신에게로 돌아간다면, 네가 처해 있는 환경을 더 잘 다스리게 될 것이다.

12. 네게 계모와 생모가 동시에 있다면, 계모에게 마땅한 도리를 다하겠지만, 너의 마음은 끊임없이 생모에게로 향할 것이다. 지금 네게는 궁정이 계모이고 철학이 생모다. 그러므로 너는 늘 철학으로 돌아가서 거기에서 안식을 얻으라. 그러면 궁정에서의 삶이 네가 감당할 수 있는 것으로 보일 것이고, 궁정에서의 삶도 너를 품어서 끌어안게 될 것이다.

13. 이런저런 맛있는 요리들을 보았을 때에는 이 요리는 물고기의 시체, 저 요리는 새나 돼지의 시체라고 생각하고, 팔레르누스[1]에서 난 포도주를 보았을 때에는 포도송이들의 즙일 뿐이라고 생각하며, 값비싼 자색 옷을 보았을 때에는 조개의 피에 적신 양모일 뿐이라고 생각하고, 성관계에 대해서는 장기들의 마찰과 흥분에 의한 진액의 분출이라고 생각하는 것은 꽤 괜찮은 발상이다. 그런 발상은 사물들이 주는 피

---

1 "팔레르누스"는 라티움 지방과 캄파니아 지방의 경계에 있던 유명한 포도 산지였다.

상적인 인상을 꿰뚫고 들어가서 그 핵심을 파악해서 그 사물들의 진정한 모습을 볼 수 있게 해 준다. 너는 그렇게 하기를 평생토록 계속해서, 어떤 것들이 그럴 듯해 보이면, 그것들을 적나라하게 벌거벗겨서 그 누추함과 초라함을 드러내어서, 그것들이 사람들 가운데서 누려 왔던 영광과 자랑을 벗겨내야 한다. 자만심은 너를 잘못된 길로 인도하는 가장 무서운 거짓 스승이다. 네가 대단히 가치 있는 일을 하고 있다고 생각하고서 스스로 자기만족에 빠져 있을 때가 가장 속기 쉬운 때다. 그러므로 크라테스가 크세노크라테스에 대해 무슨 말을 했는지를 생각해 보라.[2]

14. 대부분의 보통 사람들이 감탄하는 것들은 광석이나 목재처럼 자연에 의해 원소들이 단단하게 응집되어 있는 것들이거나, 무화과나무나 포도나무나 올리브나무처럼 자연에서 자라는 것들이다. 그들보다 좀 더 성숙한 사람들은 소 떼나 양 떼처럼 생명에 의해 결합되어 있는 것들을 보며 감탄하고, 한층 더 성숙한 사람들은 이성적인 정신에 의해 결합되어 있는 것들에 감탄한다. 여기에서 "이성적인"이라는 말은 우주의 이성의 일부로서의 이성을 의미하지 않고, 단지 장인들이나 그 밖의 어떤 숙련된 기술이나 단지 많은 노예를 소유하고 있는 것을 통해 표출되는 이성을 의미한다. 반면에 이성적이고 보편적이며 공동체적인 정

---

2 "크라테스"는 기원전 4세기 후반부터 3세기 초반까지 활동했던 견유학파의 철학자이자 시인이었고, "크세노크라테스"는 플라톤의 제자로서 기원전 339년부터 314년까지 이 학파의 수장을 역임하였다. 크라테스가 크세노크라테스에 대해 무엇이라고 말했는지는 알려져 있지 않지만, 크세노크라테스는 다른 곳에서 "가식이 거의 없는 사람"이라는 평을 들었다.

신을 소중히 여기는 사람은 다른 것들에는 전혀 눈을 돌리지 않고, 오로지 자신의 정신과 그 활동이 늘 이성적이고 공동체적이 되게 하는 것, 그리고 그러한 목적을 위해서 자기와 같은 부류의 사람들과 협력해서 일하는 것에만 몰두한다.

15. 어떤 것들은 생성을 향해 급히 달려가고, 어떤 것들은 소멸을 위해 급히 달려가며, 생성을 향해 달려가는 것들의 일부는 이미 소멸된다. 중단 없는 시간의 흐름이 영겁의 시간을 늘 새롭게 하듯이, 생멸과 변화는 우주를 끊임없이 새롭게 한다. 이 변화의 강물 속에서 모든 것이 우리가 거기에 발 디딜 틈도 주지 않고 우리의 눈 앞을 순식간에 스치고 지나가 버리는데, 도대체 거기에 우리가 소중히 여길 그 무엇이 있단 말인가. 만물에 마음을 주는 것은, 우리 눈 앞에서 순식간에 날아가 버려서 우리의 시야에 이미 없는 참새에게 마음을 주는 것과 같다. 사실 우리의 생명은 피에서 발산되어 나오는 증기이자 공기로부터 흡입하는 호흡일 뿐이다. 네가 매 순간마다 한 번 공기를 들이마셨다가 다시 공기 속으로 내쉬는 것과 네가 어제나 그제 태어났을 때 얻은 호흡할 수 있는 능력 전체를 그 능력이 온 곳으로 다시 되돌려주는 것은 전혀 다르지 않다.

16. 사람이 식물처럼 숨을 내쉬는 것이나, 가축이나 짐승처럼 호흡하는 것이나, 감각기관들을 통해 인상들을 받아들이는 것이나, 꼭두각시처럼 충동들에 조종당해 휘둘리는 것이나, 집단을 이루어 살아가는 본능이나, 음식을 섭취해서 자양분을 얻는 것은 우리가 소중히 여겨야

할 것들이 될 수 없다. 그런 것들은 우리가 음식물을 먹고 다 소화시킨 후에 그 찌꺼기를 배설물로 배출하는 것만큼이나 우리가 소중히 여겨야 할 것들이 아니다.

우리는 무엇을 소중히 여겨야 하는 것인가. 박수를 받는 것인가. 아니다. 혀로 박수를 받는 것도 아니다. 대중들로부터 환호를 받는 것은 혀로 박수를 받는 것이다. 따라서 저 보잘것없는 명성도 아니다. 그렇다면 우리가 소중히 여겨야 할 것이 무엇이 남아 있단 말인가. 그것은 내 생각에는 우리 자신에게 고유하게 주어진 것들을 따라 행하고 그밖의 다른 것들은 하지 않는 것이고, 이것은 모든 직업과 기술이 추구해야 할 목표다. 모든 기술의 목표는 어떤 제품을 그 제품의 목적에 맞게 만들어 내는 데 있기 때문이다. 포도나무를 가꾸는 농부, 말이나 개를 훈련시키는 조련사의 목표가 그러하고, 자녀들을 훈육하고 가르치는 목표도 그러하다. 따라서 이것은 우리가 소중히 여겨야 할 만한 것이다.

이것이 네게 진정으로 소중한 것이기 때문에, 네가 그것을 굳건하게 해나간다면, 네 자신을 위해 다른 무엇인가를 하거나 얻으려고 한눈팔지 않게 될 것이다. 너는 여전히 다른 많은 것들을 소중히 여기고 있는가. 그렇다면 너는 자유롭지도 못할 것이고, 네 자신에게 만족하지도 못할 것이며, 감정과 기분에 휘둘리는 것으로부터 벗어나지도 못할 것이다. 너는 네게서 그런 것들을 빼앗아갈 수 있는 자들을 의심하고 시기하고 질투할 수밖에 없게 될 것이고, 네가 소중히 여기는 것들을 소유한 자들에게서 그것들을 빼앗기 위해 음모를 꾸미지 않을 수 없게 될 것이다. 요컨대, 네가 소중히 여기는 것들 중에서 단 한 가지라도 네게 없는 경우에는, 너는 늘 초조해하고 불안해할 수밖에 없고, 많은 경우에는 신들을 비난하고 욕하게 될 것이다. 반면에 네게 주어진 것들만을 소중히 여긴다면, 너는 네 자신에게 만족하고, 이웃들과는 화목하게 지내며, 신들에게는 그들이 네게 정해 주고 베풀어 준 모든 것들에 대해 감사하며 신들을 찬미하게 될 것이다.

17. 원소들은 위로 움직이기도 하고 아래로 움직이기도 하며 제자리에서 빙글빙글 돌기도 하는 등 제멋대로 움직인다. 반면에 그런 것들은 미덕이 움직이는 방식이 아니다. 미덕은 더 신적인 것이어서, 우리가 알지 못하는 신비로운 길을 따라 자신이 나아가야 할 곳을 향해 거침없이 나아간다.

18. 사람들의 행태 중에 의아한 것이 있다! 그들은 자신들과 동일한 시대에서 함께 살아가는 사람들을 칭찬하는 것은 거부하면서도, 자신들이 본 적도 없고 볼 수도 없는 후세 사람들에게 칭송받게 되는 것에 큰 가치를 둔다. 하지만 그것은 너의 조상들이 너를 칭찬하지 않았다고 화내는 것과 다를 것이 없다.

19. 어떤 일이 네가 해내기에 어려운 일이라는 것을 알았을 경우에는, 그 일을 다른 사람들도 해낼 수 없는 일이라고 생각하지 말고, 그 일은 인간이 해낼 수 있는 일이기 때문에 너도 그 일을 해낼 수 있다고 생각하라.

제6권

20. 경기장에서 우리와 싸운 상대가 손톱으로 우리를 할퀴고 자신의 머리로 사정없이 우리를 받았다고 하자. 그런 경우에 우리는 거기에 항의하거나, 잘못되었다고 하거나, 나중에 그가 우리에게 해꼬지를 할 것이라고 의심하지 않는다. 경기가 벌어지고 있는 내내, 우리는 그를 우리의 적으로 여기거나 의심의 눈초리로 바라보지 않고, 단지 그의 행동을 예의주시해서 그의 공격들을 피하고자 할 뿐이다. 우리가 인생을 살아가면서 겪게 되는 다른 모든 상황에서도 그렇게 행하라. 우리와 함께 경기를 펼치고 있는 사람들이 행하는 것들을 너그럽게 용납하자. 방금 말했듯이, 우리는 얼마든지 그들을 의심하거나 미워하지 않고도 그들의 공격을 피하는 것이 가능하기 때문이다.

21. 누구라도 나의 어떤 생각이나 행동이 잘못되었음을 증명하며 나를 깨우쳐 줄 수 있다면, 나는 기꺼이 나의 잘못을 고칠 것이다. 나는 진리를 추구하는데, 진리는 그 누구에게도 해를 입히지 않는다. 반면에 자기기만과 무지를 고집하는 사람은 해를 입는다.

22. 나는 내게 주어진 의무만을 행할 뿐이다. 다른 것들에는 관심을 두지 않는다. 다른 것들은 생명이 없거나 이성이 없는 것들이거나, 길을 잃어서 참된 길을 알지 못하는 것들이기 때문이다.

23. 이성이 없는 동물들과 사물들과 일들을 관대하고 후하게 대하라. 네게는 이성이 있고 그것들에는 없기 때문이다. 반면에 사람들은 너와 같은 존재로서 공동체적으로 운명을 함께하는 존재로 대하라. 사

115

람들에게는 이성이 있기 때문이다. 모든 일에서 신들에게 기도하라. 신들에게 기도하는 데 아주 많은 시간을 들여야 하는 것은 아닌가 하고 염려하지 말라. 세 시간만으로도 충분하다.

24. 마케도니아의 왕이었던 알렉산드로스나 그의 마부나 죽어서는 똑같아졌다. 두 사람은 똑같이 우주의 근원인 이성으로 되돌아가거나 원자들로 해체되어 흩어졌기 때문이다.

25. 매 순간마다 우리 각자의 육신과 정신에 얼마나 많은 일들이 벌어지는지를 생각해 보라. 그러면 우리가 우주라고 부르는 이 하나이자 전체인 것 속에 무수히 많은 것들이 동시에 존재할 뿐만 아니라, 그것들보다 더 많은 일들이 동시에 생겨나고 있다는 것이 네게 더 이상 이상한 일이 아니게 될 것이다.

26. 누가 네게 "안토니누스라는 이름의 철자가 어떻게 되느냐"고 묻는다면, 너는 그 철자를 하나하나 정성껏 일러주지 않겠는가. 상대방이 화를 낸다고 해서, 너도 화를 내겠는가. 도리어 침착하게 한 글자씩 또박또박 일러주지 않겠는가. 마찬가지로 이 세상에서 네가 살아나가면서 해야 하는 각각의 의무도 여러 부분들이 한데 모여 결합된 것임을 기억하라. 너는 그 부분들을 잘 분별해 내서, 남들이 네게 화를 내든 말든 상관하지 말고, 그 하나하나를 순서를 밟아 체계적으로 침착하게 완성해 나가야 한다.

27. 사람들이 자신에게 잘 맞고 유익해 보이는 것들을 하려고 할 때, 그것을 방해하고 가로막는 것은 얼마나 잔인한 일인가. 네가 사람들이 잘못한다고 생각해서 화를 낸다면, 그것은 어떤 의미에서는 그런 식으로 방해하고 가로막는 것이다. 왜냐하면 사람들은 자신들에게 잘 맞고 유익해 보이는 것들에 끌려서 그렇게 했을 것이 분명하기 때문이다. 하지만 그들이 잘못한 것은 맞다. 그렇다면 화내지 말고, 그들이 무엇을 잘못했는지를 보여주고 가르쳐 주어라.

28. 죽음은 감각으로 인해 우리가 받는 인상들, 우리를 꼭두각시로 만드는 충동들, 갈피를 잡지 못하고 이리저리 헤매는 생각들, 육신의 고된 노역에서 벗어나는 것이다.

29. 인생에서 육신은 아직 굴복하지 않는데 정신이 먼저 굴복하는 것은 수치스러운 일이다.

30. 황제 행세를 하려 들지 말고, 황제 노릇에 물들지 않도록 조심하라. 그렇게 되기가 쉽다. 늘 소박하고, 선하며, 순수하고, 진지하며, 가식이 없고, 정의의 친구가 되며, 신을 경외하고, 자비로우며, 사랑이 많고, 자신에게 주어진 의무를 행할 때에는 과감한 사람이 되라. 언제까지나 철학이 만들어 내고자 하는 그런 이상적인 사람으로 남기 위해 애쓰라. 신들을 공경하고, 사람들을 구원하라. 인생은 짧다. 우리가 이 땅에서 한평생 살아가고 난 후에 수확할 수 있는 것은 거룩하고 정의로운 성품과 공동체를 위한 행위들뿐이다.

　모든 일을 안토니누스의 제자답게 행하라.[3] 모든 일을 이성에 따라 행하고자 했던 그의 열심, 언제나 한결같았던 그의 태도, 그의 경건함, 늘 평온하고 침착했던 그의 표정, 그의 온유하고 자애로운 성품, 헛된 명성을 경멸하고 자만심을 경계한 것, 모든 일의 진상을 올바르게 파악하는 데 심혈을 기울였던 것, 먼저 철저하고 꼼꼼하게 살펴서 분명하게 알게 될 때까지는 그 어떤 것도 거부하려고 하지 않은 것, 자신을 부당하게 비난한 사람들을 비난으로 되받아치지 않고 참고 견뎌낸 것, 조급해하거나 서두르는 법이 결코 없었던 것, 비방과 중상모략에 귀 기울이지 않은 것, 사람들의 성품과 기질과 행동을 세밀하게 살펴서 고려한 것, 다른 사람의 탓을 하거나 남을 비방하지 않은 것, 겁쟁이도 아니었고 남을 의심하지도 않았으며 궤변을 늘어놓지도 않은 것, 거처나 잠자리나 옷이나 음식이나 시종은 최소한도로만 필요로 한 것, 힘써 일하기를 좋아하고 인내심이 많았던 것, 소식(小食)을 했기 때문에 자주 용변이나 소변을 볼 필요가 없어서 하루 종일 계속해서 일할 수 있었던 것, 자신의 친구들에게 믿음직스러웠고 언제나 한결같이 대한 것, 자신의 견해에 대놓고 반대하는 사람들을 용납한 것, 누가 더 좋은 방법을 알려주면 기뻐한 것, 신들을 경외했지만 미신에 빠지지는 않은 것을 기억하라.

　이 모든 것을 명심하고서 주의 깊게 지켜 나간다면, 인생의 마지막 시간이 네게 찾아왔을 때, 안토니누스가 그랬던 것처럼 너의 마음도 평안할 것이다.

3　여기에서 말하는 "안토니누스"는 마르쿠스의 양아버지이자 선황제였던 안토니누스 피우스를 가리킨다. 마르쿠스는 제1권에서 그를 아주 높이 평가한 바 있다.

31. 잠에서 깨어나서 다시 정신을 차려라. 다시 잠에서 깨어났을 때, 너를 괴롭히던 것들이 너의 꿈에서 일어났던 일들이라는 것을 깨달았다면, 이제는 네가 깨어 있을 때 네 눈에 보이는 모든 것들이 너의 꿈속에서 일어나고 있는 일들이라고 생각하라.

32. 나는 육신과 정신으로 이루어져 있다. 사실 육신은 선과 악을 구별할 수 없기 때문에, 육신에게는 모든 것이 가치중립적인 것이어서 선이나 악이 존재하지 않는다. 하지만 정신에게는 오직 자신의 활동 영역에 속하지 않은 모든 것들만이 가치중립적인 것으로서 선하거나 악하지 않다. 정신의 활동 영역에 속한 모든 것들은 정신의 지배 아래 있기는 하지만, 정신은 그 중에서도 오직 현재적인 것만을 상관한다. 정신의 활동 영역에 속한 것들 중에서 미래나 과거에 속한 것들은 현재에 있어서는 가치중립적인 것으로서 선하지도 악하지도 않기 때문이다.

33. 발이 자기에게 정해진 일을 하고 손이 자기에게 정해진 일을 하는 동안에는, 발이나 손이 그런 일을 하면서 느끼는 고통은 자연이나 본성을 거스르는 것이 아니다. 마찬가지로 인간이 인간에게 정해진 일을 하는 동안에는, 인간이 그런 일을 하면서 느끼는 고통은 자연이나 본성을 거스르는 것이 아니다. 그 고통이 자연이나 본성을 거스르는 것이 아니라면 당연히 악도 아니다.

34. 쾌락이 무엇인지를 알려면, 강도들, 변태성욕자들, 존속살인자

들, 폭군들이 바로 쾌락을 한껏 누린 자들이라는 것을 생각해 보라.[4]

35. 장인들이 일할 때에는 비전문가인 고객의 요구를 어느 정도까지는 기꺼이 들어주지만, 그럼에도 불구하고 자신이 하는 일에서 지켜야 할 원리들을 고수하고자 하고, 그 원리들을 포기하는 것을 참을 수 없어 하는 것을 너는 보지 않느냐. 건축가나 의사도 자신의 기술을 사용할 때 지켜야 할 원리들을 절대로 포기할 수 없는 것으로 존중하고 고수하는데, 인간이 신들과 공유하고 있는 자신의 이성을 존중하고 고수하는 것이 그들보다 못하다면, 그것은 정말 이상한 일이 아니겠는가.

36. 아시아나 유럽은 우주에서 아주 후미진 곳들이다. 대양 전체는 우주에서 한 방울의 물에 지나지 않고, 아토스 산[5]은 우주에서 한 줌의 흙에 불과하다. 모든 현재라는 시간은 영원 속에서 하나의 점이고, 모든 것은 소소한 것들로서 쉽게 변하고 신속하게 사라진다.

모든 것은 저 하나의 근원으로부터, 즉 우주를 다스리는 이성의 직접적인 움직임이나 그 부수적인 결과로 생겨난다. 사자의 벌린 입이나 독, 또는 가시나 늪과 같은 온갖 종류의 해로운 것들도 저 장엄하고 아름다운 이성의 부산물들이다. 그러므로 그런 것들이 네가 공경하고 섬기는 이성과는 아무 상관이 없다고 생각하지 말고, 그런 것들을 포함한

4 악인들도 누리는 쾌락은 참된 선이 아니다.
5 "아토스 산"은 북부 그리스의 칼키디(Chalkidi)에서 에게 해 쪽으로 돌출된 세 개의 반도로서 가장 북쪽에 있는 것은 바위가 많고 좁다란 띠 모양이며 가장 높은 곳이 2,033m에 이른다. 고대 그리스 신화에서는 이 반도를 가리켜 거인 아토스(Athos)가 포세이돈(Poseidon)을 향해 던진 돌이라고 말한다.

만물의 근원을 늘 생각하라.

37. 현재적으로 존재하는 것들을 보고 있는 사람은 이전의 영겁의 시간으로부터 존재해 왔고 이후의 영겁의 시간에 이르기까지 존재하게 될 모든 것을 보고 있는 것이다. 만물은 동일한 형태를 유지하며 하나로 연결되어 있기 때문이다.

38. 우주 안에 존재하는 만물이 서로 긴밀하게 연결되어 있고 서로 의존되어 있다는 것을 자주 생각하라. 만물은 어떤 식으로든 서로 얽혀 있고, 그래서 서로에 대해 친밀감을 느낀다. 만물은 서로 간에 밀고 당기는 운동, 하나의 동일한 정신을 통한 서로 간의 공감, 모든 존재의 하나됨으로 인해 서로 맞물려 있기 때문이다.

39. 너의 몫으로 할당된 것들에 적응하고, 운명이 네게 정해준 사람들을 사랑하되 온 마음을 다해 진심으로 사랑하라.

40. 도구나 기구나 그릇은 그것들이 만들어진 용도를 수행하기만 한다면, 그것으로 아무런 문제가 없다. 하지만 그것들을 만든 사람은 그것들의 외부에 있어서 그것들에 관여하지 않는다. 반면에 우주의 본성에 의해서 유기적인 통일체를 이루고 있는 존재들은 그것들을 만든 힘이 그것들 속에 있고 그것들과 함께 있다. 그러므로 너는 그 힘을 더욱 존중하고, 네가 그 힘의 의지를 따라 존재하고 살아간다면, 모든 것이 너의 본성의 의지를 따르고 있는 것임을 깨달아야 한다. 마찬가지로

우주를 이루는 모든 것들은 우주의 본성의 의지를 따른다.

41. 네가 너의 힘으로는 어떻게 할 수 없는 것들 중에서 단 한 가지라도 너에게 이롭거나 해로운 것으로 생각한다면, 네게 그 해로운 것이 일어나거나 그 이로운 것을 잃어버리는 경우에는, 너는 신들을 원망하게 될 것이고, 그런 일들의 실제적인 원인이거나 원인으로 의심되는 사람들을 미워하게 될 것이다. 그런데 우리가 그런 것들에 가치를 부여하고서 행하는 많은 일들이 사실은 잘못되고 불의한 일들이다. 반면에 우리의 힘으로 할 수 있는 것들에 대해서만 우리에게 이로운 것이거나 해로운 것으로 생각한다면, 신을 비난하거나 사람들을 미워할 이유는 존재하지 않게 된다.

42. 우리 모두는 하나의 동일한 목적을 이루기 위해 서로 협력하여 일하는데, 어떤 일들은 알고 의식적으로 하고, 어떤 일들은 알지도 못하고 의식하지도 못한 채로 한다. 나는 헤라클레이토스가 "사람들은 잠자고 있을 때조차도 우주에서 일어나고 있는 모든 일을 함께 하는 동역자들이다"라고 말한 것도 그런 의미라고 생각한다. 사람들마다 협력하는 방식이 서로 달라서, 이런 사람들은 이렇게 협력하고, 저런 사람들은 저렇게 협력하며, 우주에서 일어나는 일들에 대해서 불평하거나 방해하거나 못 일어나게 하려고 하는 사람들도 동역자들이기는 마찬가지다. 우주에는 그런 사람들도 필요하기 때문이다. 그러므로 네가 이런저런 동역의 방식들 중에서 어느 것을 선택하느냐 하는 것은 너의 몫으로 남겨져 있다. 우주를 주관하는 분은 어떤 식으로든 너를 선용할 것

이고, 자신의 동역자들과 조력자들 가운데 너의 자리를 만들어 줄 것이기 때문이다. 하지만 크리시포스[6]가 언급한 저 희극에 나오는 저속하고 외설적인 대목에 대해서 말하고 있는 것이 너의 것이 되는 일은 없게 하라.

43. 태양이 비가 할 일을 하겠다고 나서던가. 의술의 신 아스클레피오스가 결실의 여신이 할 일을 하겠다고 나서던가. 또한 저 각각의 별들은 어떠한가. 저 별들은 제각기 다 다르지만, 하나의 동일한 목적을 위해 협력해서 일하지 않는가.

44. 신들이 나에 대해서, 그리고 내게 일어날 일들에 대해서 생각하고 결정을 내렸다면, 그 결정은 나를 위해서 가장 유익한 최선의 결정일 것임은 의심의 여지가 없다. 신이 사려 깊지 못하다는 것은 상상하기조차 어렵기 때문이다. 신들이 무슨 이유로 나를 해롭게 하려고 하겠는가. 나를 해롭게 하는 것이 신들에게나 신들이 각별히 돌보는 우주에 무슨 이득이 될 수 있겠는가. 내게 일어나게 되어 있는 것들이 신들이 나에 대해서 개별적으로 결정을 내린 것이 아니라, 단지 우주 전체

---

6 크리시포스(기원전 280-207년경)는 남부 소아시아에 있던 킬리키아 속주의 솔리(Soli) 출신으로서 제논, 클레안테스와 함께 스토아학파를 창립하고 제3대 수장이 되었다. 세계는 신적 '로고스'(이성)에 지배되며, 모든 불행은 이 '로고스'의 질서로부터 일탈하기 때문에, 인간의 행복을 위해서 로고스의 학문인 논리학을 배워야 한다고 주장하였다. 그에게 논리학은 동시에 신학이며, 우주론이며, 윤리학이었다. 마르쿠스가 여기에서 염두에 둔 것은 "희극에는 저속한 대사가 들어 있기는 하지만, 그 대사가 희곡 전체를 훌륭하게 만드는 역할을 하는 것과 마찬가지로, 악도 그 자체로는 비난받아 마땅한 것이지만, 우주 전체로 볼 때에는 무익한 것이 아니다"라는 그의 말이다. 마르쿠스는 그렇다고 해서 우리가 악덕을 저지르는 자가 되어서는 안 된다고 말한다.

의 유익을 위해 결정을 내린 것의 부수적인 결과로서 이루어지는 것이라고 해도, 나는 그것들을 환영하고 받아들이는 것이 마땅하다. 하지만 신들이 그 어떤 것도 결정하지 않는 것이라면—이렇게 믿는 것은 불경스러운 것이겠지만—우리는 신들에게 제물과 기도를 드리거나 맹세를 하는 일을 그만두고, 신들이 우리 옆에서 우리와 함께 거한다고 믿고서 지금까지 행해 온 모든 것들도 그만두어도 아무 상관이 없을 것이다. 그러나 신들이 우리에 관한 그 어떤 일에 대해서 아무것도 결정하지 않는다고 할지라도, 내게는 여전히 내 자신에 대해 결정을 내리고, 내게 이로운 것이 무엇인지를 생각할 능력이 있다. 그리고 누구에게나 자신에게 주어진 것들이나 자신의 본성에 부합하는 것들은 그 사람에게 이로운 것들이다. 하지만 나의 본성은 이성적이고 공동체적인 것이다. 안토니누스로서 내가 속해 있는 국가는 로마이고, 인간으로서 내가 속해 있는 국가는 우주다. 그러므로 다른 것들이 아니라 바로 이 공동체들에 이로운 것들만이 내게는 선이다.

45. 개개인에게 일어나는 모든 일은 우주 전체의 유익을 위한 것이다. 그것만으로 이미 그 모든 일은 선하다. 하지만 좀 더 주의 깊게 살펴보면, 한 사람에게 유익한 것은 다른 사람들에게도 유익하다는 것이 보편적인 법칙이라는 것이 드러난다. 하지만 이 경우에 "유익하다"는 말은 가치중립적인 일들에 적용할 때와 같이 좀 더 일반적인 의미로 해석되어야 한다.

46. 원형경기장 같은 그런 곳들에서 열리는 공연들이나 경기들에서

는 늘 똑같은 장면들이 반복적으로 되풀이되기 때문에, 그런 단조로운 광경이 네게 싫증을 불러일으키듯이, 네가 너의 인생에서 겪는 모든 일들도 그러하다. 모든 것의 생멸이 그러해서, 늘 동일한 원인들로 인해서 똑같은 일들이 생겨났다가 사라진다. 도대체 이런 일들이 언제까지나 반복될 것인가.

47. 온갖 부류의 사람들, 온갖 직업의 사람들, 온갖 민족의 사람들이 죽었다는 사실을 절대로 잊지 말라. 그리고 필리스티온과 포이보스와 오리가니온을 생각해 보고, 다른 부류의 사람들도 생각해 보라. 수많은 탁월한 웅변가들, 헤라클레이토스와 피타고라스와 소크라테스 같은 수많은 위대한 철학자들, 고대의 수많은 영웅들, 후대의 수많은 용사들과 폭군들, 그 밖에도 에우독소스와 히파르코스와 아르키메데스를 비롯해서 원대한 이상을 품고서 투철한 지성과 강인한 의지로 자신의 일에 매진해서 놀라운 업적을 이루어낸 수많은 위인들, 메니포스처럼 덧없이 지나가는 인생을 조롱했던 수많은 인물들이 있는 곳으로 우리도 결국에는 가야 한다.[7] 이 모든 사람들이 오래전에 이미 죽어서 무덤 안에 묻혀 있다는 것을 기억하라. 그런데 이것이 그들에게, 그리고 그들의 이

---

7 "필리스티온과 포이보스와 오리가니온"에 대해서는 알려져 있는 것이 없지만, 아마도 그들은 황궁 소속의 노예들로서 최근에 죽은 자들이었던 것으로 보인다. "헤라클레이토스와 피타고라스와 소크라테스"는 그리스의 세 명의 위대한 철학자들이었고, "에우독소스와 히파르코스와 아르키메데스"는 그리스의 세 명의 위대한 과학자들이었다. "에우독소스"는 기원전 4세기 전반에 활동했던 뛰어난 수학자이자 천문학자였고, "히파르코스"는 기원전 2세기 후반에 활동했던 인물로서 바빌로니아 천문학에 정통했던 천문학자였으며, "아르키메데스"(기원전 287-212년경)는 고대 세계에서 가장 위대한 수학자였다. "메니포스"는 기원전 3세기 전반에 활동했던 견유학파 철학자로서 풍자라는 장르를 개척한 인물이었다.

름조차 알지 못하는 사람들에게 무슨 끔찍한 일이겠는가. 이 세상에서 유일하게 가치 있는 일은 진실함과 정의 가운데서 거짓말쟁이들과 정의롭지 못한 자들에게 자비를 베풀며 평생을 살아가는 것뿐이다.

48. 너의 마음을 즐겁고 기쁘게 하고자 한다면, 네가 함께 어울리는 사람들의 좋은 점들을 떠올려보라. 예를 들면, 이 사람은 활력이 넘치고, 저 사람은 겸손하며, 또 한 사람은 너그럽고, 또 다른 사람은 또 다른 어떤 좋은 점이 있다는 것을 생각해 보라. 우리와 함께 살아가는 사람들의 성품 속에서 여러 가지 다양한 미덕들이 여기저기에서 많이 나타나는 것을 생각해 볼 때만큼 즐겁고 기쁜 때는 없기 때문이다. 그러므로 그런 것들을 늘 너의 머릿속에 간직해 두라.

49. 너의 몸무게가 100킬로그램이 되지 않는다고 해도, 그런 불평을 하지는 않는다. 그런데 이미 오랜 세월 살아왔으면서도 앞으로 더 오래 살지 못한다고 해서 불평을 할 이유가 어디 있겠는가. 네게 할당된 분량의 물질에 만족하듯이, 네게 할당된 분량의 시간에도 만족하라.

50. 먼저 사람들을 설득하기 위해 애써 보고, 그런 후에는 사람들이 네가 하는 일을 반대한다고 할지라도, 정의의 원리들이 네게 명하는 것들을 행하라. 누가 힘으로 너를 반대하는 경우에는, 괜히 거기에 반발해서 고민하지 말고 그 반대를 순순히 수용하고, 너의 힘을 다른 미덕을 행하는 데 사용하라. 너는 네게 주어진 여건 속에서 네가 해야 할 일을 하려고 한 것일 뿐이고, 불가능한 일을 억지로 하려고 하는 것이 너

의 목표가 아니었다는 것을 상기하라. 그렇다면 너의 목표는 무엇이었는가. 너의 목표는 상황과 여건이 허락하는 한에서 네가 해야 할 일이라고 느낀 것을 실행에 옮기는 것이었기 때문에, 그것으로 너는 너의 목표를 이룬 것이다.

51. 명성을 좋아하는 사람은 자신에게 이로운 것이 다른 사람의 반응에 있다고 생각하고, 쾌락을 좋아하는 사람은 자신에게 이로운 것이 자신의 감각에 있다고 생각하지만, 이성을 지닌 사람은 자신에게 이로운 것이 자신의 행위에 있다고 생각한다.

52. 우리는 어떤 일에 대해 판단 자체를 하지 않고, 그리하여 우리의 정신을 괴롭히지 않는 것이 가능하다. 어떤 일이든 우리에게 그 일에 대한 판단을 하도록 강요하는 것은 불가능하기 때문이다.

53. 다른 사람이 하는 말을 귀 기울여 듣고, 가능한 한 그 사람의 입장이 되어 보는 것이 너의 몸에 배게 만들어라.

54. 벌 떼에게 유익하지 않은 것은 한 마리 벌에게도 유익하지 않다.

55. 배를 탄 승객들이 키잡이를, 환자들이 의사를 욕한다면, 그들은 누구의 말을 들어야 하고, 키잡이는 승객들의 안전한 항해를, 의사는 환자들의 건강을 어떻게 보장할 수 있겠는가.

56. 나와 함께 이 세상에 태어난 사람들 중에서 얼마나 많은 사람들이 이미 이 세상을 떠나고 없는가.

57. 황달에 걸린 사람은 꿀맛이 쓰고, 광견병 환자는 물을 무서워하며, 꼬마 아이들은 공을 보고 기뻐한다. 그런데 왜 너는 사람들에게 화를 내는가. 너는 잘못된 견해가 사람들을 황달에 걸리게 하는 담즙이나 광견병에 걸리게 하는 바이러스보다 덜 해롭다고 생각하는 것이냐.

58. 네가 너의 본성의 이성을 따라 살아가는 것을 막을 수 있는 사람은 아무도 없고, 네게 일어나는 일들 중에서 우주의 본성의 이성에 어긋나는 것은 하나도 없다.

59. 사람들은 어떤 다른 사람들을 기쁘게 해 주려고 하고, 어떤 수단들을 사용해서 어떤 목적들을 이루고자 한다. 하지만 그들이 마음에 둔 사람들과 수단들과 목적들이 얼마나 허망한 것들인지를 생각해 보라. 시간은 아주 신속하게 그 모든 것들을 흔적도 없이 휩쓸어가 버릴 것이고, 이미 무수히 많은 것들을 휩쓸어가 버렸다.

제 7 권

1. 악이라는 것은 무엇인가. 네가 충분히 많이 보아 온 것이다. 그러므로 무슨 일이 일어날지라도 "이 일은 내가 전부터 많이 보아 온 것이다"라고 생각하라. 위를 바라보든 아래를 바라보든 네 눈에 보이는 모든 것들은 늘 그렇고 그런 동일한 것들일 것이다. 저 옛적의 역사나 좀 더 가까운 시대의 역사나 현대의 역사나 모든 역사가 그런 동일한 것들로 가득 차 있고, 오늘날의 도시들과 가정들도 그런 것들로 가득 차 있다. 새로운 것은 없다. 모든 것이 늘 친숙하게 보아 왔던 것들이고 덧없이 지나가는 것들이다.

2. 네 안에는 우주의 원리들을 담고 있는 관념들이 있고, 그 관념들은 네게서 없어지지 않는데, 어떻게 그 원리들이 죽어 없어질 수 있겠는가. 하지만 그 원리들이 늘 활활 타오르게 하는 것은 너의 몫이다. "내게는 이런저런 일들에 대해 바른 판단을 내릴 수 있는 능력이 있다. 내게 그런 능력이 있는데, 내가 어쩔 줄 몰라 하며 고민할 이유가 어디에 있는가. 그리고 나의 그런 판단 능력 밖에 있는 모든 것들은 내가 판단할 소관이 아니다." 이것을 명심하고 똑바로 서라.

너는 다시 새로운 삶을 시작할 수 있다. 네가 지금까지 보아 왔던 것들을 이번에는 이전과는 달리 새롭게 바라보라. 새로운 삶을 사는 비결이 거기에 있다.

3. 화려하게 꾸미고 과시하는 것, 무대 위에서 벌이는 연극, 양 떼와 소 떼, 가상 전투들, 강아지들에게 던져준 뼈다귀 하나, 양어장에 던져준 빵 부스러기들, 자기보다 더 큰 짐을 낑낑거리며 힘들게 나르는 개미들, 겁을 집어먹고서 우왕좌왕하는 생쥐들, 실로 조종하여 움직이는 인형들 — 그 속에서 너는 중심을 잡고 똑바로 서 있고, 네가 잘났다는 듯이 그런 것들을 경멸하지 말라. 각 사람의 가치는 그 사람이 어떤 것들을 가치 있게 여기느냐에 달려 있다는 것을 명심하여야 한다.

4. 대화할 때에는 상대방이 무슨 말을 하는지를 잘 살펴야 하고, 어떤 충동이 있을 때에는 그 추이를 잘 살펴야 한다. 후자의 경우에는 그 결국이 무엇일지를 즉시 알아야 하고, 전자의 경우에는 그 말의 의도가 무엇인지를 주시해야 한다.

5. 나의 사고력으로 이 일을 하기에 충분한가, 아니면 충분하지 않은가. 충분한 경우에는, 우주의 본성이 내게 준 도구인 나의 사고력을 이 일에 사용하면 된다. 하지만 충분하지 않은 경우에는, 그 일이 내가 꼭 해야 하는 일이 아니라면 나는 그 일에서 손을 떼고 나보다 더 잘해낼 수 있는 사람에게 그 일을 맡기고, 내가 꼭 해야 하는 일이라면 최선을 다하되, 나를 지배하는 이성과 협력해서 바로 이때에 공동체에 필요하고 유익한 것을 이루어 낼 수 있는 다른 사람의 도움을 받아야 한다. 혼

자서 일하든 다른 사람과 함께 일하든, 나는 내가 하는 모든 일에서 공동체의 유익과 화합이라는 단 한 가지 목적을 위해 행하는 것이 마땅하기 때문이다.

6. 대중들로부터 큰 박수갈채와 칭송을 받던 수많은 영웅들은 이미 사람들의 기억 속에서 잊혀졌고, 그들에게 박수갈채를 보내고 그들을 칭송했던 수많은 사람들도 이미 오래 전에 사라지고 없다.

7. 다른 사람에게서 도움 받는 것을 수치스러워하지 말라. 성을 돌파해야 하는 전사처럼 네게는 맡겨진 임무가 있고, 네가 해야 할 일은 그 임무를 완수하는 것이기 때문이다. 네가 다리를 절어서 혼자 힘으로는 성벽을 기어오를 수 없지만, 다른 사람의 도움을 받는다면 성벽을 기어올라 성을 점령할 수 있다면, 너는 어떻게 하겠는가.

8. 미래를 염려하지 말라. 운명에 의해서 네가 그 미래로 가야 한다면, 너는 지금 현재에서 사용하고 있는 바로 그 동일한 이성을 가지고서 미래로 가면 되기 때문이다.

9. 만물은 서로 연결되어 하나로 결합되어 있고, 신성한 것이 만물을 한데 묶고 있어서, 서로에게 이질적이거나 생소한 것은 하나도 없다. 만물은 각기 자신에게 할당된 자리에서 우주에 내재된 하나의 동일한 질서를 이루고 있다. 동일한 기원을 지니고 동일한 이성을 공유하는 모든 존재들을 완전하게 하는 어떤 것이 존재한다면, 만물로 이루어진

하나의 우주가 존재하고, 만물에 내재하는 하나의 신이 존재하며, 하나의 실재와 하나의 법이 존재하고, 모든 이성적인 존재들에 공통적인 하나의 이성이 존재하며, 하나의 진리가 존재한다.

10. 물질로 된 모든 것들은 신속하게 우주의 실재 속으로 사라지고, 모든 원인은 신속하게 우주의 이성 속으로 흡수되며, 모든 것에 대한 기억은 신속하게 영원 속에 묻힌다.

11. 이성을 지닌 존재에게는 본성을 따라 행하는 것은 곧 이성을 따라 행하는 것이다.

12. 똑바로 서 있으라. 그렇지 않으면 우주의 본성이 나서서 너를 강제로 똑바로 세우려고 할 것이다.

13. 이성적인 존재들 전체는 여러 부분들이 서로 협력해서 하나의 동일한 목적을 이루기 위해 만들어진 하나의 유기체와 같다. 네가 "나는 이성적인 존재들로 구성된 하나의 몸의 지체다"라고 네 자신에게 계속해서 반복한다면, 이 진리가 너의 뇌리에 더 강력하고 깊게 박힐 것이다. 하지만 네가 네 자신을 "지체"(μέλος - '멜로스')라고 말하지 않고 거기에서 한 글자를 바꾸어서 "부분"(μέρος - '메로스')이라고 말한다면, 너는 아직은 너의 동족인 사람들을 진심으로 사랑하는 것도 아니고, 선을 행하는 것을 그 자체로 기뻐하는 것도 아니다. 네가 선을 행한다고 할지라도, 그것은 단순히 의무여서 하는 것일 뿐이고, 네 자신에게 이

로운 것으로 여겨 좋아서 하는 것은 아니다.

14. 나의 외부에서 일어나는 일들은 나를 구성하고 있는 부분들 중에서 그 일들에 의해서 영향을 받을 수 있는 부분들에 영향을 미치기를 원하고, 실제로 나의 그 부분들은 그 일들로 인해 불평할 수도 있다. 하지만 내가 그런 일들을 해로운 것이라고 판단하지만 않는다면, 나는 여전히 해를 입지 않고, 내게는 그렇게 할 수 있는 능력도 있다.[1]

15. 누가 무슨 말을 하고 무엇을 하든, 나는 선할 수 있고, 또한 선해야 한다. 이것은 에메랄드나 황금이나 자주색 옷이 "누가 무슨 말을 하고 무엇을 하든, 나는 에메랄드이고 나의 고유한 색도 그대로다"라고 변함없이 말하는 것과 같다.

16. 너를 지배하는 이성은 흐트러짐이 없다. 예를 들어, 겁을 먹지도 않고, 욕망을 향해 치닫지도 않는다. 다른 사람이 너의 이성에게 겁을 주거나 고통을 줄 수 있다면, 그렇게 해 보라고 해라. 어떤 경우에도 너의 이성은 스스로 잘 판단해서 바른 길에서 벗어나지 않는다. 육신은 할 수만 있다면 어떻게 해서든지 해를 피하고자 하고, 두려움과 고통을 느낄 수 있는 혼도 마찬가지다. 하지만 이 모든 것들을 전체적으로 주

---

1 마르쿠스가 여기에서 이렇게 말하는 것의 철학적인 토대는 외적인 것들은 그 어떤 것이라도 인간에게 진정한 해악을 입힐 수 없다는 것이고, 그것들이 우리에게 해를 입힐 수 있다면, 그것은 그것들 자체가 해로운 것이어서가 아니라, 우리가 그것들에 대해서 이런저런 판단을 하고 거기에 의거해서 행하기 때문이라는 것이다.

관하고 판단하는 이성은 결코 그렇지 않다. 너를 지배하는 이성은 스스로 무엇을 원하기 전에는 아무것도 원하지 않는다. 마찬가지로 이성이 스스로 흐트러지거나 장애물을 만들지 않는 한 외부의 요인에 의해 흐트러지거나 장애를 받는 일은 없다.

17. 행복이라는 것은 선한 신(神)이거나 우리를 지배하는 선한 이성이다. 감각에 의해 일어나는 망상이여, 그런데 네가 행복과 무슨 상관이 있는 것처럼 여기에 끼어드는 것이냐. 신들의 이름으로 명하노니, 네가 왔던 길로 다시 가버리고 여기에는 얼씬도 하지 말아라. 내게는 네가 필요하지 않다. 너는 오래된 습관을 따라 여기에 온 것일 뿐이니, 나는 네게 화를 낼 생각은 없다. 다만 여기에서 떠나가기를 바랄 뿐이다.

18. 변화를 두려워하는 사람이 있느냐. 변화가 없다면, 네가 할 수 있는 일이 단 한 가지라도 있을 것이라고 생각하는 것이냐. 변화보다 더 우주의 본성에 가깝거나 친숙한 것이 무엇이 있겠느냐. 땔감으로 사용되는 목재가 변화되지 않는다면, 어떻게 내가 뜨거운 물로 목욕을 할 수 있겠는가. 네가 먹은 음식이 변화되지 않는다면, 어떻게 네가 자양분을 섭취할 수 있겠는가. 네가 살아가는 데 필요한 모든 것들 중에서 변화 없이 얻어질 수 있는 것이 단 하나라도 있는가. 이렇게 변화가 네게 꼭 필요하듯이, 우주의 본성에도 꼭 필요하다는 것을 너는 알지 못하느냐.

19. 우리 육신을 구성하는 지체들이 서로 협력하듯이, 우리 모두의

육신도 우주 전체와 동일한 본성을 이루어서 우주와 협력하는 가운데 마치 급류처럼 우주의 실재 속으로 휩쓸려들어간다. 얼마나 많은 크리시포스와 얼마나 많은 소크라테스와 얼마나 많은 에픽테토스가 영원 속으로 이미 휩쓸려가 버렸던가. 누구를 만나든 무슨 일을 하든, 너는 이것을 생각하라.

20. 나의 단 한 가지 염원은 내가 인간의 본성이 결코 원하지 않거나 지금 원하지 않는 것들을 행하지 않고, 원하는 것들이라고 해도 원하지 않는 방식으로 행하지 않는 것이다.

21. 잠시 후면 너는 모든 것을 잊게 될 것이고, 잠시 후면 모든 것이 너를 잊게 될 것이다.

22. 잘못을 저지르는 자들조차도 사랑하는 것이 인간의 도리다. 그런 사람들도 너의 동족이고, 무지해서 본의 아니게 잘못을 저지른 것이며, 그들이나 너나 잠시 후에는 결국 다 죽게 될 것이라고 생각하면, 너는 그들을 사랑할 수 있게 될 것이다. 그리고 무엇보다도 그 사람들이 네게 해를 끼치지 않았다는 것을 생각하라. 그들이 잘못을 저질렀다고 해도, 너를 지배하는 이성에 해를 가해서 이전보다 더 나쁘게 만든 것은 아니지 않느냐.

23. 우주의 본성은 우주의 질료를 밀랍처럼 사용해서 이번에는 말을 만들었다가, 조금 후에는 그 말을 녹여서 그 질료를 가지고 나무를 만

들고, 그 다음에는 사람을, 그 다음에는 다른 어떤 것을 만든다. 그리고 이 모든 것들은 오직 아주 짧은 시간 동안만 존재한다. 상자를 조립하 거나 부수는 것은 상자 자체에게 괴롭고 힘든 일이 아니다.

24. 화난 표정은 본성을 아주 많이 거스르는 것이다. 그것이 자주 반 복되어서 습관으로 굳어지면, 사람의 살아 있는 표정은 죽어가기 시작 해서, 결국에는 완전히 죽어 버려서 되살릴 수 없게 된다. 이것으로부 터 우리는 화내는 것이 이성을 거스르는 일이라는 것을 알게 된다. 잘 못을 저지르고 있다는 의식조차 없어져 버린다면, 사람이 살아갈 다른 어떤 이유가 남아 있겠는가.

25. 우주를 주관하는 본성은 지금 존재하는 이것을 해체해서 그 질 료로 다른 것을 만들고 저것을 해체해서 그 질료로 다른 것을 만들어 서, 지금 네가 보고 있는 모든 것을 얼마 후에는 다 변화시켜 놓음으로 써, 우주를 늘 젊게 할 것이다.

26. 어떤 사람이 네게 잘못을 저지르는 경우에는, 그 즉시 그 사람이 무엇을 선이라고 생각하고 무엇을 악이라고 생각해서 네게 그런 잘못 을 저지르게 된 것인지를 생각해 보아야 한다. 그것을 알게 되었을 때, 너는 그 사람의 형편과 사정을 헤아리게 됨으로써 놀라거나 화내지 않 게 될 것이다. 네 자신도 그 사람과 동일하거나 비슷한 선악에 대한 판 단을 갖고 있기 때문이다. 그러므로 너는 그 사람을 이해하고 용서해야 한다. 하지만 네가 어떤 것들에 대해 선하다거나 악하다는 판단 자체를

하지 않는다면, 비뚤어진 시각을 지닌 자들을 용납하기가 한층 더 쉬워질 것이다.

27. 네가 갖고 있지 않은 것들을 마치 이미 갖고 있는 것처럼 생각하지 말고, 도리어 네가 갖고 있는 것들 중에서 가장 좋은 것들로 눈을 돌려서, 네가 그것들을 갖고 있지 않았다면 얼마나 아쉬워하고 갖고 싶어 했을지를 생각하라. 하지만 그런 경우에도 그것들이 아무리 좋은 것들이라고 할지라도, 그런 것들에 지나치게 연연해하거나 애착을 갖지 않도록 조심해야 한다. 그렇게 하지 않으면, 나중에 그것들이 네게서 없어졌을 때, 너는 많은 스트레스를 받고 무척 고통스럽게 될 것이다.

28. 네 자신 속으로 물러나서 침잠하라. 너를 지배하는 이성은 바르게 행하고 거기에서 오는 평안함으로 만족하는 것이 그 본성이다.

29. 감각에 의해 받아들인 인상들을 지워 버려라. 정념들에 조종당하는 꼭두각시가 되지 말라. 네 눈 앞에 있는 현재라는 순간에 집중하라. 너에게, 그리고 다른 사람들에게 어떤 일이 벌어지고 있는지를 인식하라. 모든 일을 원인과 질료에 따라 구분하고 분석하라. 네가 죽게 될 저 마지막 순간을 늘 염두에 두라. 다른 사람이 네게 저지른 잘못은 그 잘못이 시작된 곳에 그대로 두라.

30. 다른 사람이 무슨 말을 하고 있는지를 이해하고 따라잡기 위해 집중하고, 지금 일어나거나 행해지고 있는 일들에 네 마음을 쏟으라.

31. 소박함과 겸손함을 지니고, 미덕도 아니고 악덕도 아닌 모든 것들에 대한 무관심으로 네 자신을 빛나게 하고, 인류를 사랑하며, 신을 따르라. 데모크리토스는 이렇게 말한다: "만물은 법을 따르고, 사실 오직 원자들만이 진정으로 존재할 뿐이다." 만물이 법을 따른다는 것을 네가 기억한다면, 그것으로 충분하다. 그 밖의 다른 것들은 별로 중요하지 않다.

32. 죽음에 대하여. 우리가 원자들로 이루어져 있는 존재라면, 죽음은 해체이고, 우리가 하나의 통일체라면, 죽음은 소멸이거나 이주다.

33. 고통에 대하여. 참을 수 없는 고통은 우리를 죽음으로 내몰지만, 일정한 수준에서 만성적으로 지속되는 경우에는 참을 수 있다. 마음은 고통을 차단함으로써 평정심을 유지하고, 우리를 지배하는 이성은 고통으로 인해 해를 입지 않는다. 우리를 구성하고 있는 부분들 중에서 고통으로 말미암아 해를 입을 수 있는 부분들은 할 수만 있다면 자신의 고통을 표현해도 된다.

34. 명성에 대하여. 명성을 얻고자 하는 자들의 생각이 어떠한지, 그들이 무엇을 구하고 무엇을 피하는지를 보라. 파도가 밀려오면 거기에 휩쓸려 오는 모래가 전에 있던 모래를 덮어 버리듯이, 인생에서도 이전에 죽은 자들은 최근에 죽은 자들에 의해 아주 신속하게 덮여 버린다.

35. "진정으로 위대한 사고를 지니고서 모든 시간과 모든 실재를 전

체적으로 관조할 수 있는 사람에게 인생이 대단한 것으로 보일 것이라고 너는 생각하느냐." "절대로 그렇지 않을 것이다." "그렇다면 그런 사람이 죽음을 두려워하겠느냐." "조금도 두려워하지 않을 것이다."[2]

36. "선한 일을 하고 욕을 먹는 것이 제왕의 일이다."[3]

37. "사람의 얼굴은 마음이 명령하는 것에 순종해서 아주 순순히 거기에 따라 표정을 짓고 자세를 취하는데, 마음이 자기 자신이 명령하는 것에 순종해서 표정을 짓고 자세를 취할 수 없다면, 그것은 수치스러운 일이다."

38. "너에게 일어나는 일들에 대하여 화를 내는 것은 아무 쓸데없는 짓일 뿐이다. 그 일들은 네게 아무런 감정도 없기 때문이다."[4]

39. "너는 영원히 죽지 않는 신들에게와 우리에게 기쁨을 선사하기를 바란다."

40. "우리의 인생은 다 익은 벼 이삭처럼 베어진다. 한 사람이 탄생하고, 한 사람은 죽는다."[5]

---

2 플라톤의 『국가』 486a에 나오는 말이다.
3 안티스테네스가 한 말이다. 기원전 5세기 중반부터 4세기 중반까지 활동했던 그는 소크라테스의 제자로서 견유학파를 창시한 인물이다.
4 에우리피데스가 한 말이다.
5 에우리피데스의 『힙시필레』 단편 757에 나오는 말이다.

41. "신들이 나와 내 자녀들을 돌보지 않고 버려둔다면, 거기에도 이유가 있는 법이다."[6]

42. "선과 정의가 나와 함께 하기 때문이다."[7]

43. "사람들이 곡하거나 광분할 때 거기에 부화뇌동하지 말라."

44. "하지만 나는 이 사람에게 이렇게 대답해 주는 것이 맞을 것이다: '이 사람아, 인간이라면 오직 자신의 행동이 옳은 것인지 잘못된 것인지, 또는 선한 자의 행동인지 악한 자의 행동인지만을 고려해서는 안 되고, 살 길인지 죽을 길인지도 아울러 고려해야 한다고 생각한다면, 너의 그러한 생각은 잘못된 것이다.' "[8]

45. "나의 동포 아테네 사람들이여, 이 일과 관련해서 진실은 이런 것입니다: 어떤 사람이 스스로 자기에게 가장 잘 맞는 곳이라고 생각해서, 또는 자신의 지휘관이 정해 주어서 특정한 곳에 자리를 잡았다면, 내 생각에 그 사람은 위험을 무릅쓰고서라도 그 자리를 고수해야 하고, 죽음이나 다른 그 어떤 것보다도 명예롭게 행하는 것을 가장 우선시해야 한다는 것입니다."[9]

---

6 에우리피데스의 『안티오페』 단편 207에 나오는 말이다.
7 에우리피데스, 단편 918에 나오는 나오는 말이다.
8 플라톤의 『소크라테스의 변론』 28b에 나오는 말이다.
9 플라톤의 『소크라테스의 변론』 28d에 나오는 말이다.

46. "하지만 누구의 목숨을 구해주거나 누구 때문에 목숨을 건지는 것 말고 다른 어떤 고귀하고 선한 일이 있을 수 있는지를 생각해 보라. 진정한 남자라면 오래 사는 것에 관심을 갖거나 단지 어떻게 해서든지 목숨을 부지하는 것에 집착해서도 안 된다. 그런 것들은 다 신에게 맡기고, 운명이 정해 준 죽음의 날은 아무도 피할 수 없다는 여인네들 가운데서 회자되는 말을 믿고서, 사는 날 동안에 어떻게 하면 최선의 삶을 살 수 있을지를 고민해야 한다."[10]

47. 너는 마치 네 자신도 별들과 함께 그 궤도를 운행하고 있다는 듯이 별들의 운행을 관찰하고, 원소들이 서로 어떻게 변화하는지도 늘 눈여겨보라. 그런 것들에 대한 사색은 세상을 살아가다가 들러붙은 더러운 것들을 깨끗이 씻어준다.

48. 플라톤이 한 다음과 같은 말은 훌륭하다: "인간에 대하여 말하는 사람은 집회, 군대, 농장, 결혼과 이혼, 출생과 죽음, 소란스러운 법정, 적막한 광야, 각양각색의 야만족들, 축제, 장례식, 시장, 그리고 이 모든 서로 상반된 것들이 뒤섞이고 결합되어서 하나의 통일된 질서를 이루고 있는 것을 저 높은 지점에서 내려다볼 수 있어야 한다."

49. 과거를 돌아보고서 수많은 왕조들의 흥망성쇠를 생각해 보라. 그러면 미래에 일어날 일들도 내다볼 수 있게 될 것이다. 미래에 일어

---

10 플라톤의 『고르기아스』 512d-e에 나오는 말이다.

날 일들은 과거에 일어난 일들과 똑같을 것이고, 현재에 일어나고 있는 일들의 패턴에서 벗어날 수 없을 것이기 때문이다. 그러므로 인간의 삶이라는 것은 사십 년을 살펴보든 만 년을 살펴보든 거기에서 거기고, 똑같다. 인생에서 더 볼 것이 어디 있겠는가.

50. "땅에서 태어난 것들은 땅으로 돌아가고, 하늘에서 생겨난 것들은 다시 하늘로 되돌아간다."[11] 또는, 이렇게 말할 수도 있다: 죽음은 긴밀하게 결합되어 있던 원자들의 분해, 또는 같은 말이지만 감정 없는 원소들의 해체다.

51. "그들은 특별한 음식이나 술을 차려놓고 제사를 드리고 주문을 외움으로써 운명의 흐름을 바꾸어서 죽음을 피하고자 한다."[12]
"신에게서 불어오는 바람은 어떤 것이든 감내해야 하고 불평하지 말아야 한다."

52. 경기장에서 자기와 맞붙은 사람을 쓰러뜨리는 일에서는 다른 사람들이 너보다 더 나아도 괜찮지만, 공동체적인 정신이나 겸손함이나 온갖 상황과 환경을 순순히 받아들이는 것이나 사람들의 잘못을 너그럽게 받아주는 것에서는 너보다 더 나아서는 안 된다.

---

11 이것은 에우리피데스의 『크리시포스』 단편 839에 나오는 말이다.
12 이 첫 번째 글은 에우리피데스의 『탄원하는 여인들』 1110-1111행에 나오고, 두 번째 글은 출처를 알 수 없다.

53. 우리가 신들과 공유하고 있는 이성에 순종해서 일을 하고 있다면 두려워할 것은 아무것도 없다. 바른 길을 따라 우리의 본성이 요구하는 일을 하고 있는 곳에는 우리에게 해를 입힐 수 있는 그 어떤 것도 잠복해 있을 수 없기 때문이다.

54. 네가 어디에서나 언제든지 할 수 있는 일이 있다. 신들을 경외하는 자로서 네가 처한 현재의 상황을 순순히 받아들여 만족하는 것, 지금 너와 함께 있는 사람들을 정의롭게 대하는 것, 그 어떤 불순한 것도 너의 생각 속으로 몰래 들어오지 못하게 너의 생각 속에 현재적으로 생겨나는 모든 인상들을 주의 깊게 살피는 것이 그것이다.

55. 다른 사람들을 지배하는 이성을 둘러보려고 기웃거리지 말고, 본성이 너를 어디로 인도하고 있는지를 끊임없이 주시하라. 우주의 본성은 네게 일어나는 일들을 통해, 네 자신의 본성은 네가 마땅히 해야 하는 일들을 통해 너를 인도한다. 모든 존재는 자신의 본성에서 생겨나는 것들을 해야 한다. 열등한 것들은 우월한 것들을 위해 존재하는 것과 마찬가지로, 다른 모든 것들은 이성적인 존재들을 섬기기 위해 만들어졌지만, 이성적인 존재들은 서로를 섬기도록 지음 받았다.

따라서 인간의 본성에서 가장 중요한 원리는 공동체 의식이고, 두 번째 원리는 육신의 자극들에 굴복하지 않고 저항하는 것이다. 이성과 정신의 활동이 지닌 고유한 특질은 독립적으로 움직이고 감각이나 충동의 활동에 굴복하지 않는 것이다. 감각이나 충동은 동물의 수준에 속한 것들이다. 정신의 활동의 목표는 감각이나 충동보다 우월한 것으로서 이 둘에게 굴복하는 것이 아니라 도리어 지배하는 것이다. 감각과 충동을 활용하는 것이 정신의 본성이라는 점에서, 그것은 너무나 당연하다. 이성적 본성의 세 번째 원리는 성급하게 판단하지도 않고 속지도 않는 것이다. 따라서 너를 지배하는 이성이 이러한 원리들을 굳게 붙잡고서 바른 길을 따라 앞으로 나아가게 한다면, 네가 나아가야 하는 곳에 다다르게 될 것이다.

56. 이제 네 자신은 죽었거나 네가 살아야 할 분량은 이미 다 살았다고 생각하고, 너의 여생은 덤으로 주어진 것이라고 여겨서 본성을 따라 살아라.

57. 오직 네게 할당된 것들과 운명이 너를 위해 배정해 놓은 것들만을 사랑하라. 그렇게 하는 것보다 네게 더 합당한 것이 무엇이겠는가.

58. 어떤 곤경에 빠질 때마다, 전에 너와 똑같은 곤경에 빠져서 분노하고 욕하고 불만을 늘어놓았던 사람들을 떠올려보라. 그들은 지금 어디에 있는가. 온데간데 없이 사라져서 그 어디에도 없다. 그런데도 너는 그들처럼 행동하고자 하는가. 네게 닥친 곤경들이나 너로 하여금 그런 곤경들에 빠지게 만든 자들과 관련된 모든 것들은 그들의 몫으로 맡겨두고서, 너는 그런 것들에는 아무 상관 하지 말고, 오직 그 곤경들을 어떻게 선용할 수 있을지를 생각하는 데 전적으로 집중하라. 너는 그 곤경들을 얼마든지 선용할 수 있고, 그 곤경들은 너의 손에서 선을 만들어 내는 재료가 될 것이기 때문이다. 오직 네가 하는 모든 일에서 최

고의 선을 추구하는 데 집중하라. 상황과 행동 중에서 행동이 중요하고 상황은 아무 상관이 없기 때문에, 상황을 활용해서 너의 행동의 목표를 이루는 것이 중요하다는 것을 기억하라.

59. 너의 내면을 파라. 너의 내면에는 선한 것이 솟아나오는 샘이 있고, 그 샘에서 언제라도 선한 것이 솟구쳐 나오게 하기 위해서는 끊임없이 그 샘을 파야만 한다.

60. 육신은 단정하고 당당해야 하며, 움직일 때나 가만히 있을 때나 흐트러짐이 있어서는 안 된다. 정신이 지혜롭고 기품이 있으면, 그것이 얼굴 표정에 나타나듯이, 우리의 육신 전체에도 정신의 품성이 그대로 반영되게 해야 한다. 그러나 이 모든 것은 어떤 인위적인 가식 없이 이루어져야 한다.

61. 그 어떤 예기치 않은 온갖 공격에도 쓰러지지 않고 굳건히 서 있어야 한다는 점에서, 살아가는 일은 춤추는 것보다는 씨름하는 것과 더 비슷하다.

62. 네가 어떤 자들에게 인정받고 칭찬받고자 하는지, 그들을 지배하고 움직이는 것이 무엇인지를 늘 잊지 말라. 네가 그들의 판단과 충동의 원천을 들여다보고 알게 된다면, 그들이 자기도 모르게 저지른 잘못들에 대해 화내지도 않게 될 것이고, 그들의 인정이나 칭찬을 받고 싶은 마음도 사라지게 될 것이다.

63. 플라톤은 이렇게 말했다: "모든 정신은 자기가 원하지 않는데도 진리를 빼앗긴다."[13] 이 말은 정의와 절제와 선의를 비롯한 그런 종류의 모든 미덕들에도 적용된다. 이것을 마음에 새겨두고 늘 기억하라. 너는 모든 사람을 더 온유하게 대하게 될 것이다.

64. 고통을 겪을 때마다, 고통은 도덕적으로 부끄러운 것도 아니고, 너를 지배하고 움직이는 지성에 해를 끼쳐서 그 이성적이거나 공동체적인 본성을 손상시킬 수도 없다는 것을 기억하라. 또한 고통이 찾아올 때마다, 에피쿠로스가 한 말을 기억하는 것도 도움이 될 것이다: "고통은 언젠가는 반드시 끝나게 되어 있기 때문에, 네가 너의 상상력으로 네가 겪는 고통을 부풀리지만 않는다면, 참아낼 수 없거나 영원히 끝나지 않을 고통이라는 것은 없다."[14] 예컨대 졸리는 것이나 고열이나 식욕이 없는 것 같은 것들은 우리가 불쾌감이라고 느끼고 고통으로 인식하지 않지만 사실은 고통이라는 것을 기억하라. 그러므로 그런 것들로 인해 짜증이 나고 화가 날 때에는 네 자신을 향해 이렇게 말하라: "내가 이런 일에 짜증이나 화를 낸다면, 나는 고통에 지고 있는 것이다."

65. 너는 염세가들을 대할 때, 그들이 다른 사람들을 대하는 방식으로 그들을 대하는 일이 없도록 주의하라.

---

13 이것은 플라톤의 저작에서 직접 인용한 것은 아니고, 에픽테토스가 『담화록』에서 자유롭게 인용한 것을 가져온 것이다. 이것과 비슷한 내용은 플라톤의 『국가』 412e-413a와 『소피스트』 228c에서 찾아볼 수 있다.
14 에피쿠로스의 단편 447에 나오는 말이다.

66. 텔라우게스[15]의 성품이 소크라테스보다 못했다는 것을 어떻게 아는가. 소크라테스가 더 영광스러운 죽음을 죽었다는 것, 소피스트들을 상대해서 더 노련하게 논쟁을 벌였다는 것, 밖에서 추운 밤을 지새움으로써 더 큰 인내심을 보였다는 것,[16] 살라미스의 레온을 데려오라는 명령을 따르지 않기로 결정함으로써 더 큰 용기를 보여주었다는 것,[17] 거리를 당당하게 활보하고 다녔다는 것(이것이 사실인지는 의문이지만)만으로는 그것을 아는 데 충분하다고 할 수 없다. 우리가 정말 살펴보아야 하는 것은 소크라테스의 정신이 어떠했는가 하는 것이다. 즉, 우리는 그가 사람들에게 정의롭고 신들에게 경건한 삶으로 만족할 수 있었고, 다른 사람들의 악에 대해 분노하지도 않고 다른 사람의 무지에 부화뇌동하거나 거기에 종노릇하지도 않았으며, 우주에 의해 자기에게 할당된 모든 것들을 잘못된 것이라거나 도저히 감내할 수 없는 짐으로 여기지 않았고, 자신의 정신이 육신의 욕망들에 동조하여 휘둘리게 두지 않은 것을 보고서 그것을 안다.

67. 자연은 너를 우주 전체와 아주 촘촘하게 뒤섞어 놓아서 네가 독

---

15 "텔레우게스"가 누구인지는 알려져 있지 않지만, 속설에 의하면 피타고라스의 아들이라고 한다.

16 "밖에서 추운 밤을 지새운 것"에 대한 이야기는 플라톤의 『향연』 220a-d에서 알키비아데스가 한 이야기들 중의 하나인데, 마르쿠스는 여기에서 소크라테스가 아주 추운 밤에 얇은 옷만 입은 채 맨발로 밖에서 지새운 이야기와 어떤 철학적인 문제를 골똘히 생각하느라고 하루 온 종일 꼼짝하지 않고 서 있었던 이야기를 연결시킨다.

17 "30인의 폭군"에 의한 공포정치가 행해지고 있던 기원전 404-403년에 소크라테스는 살라미스의 레온을 체포해서 처형하는 일을 주도하라는 명령을 받았지만, 레온에게 죄가 없다는 이유로 그 명령을 거부했다. 이 이야기는 플라톤의 『소크라테스의 변론』 32c-d에 나온다.

자적으로 할 수 있는 일이 하나도 없게 만들어 놓은 것이 아니기 때문에, 너는 일정한 범위 내에서는 네 자신의 일들을 네 자신의 힘으로 독자적으로 해나갈 수 있다. 인간은 신적인 본성을 지니고 태어났음에도 불구하고, 아무도 그 사실을 깨닫지 못할 수 있다. 언제나 그것을 잊지 말라. 또한 행복한 삶은 많은 것을 하는 데 있지 않다는 것도 잊지 말라. 그러므로 네가 훌륭한 철학자나 과학자가 될 희망이 없다고 할지라도, 그런 것들은 너의 행복한 삶에 아무런 영향을 미치지 못한다. 하지만 자유롭고 염치를 알며 공동체적이고 신에게 순종하는 사람이 되는 것은 절대로 포기하지 말라.

68. 온 세상 사람들이 다 너를 비난하고 욕하며 아우성을 치고, 사나운 짐승들이 너를 감싸고 있는 이 보잘것없는 육신의 살덩어리를 갈기갈기 찢어 놓는다고 해도, 너는 얼마든지 그 누구의 강요도 받지 않는 가운데 더할 나위 없이 평안한 마음으로 살아갈 수 있다. 이 모든 것들 중에서 그 무엇이 너의 마음이 지극한 평안을 누리고, 모든 상황을 바르게 판단하며, 자신에게 주어진 모든 것들을 선용하는 것을 막을 수 있겠는가. 그러므로 마음의 판단은 자신이 만난 상황에게 "너는 이런저런 모습으로 쉴 새 없이 모습을 바꾸어 내게 나타나지만, 너의 본질은 이것이 아니더냐"라고 말하고, 모든 것을 선용하고자 하는 마음의 의지는 자신에게 주어진 모든 것들에게 "너는 내가 바라고 찾던 것이다"라고 말한다. 내게 주어진 모든 것들은 내가 이성적이고 공동체적인 미덕을 발휘할 소재들, 즉 인간이나 신이 자신의 솜씨를 발휘하게 해 줄 재료들이다. 신이나 인간은 우주에서 일어나는 모든 것들을 선용할 수 있

기 때문에, 그 모든 것들은 새롭거나 다루기 힘든 것이 아니라 친숙하고 다루기 쉬운 것들이다.

69. 매일이 나의 마지막 날이라는 듯이 살아가면서도, 거기에 초조해하는 것이나 자포자기해서 무기력한 것이나 가식이 없다면, 그것이 인격의 완성이다.

70. 신들은 영원히 죽지 않는 존재여서 그토록 오랜 시간 동안 형편없는 인간들을 무수히 많이 보아 오면서 용납하고 참고 견뎌야 했는데도 못마땅해하거나 화를 내기는커녕 도리어 온갖 방식으로 사람들을 돌보아 주기까지 한다. 반면에 너는 네 자신도 저 형편없는 인간들 중의 한 사람이면서도 이 세상에서 살아가는 아주 짧은 시간 동안조차 사람들을 돌보려고 하지 않는다.

71. 자기 자신이 스스로 악을 저지르는 것은 피할 수 있는데도 피하려 하지 않고, 다른 사람들이 저지르는 악은 피할 수 없는데도 피하려고 하는 것은 어처구니없다.

72. 너의 이성적이고 공동체적인 부분이 어떤 일을 이성적이지도 않고 공동체적이지도 않다고 여길 때마다, 너는 그 일이 네가 해야 할 일이 아니라고 판단하는 것이 옳다.

73. 네가 선을 행했고, 다른 사람이 너의 그 선행으로 유익을 얻었다

면, 그것으로 충분하다. 그런데도 왜 너는 어리석은 자들처럼 사람들이 너의 선행을 인정해 주거나 어떤 보답을 해주는 것 같은 다른 무엇을 바라는 것이냐.

74. 자기에게 유익이 되는 것을 마다할 사람은 아무도 없다. 유익을 얻는 것은 본성에 부합하는 일이다. 그러므로 너는 다른 사람들에게 유익을 끼침으로써 네 자신이 유익을 얻는 것을 마다하지 말라.

75. 우주의 본성은 질서정연한 우주를 만들어 냈다. 따라서 지금 존재하는 모든 것들은 그 필연적인 결과로서 생겨나는 것들이다. 그렇지 않다면, 우주를 지배하는 이성이 자신의 충동을 따라 설정한 저 최초의 목표는 비이성적인 것이었다는 결론이 나온다. 이러한 사실을 염두에 두면 많은 일들에서 더욱 침착하게 대처할 수 있다.

제 8 권

1. 네가 너의 인생 전체에서, 또는 적어도 성인이 된 후에 철학자로서 살아 왔다고 할 수 없다는 것을 생각하면, 너의 허황된 명예욕을 버리는 데 도움이 된다. 너의 삶이 철학과 거리가 멀다는 것은 네 자신은 물론이고 많은 사람들이 너무나 분명하게 알고 있지 않느냐. 너의 삶은 이미 세속에 물들어서 엉망이기 때문에, 지금 네가 철학자로서의 명성을 얻는 것은 어려운 일이다. 네가 너의 삶 속에서 지금까지 해 온 일들도 철학자와는 거리가 멀다. 진실을 제대로 보았다면, 명성을 얻고자 하는 욕심은 버리고, 너의 여생을 너의 본성이 원하는 것들을 하며 살아가는 것으로 만족하라.

다른 것들에 한 눈을 팔지 말고, 오로지 너의 본성이 원하는 것들이 무엇인지를 깊이 생각하라. 너는 지난날의 경험을 통해서 네가 모든 곳을 다 헤집고 방황했지만 논리학을 배우는 것이나 부나 명성이나 쾌락이나 다른 그 어디에도 참되고 선한 삶이 없다는 것을 알고 있지 않느냐. 그렇다면 참되고 선한 삶은 어디에서 발견할 수 있는가. 그런 삶은 인간의 본성이 요구하는 것들을 행하는 데 있다. 인간이 그런 삶을 살기 위해서는 어떻게 해야 하는가. 충동들과 행동들을 지배하는 원리들이 있어야 한다. 그 원리들은 무엇에 관한 것인가. 선과 악에 관한 원리

151

들이다. 그 원리들은, 정의롭고 절제하며 용감하고 자유로운 인간을 만들어 주지 않는 것들은 선하지 않고, 그런 인간과 반대되는 인간을 만들지 않는 것들은 악하지 않다는 것을 보여준다.

2. 어떤 행동을 할 때마다 자기 자신에게 이렇게 물어보라: "이 행동이 나와 무슨 상관이 있는 것인가. 내가 이 행동을 하면 후회하게 되는 것은 아닌가." 머지않아 나는 죽고, 모든 것은 사라지고 만다. 그러니 내가 지금 신과 동일한 법 아래에서 살아가면서 이성적이고 공동체적인 일들을 하고 있는 것이라면, 더 바랄 것이 무엇이 있겠는가.

3. 알렉산드로스, 율리우스 카이사르, 폼페이우스를 어떻게 디오게네스,[1] 헤라클레이토스, 소크라테스에 비할 수 있단 말인가. 후자에 속한 사람들은 만물의 실재를 보았고, 그 원인과 재료를 보았으며, 그들을 지배하는 이성을 따라 살아간 사람들이었다. 반면에 전자에 속한 사람들은 많은 것들을 염려하고 많은 것들의 노예가 되어 살아간 사람들이었다.

---

1 디오게네스는 기원전 4세기에 활동한 시노페 출신의 그리스 철학자로서, 고향에서 위조화폐를 만들었다는 죄목으로 추방되어 아테네로 와서 안티스테네스의 제자가 되었고, 나중에는 견유학파의 대표적인 인물이 되었다. 아무런 부족함도 없고 아무것도 필요로 하지 않는 것이 신의 특질이기 때문에, 필요한 것이 적으면 그만큼 신에게 가까워질 수 있다고 생각하여, 일생 동안 의복 한 벌, 한 개의 지팡이 외에는 아무 것도 소유하지 않았고, 통에서 거지처럼 살아서, 거기에서 견유학파라는 이름이 붙여졌다. 알렉산드로스 대왕이 찾아와 원하는 것이 무엇인지를 묻자, "아무것도 필요 없으니, 해 비치는 그 곳에서 비켜 서 달라"고 했다는 이야기는 유명하다. 알렉산드로스 대왕은 "내가 알렉산드로스가 아니었다면 디오게네스가 되었을 것"이라고 했다는 전설이 전해진다.

4. 네가 화가 머리끝까지 치밀어 올라서 폭발한 지경이라도, 사람들은 너에게는 전혀 신경 쓰지 않고 자신들이 하고 있던 일을 계속해 나갈 것이다.

5. 첫째로, 허둥대거나 놀라지 말고 평정심을 유지하라. 모든 것은 우주의 본성을 따르고, 얼마 후에 너는 하드리아누스 황제나 아우구스투스 황제처럼 흔적도 없이 사라져서 그 어디에도 존재하지 않게 될 것이다. 둘째로, 지금 네게 주어진 일에 집중해서 그 일의 진실을 보고, 네가 해야 할 것은 선한 자가 되는 것임을 명심하고서, 인간의 본성이 요구하는 것을 즉시 흔들림 없이 행하고, 가장 옳다고 생각되는 것을 말하되, 언제나 선의를 가지고서 겸손하고 거짓 없이 행하고 말하라.

6. 우주의 본성이 하는 일은, 여기 있는 것들을 저리로 이동시켜서 자리를 바꾸고, 여기서 들어올려서 저기로 나르는 것이다. 모든 것은 변화를 통해 변형된 것들이기 때문에, 새로운 것을 만나게 될 것을 두려워할 필요가 없다. 모든 것은 우리가 잘 알고 있는 것들이고, 그것들은 누구에게나 공평하게 할당된다.

7. 모든 본성은 자신의 길을 순리대로 나아갈 때 만족한다. 이성적인 본성이 순리대로 나아간다는 것은 자신에게 주어진 인상들 중에서 거짓되거나 모호한 것을 거부하고, 자신의 충동들을 오로지 공동체적인 행동에만 향하게 하며, 자신의 영역에 속한 것들에 대해서만 좋고 싫음을 표현하고, 우주의 본성이 자신에게 할당한 모든 것들을 환영하는 것

이다. 어떤 잎의 본성이 그 잎이 속한 식물의 본성의 일부인 것과 마찬가지로, 이성적인 본성은 우주의 본성의 일부이기 때문이다. 한 가지 차이점은 잎의 본성은 감각과 이성이 없어서 식물의 본성으로부터 독립된 독자적인 본성이 아닌 반면에, 인간의 본성은 우주의 본성으로부터 자신이 고유하게 할당받은 기간과 실재와 원인과 활동과 경험 내에서는 아무런 간섭을 받지 않고 독자적으로 이성적이고 정의롭게 행할 수 있는 본성이라는 것이다. 하지만 우리는 개체들의 본성이 아니라 그 개체들이 속한 종들의 본성을 서로 비교해야 한다.

8. 너는 무언가를 연구해서 알아낼 수는 없다고 할지라도, 교만을 다스릴 수 있고, 쾌락이나 고통에 대해 초연할 수 있으며, 명예욕을 버릴 수 있고, 지각없고 배은망덕한 자들에게 분노하지 않을 수 있으며, 심지어 그들을 돌봐줄 수도 있다.

9. 네가 궁정에서의 삶에 대해 불평하는 말을 그 누구도 들을 수 없게 하라. 아니, 그런 말이 너의 귀에도 들리지 않게 하라.

10. 후회라는 것은 무엇인가 유익한 것을 놓친 것에 대한 일종의 자책이다. 선은 유익한 것일 수밖에 없기 때문에, 참되고 선한 자가 늘 관심을 쏟지 않으면 안 된다. 진정으로 선한 자라면 쾌락을 놓친 것을 후회하는 일은 없을 것이다. 그러므로 쾌락은 유익한 것도 아니고 선한 것도 아니다.

11. 여기 있는 이 사물은 무엇이며, 이것의 본성은 무엇인가. 그것의 실재와 질료는 무엇인가. 그것의 원인은 무엇인가. 그것은 우주 속에서 어떤 역할을 하는가. 그것은 얼마 동안이나 존속하는가.

12. 잠자리에서 일어나는 것이 싫을 때마다, 공동체를 위한 일들을 하는 것은 너의 본성과 인간의 본성에 부합하지만, 잠자는 것은 이성 없는 짐승들도 하는 일이라는 것을 기억하라. 각자의 본성에 부합하는 것이 더 친근하고 친숙해서 더 끌리게 된다.

13. 꾸준히, 그리고 가능하다면 모든 경우에 네게 주어진 인상들을 자연학과 윤리학과 논리학의 법칙들에 비추어서 검토하라.

14. 사람을 만날 때마다 그 즉시 "선악에 대한 이 사람의 가치관은 무엇인가"라고 먼저 자문해 보라. 왜냐하면, 그 사람이 쾌락과 고통, 그 원인들, 명예와 불명예, 죽음과 삶에 대해 이런저런 가치관을 지니고 있다는 것을 내가 알게 된다면, 나는 그 사람이 어떤 특정한 방식으로 행동하는 것에 대해 놀라거나 이상하게 여기지 않게 될 것이고, 그 사람은 그렇게 행동할 수밖에 없고 그에게는 다른 선택지가 없다는 것을 인정하게 될 것이기 때문이다.

15. 무화과나무가 무화과를 만들어 내는 것을 보고 놀라는 것이 어처구니없는 일이고, 의사가 환자에게 열이 있는 것을 알고서는 놀라거나 선장이 역풍이 부는 것을 보고 놀라는 것이 어처구니없는 일이듯이,

우주가 어떤 것들을 잉태하고 있다가 낳는 것을 보고서 놀라는 것도 어처구니없는 일이다.

16. 다른 사람들의 충고를 따라서 너의 마음이나 생각을 바꾸고 너의 행동을 고치는 것은 너의 의지의 참된 자유를 포기하는 것이 아니라는 것을 기억하라. 그렇게 해서 네가 행하는 것은 네 자신의 의지와 판단, 그리고 네 지성에 의거해서 최종적으로 정한 네 자신의 행동이기 때문이다.

17. 선택권이 네게 있다면, 너는 탓할 것이 아무것도 없다. 선택권이 네게 없다면, 너는 누구를 탓하고자 하는가. 원자들인가 신들인가. 어느 쪽을 탓하든, 그것은 정신 나간 짓이다. 탓하지 말라. 할 수만 있다면, 그 일에 책임이 있는 자를 바로잡으라. 그것이 불가능하다면, 그 일 자체를 바로잡으라. 그것도 불가능하다면, 네가 탓한다고 해서 무슨 소용이 있겠는가. 아무 소용도 없는 짓은 하지 말아야 한다.

18. 어떤 것이 죽는다고 해서 우주 밖으로 내쳐지는 것이 아니다. 그것은 여전히 우주 안에 머물러 있으면서 변화를 겪고, 우주의 원소들이자 네 자신의 원소들이기도 한 그 자신의 원소들로 분해된다. 그 원소들도 변화를 겪지만, 자신들이 변하는 것에 대해 불평하지는 않는다.

19. 말(馬)이든 포도나무든 각각의 사물은 어떤 목적을 위해 존재한다. 이 말이 네게는 이상하게 들리는가. 태양조차도 "나는 어떤 목적을

위해 존재한다"고 말할 것이고, 다른 신들도 마찬가지로 말할 것이다. 그렇다면 너는 무슨 목적을 위해 존재하는가. 쾌락을 위해 존재하는가. 너의 이성이 과연 그런 대답을 수긍하겠는가.

20. 자연은 마치 공을 위로 던져 놓고서 쳐다보는 사람처럼 모든 것에서 시작과 과정만이 아니라 끝도 주관한다. 하지만 공이 위로 던져져서 공중에 있다고 해서 그것이 공에게 무슨 유익이 되고, 밑으로 내려오거나 땅에 떨어진다고 해서 그것이 무슨 해가 되겠는가. 물거품이 형성된다고 해서 그것이 물거품에게 무슨 유익이 되고, 물거품이 꺼진다고 해서 그것이 무슨 해가 되겠는가. 촛불도 마찬가지다.

21. 육신을 속속들이 다 까발려서, 과연 육신이 무엇이고, 나이 들었을 때와 병들었을 때와 죽어 시체가 되었을 때 어떻게 변하는지를 적나라하게 살펴보라. 칭송하는 자에게나 칭송받는 자에게나, 기억하는 자에게나 기억되는 자에게나 인생은 한순간일 뿐이다. 게다가 그런 일들은 세상의 한 후미진 구석에서 일어나고, 그 구석에서 살아가는 사람들 사이에서도 의견이 제각각이며, 한 개인의 내면에서도 의견이 갈린다. 또한 지구 전체도 단지 하나의 점에 지나지 않는다.

22. 가장 근저에 있는 것이 무엇이고, 의도가 무엇이며, 작용하고 있는 힘이 무엇이고, 속뜻이 무엇인지를 알아내는 것에 집중하라.

네게 지금 일어나고 있는 것들은 자업자득이다. 왜냐하면 너는 오늘 선한 자로 살아가려고 하지는 않고, 내일 선한 자가 되고자 하기 때문이다.

23. 나는 무슨 일인가를 하고 있는가. 그 일은 인류의 유익을 위한 일이어야 한다. 내게 무슨 일이 일어나고 있는가. 나는 그 일이 신들에게서, 그리고 만물이 생겨나는 근원에서 온 것임을 알기 때문에 그 일을 기꺼이 받아들인다.

24. 목욕할 때에 생겨나는 비누 거품과 땀과 때, 그리고 기름기가 떠 있는 물을 보면, 너는 역겨워하지만, 인생의 모든 부분과 인생에서 만나는 모든 것들이 그런 것들이다.

25. 루킬라는 베루스를 매장했고, 그런 후에 자신도 매장되었다.[2] 세쿤다는 막시무스를 매장했고, 그런 후에 자신도 매장되었다. 에피팅카노스는 디오티모스를 매장했고, 그런 후에 자신도 매장되었으며, 안토니누스는 파우스티나를 매장했고, 그런 후에 자신도 매장되었다. 이런 일은 계속된다. 켈레르는 하드리아누스를 매장했고, 그런 후에는 자신도 매장되었다. 뛰어난 지혜를 지녔던 자들, 예지력과 학식이 남달랐던 자들은 지금 어디에 있는가. 예컨대 카락스와 플라톤학파의 철학자 데

---

2 "루킬라"는 마르쿠스의 어머니였고, "베루스"는 아버지였다. "세쿤다"는 "막시무스"의 아내였던 것으로 보인다. "에피팅카노스"와 "디오티모스"에 대해서는 알려져 있는 것이 없다. "파우스티나"는 마르쿠스의 삼촌이자 양아버지였던 "안토니누스"의 부인, 즉 황후였는데, 자기 남편보다 일찍 죽었다. "켈레르"는 마르쿠스의 수사학 선생이었다. "카락스"에 대해서는 알려져 있는 것이 없다. "데메트리오스"는 베스파시아누스 황제에 의해 추방된 견유학파 철학자를 가리키는 것 같고, "에우다이몬"은 하드리아누스 황제의 그리스어 통역 비서였다.

메트리오스와 에우다이몬 같은 이들은 뛰어난 지혜를 지녔던 자들인데, 그들은 지금 어디에 있는가. 그들 모두가 하루살이였고 오래 전에 죽었다. 그들 중에서 어떤 이들은 잠깐 동안도 기억되지 않았고, 어떤 이들은 아득한 옛이야기가 되었으며, 어떤 이들은 옛이야기 속에서도 이미 사라져 버렸다. 네 육신을 이루고 있던 것들은 원소들로 해체되고, 너의 혼은 소멸되거나 다른 곳으로 이주해갈 것임을 기억하라.

26. 인간은 인간에게 고유한 일을 할 때 기쁨을 얻는다. 인간에게 고유한 일은 자신의 동족인 모든 사람을 선의로 대하는 것, 감각의 충동들을 멸시하는 것, 자기에게 들어오는 인상들이 받아들여야 하는 것인지 아니면 거부해야 하는 것인지를 진단하는 것, 우주의 본성과 거기에 따라 생겨나는 것들을 통찰하여 따르는 것이다.

27. 세 가지 관계가 있다: 첫 번째는 너를 담고 있는 그릇인 육신과의 관계이고, 두 번째는 모든 사람에게 일어나는 모든 것들의 원천인 신이라는 원인과의 관계이며, 세 번째는 너와 함께 살아가는 사람들과의 관계이다.

28. 고통은 육신에게 악이거나 정신에게 악이다. 전자의 경우에는 육신으로 하여금 자신이 고통스럽다고 말하게 하라. 그러나 정신에게는 고통을 해로 여기지 않고 자신의 맑은 하늘과 고요한 바다를 간직할 수 있는 힘이 있다. 온갖 판단과 충동과 좋아함과 싫어함은 정신 내에서 생겨나고, 그 어떤 해로운 것도 외부로부터는 정신 속으로 침입해

들어올 수 없기 때문이다.

29. 너는 끊임없이 다음과 같이 말함으로써 너의 마음속으로 들어오는 인상들을 제거해 버려라: "나의 이 정신이 악한 것이나 욕망이나 동요를 일으키는 모든 것에 의해서 해를 입지 않도록 지킬 뿐만 아니라, 모든 것들의 진정한 본성을 있는 그대로 보고서 각각의 것들에 맞게 선용할 수 있는 힘이 내게 있다." 자연이 네게 준 이 힘을 기억하라.

30. 원로원에서나 개인에게 말할 때 직설적으로 진솔하고 명료하게 말하고, 빙 둘러서 애매모호하게 말하지 말며, 건전한 말을 사용하라.

31. 아우구스투스의 궁전과 아내와 딸과 후손들과 조상들과 누이와 아그리파와 친척들과 식솔들과 친구들과 아레이오스와 마이케나스[3]와 어의들과 제관들을 비롯해서 그에게 속했던 황궁 전체가 죽어 없어졌고, 다른 황궁들로 눈을 돌려보아도, 단지 한 개인이 아니라 폼페이우스 가문처럼 가문 전체가 죽고 없다. 너는 "폼페이우스 가문의 마지막 사람"이라는 저 유명한 묘비명을 생각해 보고, 그 사람의 조상들이 자신들의 후손을 남겨서 대를 잇기 위해 얼마나 애를 썼을지를 생각해 보라. 하지만 어느 누군가는 가문의 마지막 사람이 될 수밖에 없고, 또다시 한 가문 전체가 죽어 없어지게 된다.

---

3 "아우구스투스"(기원전 63년-기원후 14년)는 최초의 로마 황제였고, "아그리파"와 "마이케나스"는 아우구스투스 황제의 최측근 인사들이었으며, "아레이오스"는 알렉산드리아 출신의 스토아 철학자로서 아우구스투스 황궁 전속의 철학자였다.

32. 너는 이런 행동 저런 행동으로 너의 삶을 이루어 나가고, 최선을 다해서 각각의 행동이 추구한 목적을 이루어 내었을 경우에는 너의 삶에 만족해야 한다. 네가 그런 삶을 살아 나가는 것을 가로막을 자는 아무도 없다. 외부로부터의 어떤 방해는 있을 것이지만, 네가 선의를 가지고 정의롭고 지혜롭게 행동해 나가는 것을 방해할 자는 있을 수 없다. 물론 너의 행동들 중에서 어떤 것들은 외부로부터의 방해에 막혀 그 목적을 이루어 낼 수 없는 경우도 생기게 될 것이다. 하지만 그런 경우에는 그런 방해를 있는 그대로 기꺼이 받아들이고서, 네게 주어진 상황 속에서 네가 할 수 있는 다른 어떤 행동이 있는지를 현명하게 판단해서, 즉시 다른 행동으로 대체한다면, 너는 방금 말한 그런 삶을 살아갈 수 있게 될 것이다.

33. 우쭐함이 없이 겸손하게 받고, 주저함이 없이 기꺼이 내어주라.

34. 너는 손이나 발이나 머리가 몸에서 잘려 나가서 나머지 몸과 조금 떨어진 곳에 있는 것을 본 적이 있느냐. 자신의 운명을 받아들이지 않고 공동체로부터 자신을 단절시켜서 할 수 있는 한 자신만의 공간에서 살아가거나 공동체에 해로운 행동을 하는 사람은 그런 손이나 발이나 머리와 같다. 그런 경우에 너는 자연 전체의 일부로 태어났는데도 불구하고, 네 자신을 거기로부터 단절시켜서 외톨이로 만들어버린 것이다. 하지만 네가 자연으로 되돌아가서 다시 그 일부가 될 수 있는 길이 여전히 열려 있다는 것은 얼마나 멋진 일인가. 잘려 나오거나 따로 떨어져 나왔다가 또다시 거기로 돌아가서 결합되어 하나가 될 수 있는

것은 신이 오직 인간에게만 수여한 특권이다. 그러므로 신이 인간에게 베푼 호의를 깊이 생각하라. 신은 인간이 자연 전체로부터 떨어져 나갈 수 없게 했으면서도, 인간이 스스로 떨어져 나갔더라도 다시 돌아와서 자연 전체의 일부로서 자신에게 맡겨진 역할을 다시 재개할 수 있게 했다.

35. 우주의 본성이 모든 이성적인 존재에게 속한 다른 모든 능력들을 주었듯이, 다음과 같은 능력도 우리에게 주었는데, 그것은 우주가 자기를 방해하거나 거스르는 모든 것들을 자신의 목적을 위해 선용해서 자신이 정한 만물의 질서의 한 부분으로 편입시키듯이, 모든 이성적인 존재도 자신을 방해하는 모든 것들을 자신에게 유용한 것들로 바꾸어서 자신의 원래의 목적을 촉진시키는 데 선용할 수 있다는 것이다.

36. 너의 인생 전체를 파노라마처럼 펼쳐 놓고 생각해 봄으로써 네 마음이 짓눌려서 압도되게 하지 말라. 네가 과거에 겪었고 미래에 겪게 될 온갖 괴로운 일들을 한꺼번에 다 생각하지 말고, 현재 네가 당면한 일에만 집중해서, "이 일은 내가 도저히 감내할 수 없고 감당할 수 없는 일인가"라고 자기 자신에게 물어보라. 너는 네 자신이 그런 말을 하고 있다는 것 자체가 부끄러워지게 될 것이다. 너를 짓누르는 것은 언제나 과거나 미래가 아니라 현재라는 것을 명심하라. 그리고 현재만을 따로 떼어놓고서 바라보고, 그렇게 해서 별 것 아닌 것으로 밝혀진 현재의 일을 네가 감당할 수 없다고 생각하는 경우에는 너의 나약한 마음을 채찍질한다면, 네가 짊어져야 할 짐은 훨씬 줄어들게 된다.

37. 판테이아[4]나 페르가모스가 여전히 자기 주인의 무덤 앞에 앉아 있는가. 카브리아스나 디모티모스가 하드리아누스의 무덤 앞에 앉아 있는가. 터무니없는 일이다. 설령 그들이 여전히 거기에 앉아 있다고 해도, 죽은 자들이 그것을 알겠는가. 설령 안다고 해도, 기뻐하겠는가. 설령 기뻐한다고 해도, 그들을 조문하고 애곡하는 자들이 영원히 살겠는가. 그 조문객들도 노인이 되어 결국에는 죽게 될 운명이 아니던가. 그 조문객들이 죽고 나면 그들이 조문했던 자들에게는 무슨 할 일이 남아 있을까. 이 모든 것이 가죽 부대 속에서 피와 살이 썩어 문드러져서 악취를 풍기는 것일 뿐이다.

38. 어떤 현자는 이렇게 말했다: "네가 밝은 눈을 가졌다면, 그 눈으로 보고 가장 지혜로운 판단을 내려라."[5]

39. 이성적인 존재의 본성 속에는 정의와 반대되는 미덕은 존재하지 않지만, 쾌락과 반대되는 미덕은 존재하는데, 그것은 절제다.

40. 너를 고통스럽게 하는 어떤 것이 있다면, 그것에 대한 너의 판단을 버려라. 네 자신은 전혀 고통스럽지 않게 될 것이다. 여기에서 "네 자

---

4 "판테이아"는 마르쿠스의 입양된 형제인 베루스의 정부였다. "페르가모스"와 "카브리아스"와 "디모티모스"에 대해서는 알려져 있는 것이 없지만, 후자의 두 사람은 하드리아누스 황제의 총신들 또는 연인들이었을 가능성이 있다.

5 여기에서 "밝은 눈"은 육신의 눈이 아니라 우주의 본성을 따라 만물의 본질을 꿰뚫어보는 정신의 혜안을 가리킨다. 육안이 아니라 이런 혜안을 지녔을 때에만 인간은 우주의 이성과 부합하는 가장 지혜로운 판단을 내릴 수 있다.

신"은 무엇을 가리키는가. 이성을 가리킨다. 하지만 이성이 곧 나인 것은 아니지 않는가. 맞는 말이다. 하지만 어쨌든 너의 이성을 고통스럽게 하지 말라. 반면에 이성 외에 너를 구성하고 있는 다른 부분들이 고통스러운 것이라면, 그 부분들로 하여금 그 고통을 표현하게 하라.

41. 감각을 방해하는 것은 동물적인 본성에 해롭고, 충동을 방해하는 것도 마찬가지로 동물적인 본성에 해롭다. 마찬가지로 어떤 것들이 식물의 본성을 방해한다면, 그것들은 식물의 본성에 해로운 것이다. 동일한 논리에서 이성을 방해하는 것은 이성의 본성에 해롭다. 이제 이 모든 것을 네 자신에게 적용해 보라. 고통이나 쾌락이 네게 해를 끼치는가. 그런 것들은 감각에 해로운 것들이다. 네게서 충동이 일어났는데 방해를 받은 적이 있는가. 그런 경우에 너의 충동이 무조건적으로 이루어져야 하는 것이라면, 그 방해는 이성적인 존재로서의 네게 해로운 것이다. 하지만 네가 그 방해를 보편적인 제한으로 받아들인다면, 너는 그 방해로 인해서 해를 입게 되지 않을 뿐만 아니라, 그것은 방해가 아닌 것이 된다. 이성의 고유한 기능을 방해할 수 있는 것은 아무것도 없다. 이성은 그 자체로 완전체이기 때문에,[6] 불이나 칼이나 폭군이나 비방이나 그 밖의 다른 어떤 것도 이성을 건드릴 수 없다.

42. 나는 다른 사람을 의도적으로 해롭게 한 적이 한 번도 없는데,

---

6 이성이 그 자체로 "완전체"라는 말은 기원전 5세기에 소크라테스가 등장하기 이전에 활동했던 시킬리의 아크라가스 출신의 철학자였던 엠페도클레스의 글에 나온다.

하물며 내가 내 자신을 해치는 것은 옳지 않다.

43. 사람들이 기뻐하는 것은 사람마다 다르다. 내가 기뻐하는 것은 나를 지배하는 이성을 순수하고 참되게 지켜서, 사람들이나 환경을 부정하지 않고, 모든 것을 자애로운 눈으로 바라보고 기꺼이 받아들여서 각각의 것을 원래의 목적과 용도에 따라 선용하는 것이다.

44. 현재의 이 시간을 네 자신에게 주어지는 선물로 만들어라. 죽은 후에 이름을 남기는 데 더 몰두하는 자들은, 지금 그들을 힘들게 하는 사람이나 후세 사람들이나 다 똑같은 사람들이고 영원히 살 수 없는 사람들이라는 것을 잊고 있는 것이다. 후세 사람들이 너에 대해서 이렇다느니 저렇다느니 입방아를 찧어대고 너에 대해 이런저런 평가를 내린다고 한들, 그것이 너와 무슨 상관이 있단 말인가.

45. 네가 원하는 곳으로 나를 아무데나 집어던져라. 거기에서도 내 안에 있는 신성이 자신의 본성을 따라 행한다면, 나는 만족해하고 행복해할 것이다.

다른 사람이 나를 내가 모르는 곳으로 집어던졌다고 해서, 나의 혼이 불안해하고 안절부절못하며 답답해하고 겁을 집어먹을 이유가 어디 있겠는가. 과연 내가 그래야 할 이유가 있을 수 있겠는가.

46. 인간에게는 인간의 본성과 양립할 수 없는 일이 일어날 수 없고, 소에게는 소의 본성과 양립할 수 없는 일이 일어날 수 없으며, 포도나

무에게는 포도나무의 본성과 양립할 수 없는 일이 일어날 수 없고, 돌에게는 돌의 본성과 양립할 수 없는 일이 일어날 수 없다. 이렇게 각각의 존재에게 일어나는 모든 일들은 통상적이고 자연스러운 일들인데, 왜 너는 불만인 것이냐. 우주의 본성이 네게 할당해 준 것들 중에서 네가 감당할 수 없는 것은 아무것도 없다.

47. 어떤 외적인 일로 네가 고통을 받는다면, 네게 고통을 주는 것은 그 외적인 일 때문이 아니라 그 일에 대한 네 자신의 판단 때문이기 때문에, 너는 즉시 그 판단을 멈춤으로써 고통을 없앨 수 있다. 네 자신의 생각이 네게 고통을 가져다주는 원인이라면, 너는 얼마든지 그 생각을 바꿀 수 있고, 네가 그렇게 하는 것을 막을 사람은 아무도 없다. 네가 어떤 일을 유익해서 꼭 해야 한다고 생각은 하는데 실천에 옮기지 못해서 고통스러운 것이라면, 왜 너는 그 일을 하지는 않고 고통스러워하기만 하는 것이냐.

"내가 제거할 수 없는 장애물에 막혀서 그 일을 할 수 없어요." 그렇다면, 네가 그 일을 할 수 없는 원인이 네게 있지 않기 때문에, 너는 고통스러워할 이유가 전혀 없다.

"그 일을 하지 않으면 내 인생이 살 가치가 없어요." 그렇다면, 너를 가로막는 장애물을 순순히 받아들여서, 마치 자신의 목적을 다 이루고서 홀가분한 마음으로 이 세상을 떠나는 사람처럼 그렇게 인생을 하직하라.

48. 인간을 지배하는 이성이 자기가 원하지 않는 것은 그 어떤 것도

행하지 않고 자기 자신 속으로 물러나서 자족한다면, 그런 태도가 이성적이지 않고 단순한 반발에 의한 것이라고 할지라도, 이성을 이길 수 있는 것은 아무것도 없게 된다는 것을 잊지 말라. 그런데 하물며 이성이 이성적이고 지혜롭게 판단할 때에는 무엇이 그 이성을 이길 수 있겠느냐. 정념에서 자유로운 마음이 요새와 같은 이유가 거기에 있다. 인간에게 그것보다 더 튼튼한 피난처는 없다. 거기로 피하는 자는 결코 함락되는 법이 없다. 이것을 알지 못하는 사람은 지혜롭지 못한 자이고, 알면서도 거기로 피하지 않는 자는 운이 없는 자이다.

49. 네가 받은 최초의 인상이 전해 주는 것에 무엇인가를 덧붙여서 생각하지 말라. 누가 너에 대해 이런저런 악담을 했다는 말을 네가 전해 들었다고 하자. 너는 그 말만을 전해 들었을 뿐이고, 그 말이 네게 해를 입혔다는 말을 전해 들은 것은 아니다. 내가 나의 어린 자녀가 앓아누워 있는 것을 본다면, 그것이 내가 본 전부이고, 나는 그 자녀가 위험한 것을 본 것은 아니다. 그러므로 언제나 최초의 인상이 네게 전해 주는 것만을 받아들이고, 너의 생각에 의거해서 내린 이런저런 결론들을 거기에 덧붙이지 말라. 그렇게 한다면, 네게는 아무 일도 일어나지 않을 것이다. 만일 네가 이런저런 결론들을 덧붙인다면, 그것은 네 자신을 마치 우주에서 일어나는 온갖 일들을 속속들이 다 알고 있는 사람처럼 여기는 것이다.

50. 오이가 쓴가. 내버려라. 길에 가시덤불이 있느냐. 돌아서 가라. 네가 해야 할 것은 그것으로 충분하다. 그런 것들이 왜 세상에 있는 것

이냐고 묻지 말라. 자연을 아는 사람들의 비웃음만 사게 될 것이다. 네가 목공소와 제화점에 대팻밥과 가죽 조각이 왜 있는 것이냐고 목수와 제화공에게 따진다면, 그들은 너를 비웃지 않겠느냐. 그들에게는 자신들이 작업하면서 생긴 쓰레기를 버릴 곳이 있지만, 자연에는 내부에서 생기는 쓰레기들을 버릴 외부 공간이 없다. 하지만 자연의 솜씨는 경탄할 만하다. 왜냐하면, 자연은 훼손되었거나 낡았거나 쓸모없게 되어 버린 듯이 보이는 모든 것들을 자체 내에서 다시 재활용해서, 그러한 것들로 새로운 것들을 만들어 내기 때문이다. 그래서 자연은 자체 내에 있는 것들 외에 다른 질료를 필요로 하지 않고, 자신의 쓰레기들을 버릴 공간도 필요하지 않다. 자연에게는 자신이 현재 가지고 있는 공간과 질료와 솜씨만으로 충분하고 완전하다.

51. 행동에서는 꾸물거리지 말고, 대화에서는 횡설수설하지 말며, 생각에서는 모호하게 하지 말라. 너의 혼이 자체 속에만 갇혀 있게 하지도 말고 자신의 궤도를 이탈해서 제멋대로 날뛰게 두지도 말라. 너의 삶에서 어느 정도 여유를 가져라. 사람들이 너를 죽이려고 하고, 갈기갈기 찢어놓으려고 하며, 온갖 저주를 퍼붓는다고 할지라도, 그런 것들이 네가 순수하고 지혜로우며 건전하고 정의로운 사고를 유지해 나가는 것과 무슨 상관이 있단 말이냐. 어떤 사람이 맑고 시원한 물이 솟아나는 샘으로 와서 그 샘을 저주한다고 해도, 그 샘에서는 계속해서 맑고 시원한 물이 솟아나온다. 그 사람이 흙이나 오물을 그 샘에 던져 넣어도, 샘은 그것들에 의해 오염된 채로 있지 않고, 얼마 후면 그것들을 분해해서 씻어내 버린다. 그렇다면 어떻게 해야 물이 고여 있는 웅덩이

가 아니라 영원히 솟아나는 샘을 가질 수 있는가. 늘 유의하여 네 자신의 자유를 지키고 선의와 소박함과 겸손함으로 행하는 것이다.

52. 우주의 질서를 알지 못하는 사람은 자기가 어디에 있는지를 알지 못한다. 자기가 누구인지, 또는 우주가 무엇인지를 알지 못하는 사람은 우주의 목적이 무엇인지를 알지 못한다. 이런 것들을 하나도 알지 못하는 사람은 자기가 존재하는 목적을 알 수 없다. 그런데도 어떤 사람이, 자신들이 어디에 있고 누구인지도 모르는 자들을 두려워하거나 그들에게서 박수갈채를 받고 싶어한다면, 너는 그 사람을 어떻게 생각하느냐.

53. 너는 매 시간마다 세 번씩 자신을 저주하는 그런 사람에게서 칭송을 받고자 하는가. 너는 자기 자신에게도 인정받지 못하는 그런 사람에게서 인정을 받고자 하는가. 자기가 하는 일마다 후회하는 그런 사람이 어떻게 자기 자신을 인정할 수 있겠는가.

54. 단지 너를 둘러싸고 있는 대기로부터 너의 숨을 가져오지만 말고, 만물을 둘러싸고 있는 이성으로부터 너의 사고를 가져와라. 대기와 마찬가지로 이성의 힘도 모든 곳에 퍼지고 스며들어 있어서, 숨을 쉴 수 있는 사람이 대기로부터 숨을 가져올 수 있는 것과 마찬가지로, 이성을 끌어올 수 있는 사람은 사방에 퍼져 있는 이성으로부터 이성적인 사고를 끌어올 수 있기 때문이다.

55. 전체적으로 악은 우주에 해를 입히지 않고, 개별적인 악도 오직 악을 행하는 자에게만 해로울 뿐이고, 다른 사람들에게는 해를 입히지 않는다. 게다가 악을 행하는 자도 원하기만 한다면 개별적인 악에서 벗어날 수 있다.

56. 내 이웃의 의지는 그의 호흡이나 육신과 마찬가지로 내 자신이 어떻게 할 것인지를 결정하는 나의 의지와는 아무런 상관이 없다. 물론 우리는 무엇보다도 서로를 위해 태어났지만, 우리 각자를 지배하는 이성은 고유한 주권을 지닌다. 만일 그렇지 않다면, 내 이웃의 악은 내게도 해가 될 것이다. 나의 운명이 다른 사람에 의해 결정되게 하는 것은 신의 의도가 아니다.

57. 햇빛은 쏟아져 내리는 것으로 보이고, 실제로 사방으로 쏟아지기는 하지만, 쏟아져서 없어져 버리는 것은 아니다. 그 쏟아짐은 확장이기 때문이다. 햇빛은 햇살이라 불리는 이유도 거기에 있다. 즉, 햇빛은 공간 속에서 확장되어 나가는 선이다. 햇빛이 좁은 틈새를 통해 어두운 방으로 들어오는 것을 보면, 햇살이 무엇인지를 알 수 있다. 햇살은 직선으로 나아가며 확장되다가, 공기가 뚫고 지나가는 것을 가로막는 단단한 물체를 만나는 경우에는 굴절되는데, 이때에는 그 지점에서 멈춰 서서 방향을 트는 것일 뿐이고, 억지로 뚫고 나아가려다가 미끄러지거나 추락하는 것이 아니다. 우리의 사고가 쏟아져서 퍼져 나가는 것도 햇빛과 같아야 한다. 우리의 사고는 쏟아져 없어져 버리는 것이 아니라 확장이어야 하고, 장애물을 만났을 때에는 억지로 뚫고 나아가려

고 하다가 추락해서는 안 되고, 도리어 그 지점에서 멈춰 서서 방향을 틀어서 우리의 사고를 받아들이는 쪽으로 나아가야 한다. 하지만 이성적 사고가 나아가는 길을 가로막는 장애물은 빛을 받지 못하게 될 것이다.

58. 죽음을 두려워하는 자가 두려워하는 것은 의식이 없어지거나 다른 의식으로 바뀌는 것이다. 하지만 네가 죽어서 네게서 의식이 없어진다면, 사후에 네게 그 어떤 좋지 않은 일이 일어나도, 너는 그것을 인식하지 못할 것이다. 다른 의식으로 바뀌는 것이라면, 너는 다른 존재가 되어서 여전히 살아가게 될 것이다.

59. 인간은 서로를 위해 태어났다. 그러므로 가르치든지, 아니면 용납하라.

60. 화살이 날아가는 것과 인간의 정신이 나아가는 것은 서로 다르다. 화살은 늘 일직선으로 날아가는 반면에, 인간의 정신은 어떤 때에는 순조롭게 앞으로 잘 나아가는 것처럼 보이기도 하고, 어떤 때는 어떤 의문이 생겨서 거기에 매달려 제자리에서 빙빙 도는 것처럼 보이기도 하지만, 사실은 늘 자신의 목표를 향하여 곧장 나아가는 것이기 때문이다.

61. 각자의 지배적 이성 속으로 들어가고, 다른 사람들이 네 자신의 지배적 이성 속으로 들어오는 것을 허용하라.

제 9 권

1. 정의롭지 못한 것은 불경이다. 우주의 본성은 이성적인 존재들을 만들어서 서로를 위하고 서로에게 유익을 끼치게 했고 아무에게도 해를 입히지 않도록 했는데, 자연의 그러한 뜻을 어기는 것은 신들 중에서도 가장 먼저 존재한 신에게 불경을 저지르는 일임에 틀림없기 때문이다.

거짓말을 하는 것도 그 동일한 신에게 불경을 저지르는 것이다. 우주의 본성은 현재적으로 존재하는 것들의 본성이고, 현재적으로 존재하는 것들은 이전에 존재했던 모든 것들과 긴밀하게 연결되어 있다. 또한 이 우주의 본성은 진리라는 이름으로 불리고, 모든 참된 것의 제1원인이다. 따라서 의도적으로 거짓말을 하는 것은 기만을 통해 잘못된 일이 행해진다는 점에서 불경이고, 의도적이지 않게 거짓말을 하는 것도 우주의 본성에 어긋나고, 질서정연한 우주의 본성과 불화하는 무질서의 요소라는 점에서 불경이다. 자신의 언행을 통해 참된 것과 반대되는 것을 행하는 자는 우주의 본성과 불화하는 자이기 때문이다. 그런 자는 전에는 우주의 본성으로부터 참과 거짓을 분별할 수 있는 능력을 수여받았지만 사용하지 않고 방치함으로써 결국 그 능력을 상실한 자이다.

쾌락을 선으로 여겨서 추구하고, 고통을 악으로 여겨서 피하는 것도 불경이다. 그런 자는 악한 자들이 흔히 쾌락을 즐길 수 있는 수단들을 소유하고서 쾌락에 푹 빠져서 살아가는 반면에, 선한 자들은 흔히 고통을 겪을 수밖에 없는 환경을 만나서 고통을 겪으며 살아가는 것을 보고서는, 우주의 본성이 불공평하게 행하여 선한 자들과 악한 자들에게 각각 합당한 것들을 나누어 주지 않는다고 비난하게 되어 있기 때문이다. 또한 고통을 두려워하는 자는 우주 속에서 일어나는 일들을 보고서 자주 두려워할 것인데, 그것도 불경이고, 쾌락을 추구하는 자는 정의롭지 않은 일들을 서슴지 않을 것인데, 그것도 분명히 불경이다.

우주의 본성과 뜻이 같아서 그 길로 행하고자 하는 사람들은 우주의 본성이 어떤 것들을 똑같이 대한다면 그들도 그것들을 똑같이 대하는 것이 마땅하다. 그리고 만일 우주의 본성이 쾌락과 고통을 똑같이 대하고자 한 것이 아니라면, 이 둘을 모두 만들지는 않았을 것이다. 그러므로 고통과 쾌락, 죽음과 삶, 명예와 불명예 등과 같이 우주의 본성이 똑같이 대하는 것들을 마찬가지로 똑같이 대하지 않는 자는 불경을 저지르는 것이다.

내가 우주의 본성이 이런 것들을 똑같이 대한다고 말한 것의 의미는 이런 것이다. 즉, 우주의 본성은 섭리에 따른 어떤 최초의 충동에 의해 질서정연한 우주를 창조하면서, 먼저 장래에 있게 될 것들과 관련해서 원리들을 정해 놓고서, 실재들과 변화들과 계승을 만들어 낼 힘들을 결정했는데, 그때에 우리가 앞에서 말한 그런 것들이 일련의 인과연쇄 속에서 지금 존재하는 것들이나 앞으로 존재하게 될 것들에 차별 없이 똑같이 일어나게 정해 놓았다는 것이다.

2. 거짓이나 위선이나 사치나 오만에 물들지 않은 채로 인간 세상을 떠나는 것은 좀 더 지혜로운 사람들이 할 수 있는 일이라는 것은 분명하다. 적어도 그런 것들에 신물이 나서 견딜 수 없을 때 숨을 거둘 수 있다면, 그것은 차선이 될 것이다. 네가 이 둘 중 어느 쪽도 아니라면, 너는 악과 함께 어울려 지내는 것을 좋아한다는 것이다. 너는 그런 악들을 그토록 겪어 오면서도 그것이 역병이니 피해야 한다는 생각이 들지 않았다는 것인가. 마음의 부패는 우리가 숨쉬는 대기의 그 어떤 오염과 변질보다도 훨씬 더 심각한 역병이다. 대기의 오염은 생물에 해를 가하여 목숨을 위협하지만, 마음의 부패는 인간에게 해를 가하여 인간성을 위협한다.

3. 죽음을 멸시하지 말고 환영하라. 죽음도 자연의 뜻 가운데 하나다. 왜냐하면, 죽음이라는 것은 인생을 이루는 여러 계절들을 따라 사람이 젊음에서 노년으로 성장하고 성숙하며 이가 나고 수염이 자라며 머리카락이 희어지고 생식과 잉태와 출산을 하는 이 모든 것들과 마찬가지로 자연의 모든 과정 중 하나인 해체 과정에 지나지 않기 때문이다. 그러므로 죽음에 대해 무관심하거나 죽여 달라고 조르거나 죽음을 멸시하지 말고, 자연의 여러 과정 중 하나로 여기고서 담담하게 기다리는 것이 이성적인 존재인 인간이 취하여야 할 합당한 태도다. 네 아내의 태에서 아기가 나오는 순간을 기다리는 것처럼, 너의 혼이 육신이라는 이 거푸집에서 빠져나갈 때를 기다려라.

너로 하여금 죽음을 담담하게 맞이할 수 있게 해 줄 또다른 처방을 원한다면, 나는 네게 논리적으로는 아닐지라도 감정적으로는 효과가 있는 처방 하나를 말해 줄 수 있는데, 그것은 네가 죽음으로써 이제 결별하게 될 일들과 환경이 어떤 것들인지를 생각해 보고, 이제 네가 그 곁을 떠나가야 할 자들이 어떤 자들인지를 생각해 보는 것이다. 물론 너는 그들을 싫어하고 미워하는 것이 아니라, 도리어 돌봐주고 자비롭게 대하는 것이 마땅했기 때문에 그렇게 해 오기는 했지만, 네가 그 곁에서 떠나가야 할 자들은 네가 따르는 것과 동일한 원리를 가지고 살아가는 자들이 아니라 너를 더럽히고 오염시키려고 한 자들이라는 것을 기억해야 한다. 만일 이 세상에서 네가 따르는 것과 동일한 원리를 가지고 살아가는 자들과 지금까지 함께 살아온 것이라면, 그것만으로도 네가 죽음을 거부하고 살기를 원하는 것은 충분히 납득이 되는 일일 것이다. 하지만 지금 너는 그들과 불화하며 살아가는 것이 너무나 힘들고 고달파서 이렇게 절규하고 있는 것이 현실이지 않느냐: "죽음이여, 어서 오라. 그렇지 않으면 내 자신이 누구인지조차 완전히 잊어버리겠구나."

4. 죄를 짓는 자는 자기 자신에게 죄를 짓는 것이고, 불의를 행하는 자는 자기 자신에게 불의를 행하는 것이다. 그렇게 해서 악하게 되고 해를 입게 되는 것은 자기 자신이기 때문이다.

5. 어떤 일을 행하는 것만이 불의가 되는 것이 아니라, 어떤 일을 행하지 않는 것이 불의가 되기도 한다.

6. 현재의 판단이 올바르고, 현재의 행동이 공동체를 위한 것이며,

현재의 마음이 외적인 원인으로부터 일어나는 모든 일에 만족하고 있다면, 그것으로 충분하다.

7. 인상을 지우고, 충동을 억제하며, 욕망을 끄고, 이성이 너를 지배하게 하라.

8. 이성을 지니지 않은 존재에게는 하나의 동물적인 혼이 할당되어 있고, 이성을 지닌 존재에게는 이성적이고 지적인 혼이 할당되어 있다. 이것은 대지에서 살아가는 모든 존재에게 하나의 대지가 있고, 시력과 생명이 있는 모든 존재에게 하나의 빛과 하나의 대기가 있어서 보고 호흡하는 것과 같다.

9. 어떤 공통적인 것을 공유하고 있는 모든 것들은 자기와 똑같은 것들에게 끌린다. 흙에 속한 것들은 흙에 끌리고, 물에 속한 것들은 함께 흐르며, 공기에 속한 것들도 마찬가지다. 그래서 그런 것들을 서로 분리하려면 물리적인 강제력이 필요하다. 불은 불의 원소로 인해 위로 올라가려는 성질을 지니지만, 아래에 있는 불에 속한 모든 것들과 동조하여 아주 쉽게 불이 붙기 때문에, 보통보다 더 마른 것들은 그 구성성분이 불에 대한 저항성이 적어서 쉽게 불이 붙는다. 우주의 이성적 본성을 공유하고 있는 모든 존재들도 마찬가지로, 아니 앞에서 말한 것들보다 더 강하게 자기와 똑같은 존재들에게 끌린다. 그들은 다른 것들보다 더 우월하기 때문에, 거기에 비례해서 자신의 동족과 함께 섞이기를 훨씬 더 많이 원하기 때문이다.

벌 떼나 소 떼나 새 떼 같은 이성을 지니지 않은 동물들에게서도 새 끼를 기르고 동류와 함께 더불어 살아가는 모습을 볼 수 있다. 이러한 동물들에게서는 이미 동물적인 혼이 작용하기 때문에, 식물이나 돌이나 나무에서는 찾아볼 수 없는 좀 더 높은 수준의 상당히 강한 집단의 식이 존재한다. 이성을 지닌 존재들 사이에서는 시민적이고 정치적인 공동체, 우정, 가정, 집회가 존재하고, 전쟁을 할 때에도 조약을 맺고 휴 전을 한다. 별들 같이 한층 더 우월한 존재들 간에는 서로 멀리 떨어져 있어도 일종의 연대성이 존재한다. 이렇게 우월한 존재일수록 서로 멀리 떨어져 있어도 더 강력한 연대 의식이 작용한다.

하지만 지금 무슨 일이 벌어지고 있는지를 보라. 오직 이성을 지닌 존재들만이 원래부터 그들에게는 서로에게 끌리는 것과 친밀함과 하나가 되고자 하는 욕구가 존재한다는 것을 잊고서, 서로를 위하고 함께 하고자 하는 징후조차 보이지 않는다. 하지만 그들이 아무리 서로에게서 도망치려고 해도, 결국에는 도망칠 수 없다. 그들은 본성을 이길 수 없기 때문이다. 주의 깊게 살펴보면, 너는 내 말이 맞다는 것을 알게 될 것이다. 인간에게서 완전히 단절된 인간을 찾는 것보다는 흙과는 아무 상관이 없는 흙을 찾는 것이 더 쉬울 것이다.

10. 인간과 신과 우주는 모두 열매를 맺는다. 때가 되면 열매를 맺는 다. 일반적으로 "열매를 맺는다"는 말이 엄밀하게 말해서 포도나무 등 과 같은 과실수들에게만 적용되는 표현이라는 사실은 전혀 중요하지 않다. 이성도 전체를 위해서, 그리고 자기 자신을 위해서 열매를 맺고, 이성의 동일한 본성을 공유한 다른 것들이 거기로부터 생겨난다.

11. 다른 사람이 잘못을 저지르는 경우에는 할 수만 있다면 가르쳐서 바로잡아라. 그런 것이 가능하지 않을 때에는 그런 경우를 위해서 선의라는 미덕이 네게 주어졌다는 것을 기억하라. 신들도 그런 자들에게 선의를 베풀고, 심지어 그들이 건강과 부와 명성 같은 것들을 얻도록 도와주기까지 한다. 너도 그렇게 할 수 있다. 네가 그렇게 할 수 없다면, 네가 그렇게 하는 것을 누가 막고 있는 것인지를 내게 말해 보라.

12. 일을 하되, 가축처럼 비참하게 일하지도 말고, 동정을 얻거나 감탄을 불러일으키기 위해서 일하지도 말라. 오직 공동체적 이성을 따라 행하거나 행하지 않기만을 바라라.

13. 오늘 나는 나를 괴롭히는 온갖 것들에서 벗어났다. 아니, 그것들을 던져 버렸다. 그것들은 외부에 있었던 것이 아니라, 내 안에, 즉 내 자신의 판단에 있었기 때문이다.

14. 이 모든 것들은 경험에 있어서는 이미 친숙한 것들이고, 시간적으로는 덧없는 것들이며, 질료적으로는 무가치한 것들이다. 지금 존재하는 모든 것은 우리 손으로 매장한 사람들이 살던 때에도 있었다.

15. 사물들은 그들 자신에 대해 알지도 못하고 우리에게 보고하지도 못하는 상태로 우리의 문 밖에 그저 따로 서 있을 뿐이다. 그렇다면 누가 그 사물들에 대해서 우리에게 보고하는 것인가. 우리를 다스리는 이성이다.

16. 이성적이고 공동체적인 존재의 선과 악은 그들이 겪는 일들에 있지 않고 행하는 일들에 있다. 이것은 그들의 미덕과 악덕이 그들이 겪는 일들에 있지 않고 행하는 일들에 있는 것과 같다.

17. 위로 던져진 돌은 아래로 떨어지는 것이 악이 아니듯이 위로 올라가는 것도 선이 아니다.

18. 사람들을 지배하고 있는 것들 속으로 들어가 보라. 네가 두려워하는 판단자들이 어떤 자들인지, 그리고 그들 자신에 대한 그들의 판단이 얼마나 형편없는지를 알게 될 것이다.

19. 모든 것은 변화하는 과정 중에 있다. 네 자신도 계속해서 변화하고 있고 서서히 죽어가고 있다. 우주 전체도 마찬가지다.

20. 다른 사람의 잘못은 그 자리에 그대로 두어라.

21. 활동의 끝 및 충동과 판단의 정지는 일종의 죽음이지만 악하거나 해로운 것은 아니다. 지금 너의 생애 중에서 여러 단계들, 즉 소년기와 청년기와 장년기와 노년기를 돌아보라. 거기에서도 각각의 변화는 죽음이다. 하지만 거기에 어떤 두려운 것이 있었는가. 이제 할아버지와 함께 지냈던 시절, 그 후에 어머니와 함께 지냈던 시절, 그 후에 양아버지와 함께 지냈던 시절을 돌아보라. 네가 거기에서 겪은 많은 파괴와 변화와 정지를 생각해 본 후에, 네 자신에게 이렇게 물어보라: "거기에

어떤 두려운 것이 있었는가." 그러므로 너의 삶 전체의 끝과 정지와 변화 속에도 네가 두려워할 것은 아무것도 없다.

22. 네 자신을 지배하고 있는 이성과, 우주 전체를 지배하고 있는 이성과, 네 이웃을 지배하고 있는 이성에게로 신속하게 달려가라. 너의 이성에게로 달려가는 것은 그 이성을 바르게 하기 위한 것이고, 우주 전체의 이성에게로 달려가는 것은 네가 무엇의 일부인지를 상기하기 위한 것이며, 네 이웃의 이성에게로 달려가는 것은 그의 행동들이 무지로 인한 것인지 의도적인 것인지를 알고, 그의 이성이 너와 동질의 이성인지를 살피기 위한 것이다.

23. 네 자신이 공동체를 완전하게 하는 구성부분인 것처럼, 너의 모든 행동도 공동체적인 삶을 완전하게 하는 구성부분이 되게 하라. 너의 어떤 행동이 이러한 공동체적인 목표와 직간접적으로 아무런 관계가 없는 것이라면, 너의 그런 행동은 너의 삶을 갈기갈기 찢어놓고, 너의 삶의 통일성을 파괴하며, 마치 어느 무리에서 다른 사람들과 따로 떨어져서 혼자서 살아가는 사람처럼 분열을 만들어 내게 된다.

24. 어린아이들의 다툼과 놀이 같은 인생, "시체를 짊어지고 다니는 작은 혼들"이라는 말, 죽은 자들의 세계로 간 오디세우스 같은 것들은 우리에게 죽음을 한층 더 생생하게 느끼게 해 준다.

25. 어떤 사물을 만들어 내는 근본적인 원인을 꿰뚫어보되, 거기에

서 재료로 사용된 것과 따로 분리해서 살펴보라. 그런 후에는 그렇게 해서 만들어진 그 사물이 그 본성에 의거해서 최대한으로 존속할 수 있는 기간이 얼마 동안인지를 알아내라.

26. 네가 괴로움을 수없이 당하는 것은 너의 이성이 자신의 원래의 소임을 다하도록 내버려 두지 않기 때문이다. 그것이 전부다.

27. 사람들이 너를 욕하거나 미워하거나 너에 대한 이런저런 좋지 않은 말들을 한다면, 그들의 마음과 생각으로 접근해서 내면을 통찰해서 그들이 어떤 부류의 사람들인지를 보라. 그들이 너에 대해 어떤 생각을 지니고 있든, 그런 것으로 인해 네가 괴로워하고 걱정할 필요가 전혀 없다는 것을 깨닫게 될 것이다. 하지만 그럼에도 불구하고 너는 그들을 선의로써 대하는 것이 마땅하다. 그들은 본성적으로 너의 친구들이고, 신들도 꿈이나 신탁 등과 같은 여러 가지 방법으로 그들이 원하는 것들 중에서 적어도 일부는 이룰 수 있도록 도와준다.

28. 우주의 순환은 늘 동일해서 부침을 거듭해가며 영원에서 영원으로 나아간다. 우주의 이성은 각각의 충동을 통해 무수히 많은 개별적인 일들이 생겨나는 것이거나, 최초에 단 한 번의 충동이 있을 뿐이고, 그 충동의 결과로 모든 것들이 생겨난 것이다. 전자의 경우에 우리는 그 충동으로 생겨난 개별적인 결과들을 기꺼이 받아들여야 하고, 후자의 경우에는 우주는 원자들 또는 더 이상 쪼갤 수 없는 것들로 이루어진 것인데, 네가 그 결과들에 대해 염려하고 불안해할 이유는 없다. 신이

우주를 지배한다면, 모든 것이 잘 될 것이고, 우연이 지배한다고 해도, 네 자신은 아무런 목표 없이 너의 운명을 우연에 내맡기고 살아가지 않으면 그만이기 때문이다.

머지않아 흙이 우리 모두를 덮게 될 것이고, 그런 후에는 흙도 변할 것이며, 그 결과로 생겨난 것들도 계속해서 연쇄적으로 영원토록 변화를 거듭할 것이다. 이렇게 끊임없이 이어지는 이러한 변화와 변모의 물결과 그 신속함을 생각하는 사람은 모든 사멸할 것들을 멸시하고 초연해질 수 있게 될 것이다.

29. 우주를 지배하는 원인은 급류와 같아서 모든 것을 그 흐름 속으로 집어넣어서 휩쓸어가 버린다. 나라의 막중한 일들을 처리하겠다고 의욕에 불타서 눈코 뜰 새 없이 바쁘게 살아가면서 자신들이 철학자로서의 본분을 다하고 있다고 착각하는 저 사람들은 얼마나 보잘것없고 하찮은 존재들인가. 그들은 모두 아무것도 알지 못하는 코흘리개 철부지들일 뿐이다.

인간이여, 도대체 무슨 짓을 하고 있는 것인가. 자연과 본성이 지금 이 순간에 네게 요구하는 일을 하라. 자신에게 주어진 여건 속에서 최선을 다해 그 일을 하되, 다른 사람들이 그런 너를 알아주고 인정해 주기를 바라서 주위를 둘러보지 말라. 플라톤이 제안한 이상적인 국가를 꿈꾸지 말고, 지금 네게 주어진 일에서 아주 작은 진전을 이룬 것에 만족하고, 그런 결과를 하찮은 것으로 여기지 말라.

사람들의 신념을 누가 바꿀 수 있겠는가. 신념이 바뀌지 않는다면, 강제노역에 시달리면서도 고분고분하게 말을 듣는 척하는 노예들 같은 사람들만이 있게 될 뿐이다. 이제 알렉산드로스와 필리포스와 팔레론의 데메트리오스에 대해 내게 말해 보라.[1] 그들이 우주의 본성의 뜻을 알았고 그 뜻을 따른 것이라면, 나는 기꺼이 그들을 따를 것이다. 하지만 그들이 단지 그렇게 보이도록 연극을 한 것일 뿐이라면, 내가 그들을 따르지 않는다고 해서 나를 비난할 사람은 아무도 없다. 철학의 일은 소박하고 겸손해서, 나를 유혹해서 잘난 체하고 과시하게 하지 않는다.

30. 여기저기 수없이 많은 곳들에서 사람들이 떼지어 몰려다니고, 무수히 많은 예식들을 행하는 모습들, 고요한 바다든 폭풍우가 몰아치는 바다든 거침없이 항해하는 무수히 많은 배들, 이제 막 태어나려고 하는 것들과 태어난 것들과 죽는 것들 같은 세상만사를 높은 곳에서 조망하라. 또한 네가 태어나기 오래 전에 살다가 죽은 사람들의 삶, 네가 죽은 후에 살아가게 될 사람들의 삶, 지금 야만족들이 살고 있는 삶을 생각해 보라. 너의 이름을 단 한 번도 들은 적이 없는 사람들이 헤아릴 수 없이 많다는 것, 네 이름을 들어 보았거나 안 사람들 중에서도 대부분이 머지않아 너의 이름을 잊어버리게 되리라는 것, 지금 너의 이름을 칭송하다가도 얼마 후에는 너를 비난하게 될 사람들이 많다는 것을 생각하라. 사람들이 너를 기억해 주는 것이나 그들 가운데서의 너의 명성

---

1 "필리포스"(기원전 382-336년)는 마케도니아의 왕으로서 "알렉산드로스" 대왕의 아버지였고, "데메트리오스"(기원전 336-283년)는 유명한 장군이었다가 나중에는 마케도니아의 왕이 된 인물이었다. 즉, 마르쿠스는 여기에서 이 세 사람을 왕이었지만 철학자로 살아가기를 원했던 사람들의 예로 든 것으로 보인다. 마르쿠스도 황제로서 철학자 같은 삶을 살기를 원했기 때문에, 그런 점에서 서로 유사점이 있다.

이나 그 밖의 다른 모든 것들도 네가 고려할 가치조차 없는 것들이라는 것을 생각하라.

31. 네 힘이 미치지 못하는 외부의 원인으로 인해 일어나는 일들은 담담하게 받아들이고, 네 자신으로 말미암은 원인으로 일어나는 모든 일은 바르게 하라. 다시 말하자면, 너의 충동과 행동은 너의 본성에 부합하는 공동체적인 행동이어야 한다는 것이다.

32. 너를 괴롭히고 고통을 안겨주는 것들 중에서 많은 것들은 전적으로 네 자신의 생각과 판단에 기인하는 것들이기 때문에, 너는 그런 불필요한 괴로움이나 고통을 스스로 제거할 수 있다. 우주 전체를 너의 생각 속에 떠올리고서, 시간은 영원하다는 것, 모든 것이 신속하게 변한다는 것, 생성되어서 해체되기까지의 기간은 아주 짧지만, 생성되기 이전의 시간도 무한히 펼쳐져 있고 해체되기 이전의 시간도 무한히 펼쳐져 있다는 것을 묵상한다면, 너의 마음은 그 즉시 아주 넉넉해지고 여유로워지게 될 것이다.

33. 네 눈에 보이는 모든 것들이 머지않아 소멸할 것이고, 그것들이 소멸하는 것을 보는 자들도 머지않아 소멸할 것이다. 가장 오래 산 사람이나 요절한 사람이나 매한가지가 될 것이다.

34. 이 사람들을 지배하고 있는 것은 무엇이고, 그들이 마음을 두고 있는 것들이 무엇이며, 그들이 그런 것들을 소중히 하고 사랑하는 이유

가 무엇인가. 그들의 마음 상태가 어떠한지를 적나라하게 들여다보는 것이 습관이 되게 하라. 그런 사람들이 자신의 비난이나 칭찬을 통해서 다른 사람들에게 해를 입히거나 유익을 준다고 생각한다면, 그것은 얼마나 큰 착각이겠는가.

35. 상실은 변화일 뿐이고 그 이상의 것이 아니다. 우주의 본성은 변화를 좋아하고, 우주의 본성으로부터 생겨나는 모든 것은 선하다. 이것은 영원부터 그랬고, 영원까지 그럴 것이다. 그런데도 왜 너는, 지금까지 일어난 모든 일이 악했고 앞으로도 언제나 그럴 것이며, 많은 신들이 있지만 그들에게는 이것을 바로잡을 힘이 없기 때문에, 우주는 저주를 받아서 끊임없는 악의 연쇄 속에 붙들려 있다고 말하는 것인가.

36. 만물을 이루고 있는 기본 물질이 썩을 때 물과 먼지와 뼈와 악취가 발생한다. 또한 대리석은 흙이 단단하게 뭉친 것이고, 금과 은은 퇴적물이며, 옷은 짐승의 털이고, 자주색 염료는 조개의 피며, 다른 모든 것도 그런 식이다. 우리의 생기도 마찬가지여서 이것에서 저것으로 변화한다.

37. 이 비참한 삶 속에서 원숭이 짓을 하며 불만이 가득하여 살아가는 것이 지겹지도 않은가. 너는 왜 불안해하고 초조해하는 것인가. 이 삶 속에 무슨 새로운 것이라고 있느냐. 무엇이 너를 미치게 만드는가. 이 모든 것을 생겨나게 하는 원인 때문인가. 그렇다면 그 원인을 직시하라. 아니면, 질료 때문인가. 그렇다면 질료를 직시하라. 모든 것은 원

인과 질료, 이 두 가지 때문이다. 많이 늦기는 했지만 지금이라도 너는 신들과 너의 관계를 직시해서 더 소박하고 선하며 정직한 사람이 되라. 이 문제는 3년을 연구하든 100년을 연구하든 그 결론은 달라지지 않는다.

38. 어떤 사람이 잘못을 했다면, 그 해악은 그 사람 자신에게 돌아간다. 하지만 그 사람은 잘못을 한 것이 아닐 수도 있다.

39. 만물은 지성을 갖춘 하나의 근원으로부터 생겨나는 것이거나, 오직 원자들만 존재하는 것이거나 둘 중의 하나다. 전자의 경우에는 만물이 하나의 유기체를 형성하는 것이고, 모든 일들은 이 유기체 전체의 유익을 위해 일어나는 것이기 때문에, 거기에 속해 있는 부분들은 모든 일어나는 일들에 대해 불평해서는 안 된다. 후자의 경우에는 모든 것이 원자들의 이합집산에 의해 일어나는 것일 뿐이다. 그런데 왜 너는 불안해하고 초조해하는 것이냐. 너를 지배하고 있는 이성에게 이렇게 말하라: "지금 너는 죽었고, 썩었으며, 짐승이 되어 버렸고, 위선자일 뿐이며, 가축들과 어울리며 그들의 먹이를 먹고 있는 것이 아니냐."

40. 신들에게는 능력이 있는 것이거나 없는 것이거나 둘 중의 하나다. 신들에게 능력이 없다면, 왜 너는 신들에게 기도하는 것이냐. 신들에게 능력이 있다면, 너는 네게 이런저런 일들이 일어나거나 일어나지 않게 해 달라고 기도하지 말고, 그 어떤 일이 일어나도 두려워하지 않게 해 주고, 그 어떤 것도 원하지 않게 해 주며, 그 어떤 일에도 슬퍼하

거나 근심하지 않게 해 달라고 왜 기도하지 않는 것이냐. 신들이 인간을 도울 수 있다면, 그런 것들도 분명히 도울 수 있을 것이다. 너는 이렇게 대답할지도 모르겠다: "신들은 그런 것들은 내가 스스로 할 수 있게 해 주었기 때문이오." 그렇다면 네게 주어지지 않은 것들을 달라고 비굴하고 무기력하게 신들을 조르는 것보다는 신들이 네게 준 능력을 자유롭게 사용하는 것이 더 낫지 않겠는가. 우리가 신들이 우리에게 준 능력을 사용해서 우리의 힘으로 할 수 있는 것들을 하고자 할 때에는, 신들이 그런 우리를 돕지 않을 것이라고 누가 네게 말하더냐. 그런 것들을 놓고 신들에게 한번 기도해 보라. 그러면 너는 알게 될 것이다. 어떤 사람이 "저 여자와 한 번 자게 해 주소서"라고 기도한다면, 너는 "저 여자와 한 번 자고 싶은 마음이 내게서 없어지게 해 주소서"라고 기도하라. 어떤 사람이 "저 사람에게서 벗어나게 해 주소서"라고 기도하면, 너는 "저 사람에게서 벗어나고 싶어 하는 마음이 내게서 없어지게 해 주소서"라고 기도하라. 다른 사람이 "내 아이를 구해 주소서"라고 기도하면, 너는 "내 아이를 잃으면 어쩌나 하는 두려움을 내게서 없애 주소서"라고 기도하라. 너의 모든 기도를 그런 식으로 바꾸고 나서, 과연 무슨 일이 일어나는지를 주시해 보라.

41. 에피쿠로스는 이렇게 말했다: "병에 걸려 누워 있을 때에도 나는 내 육신의 고통에 대해서 다른 사람들에게 말하지 않았고, 문병을 위해 나를 찾아온 사람들과도 그런 대화를 나누지 않았으며, 도리어 여전히 자연의 원리들에 대해 논했고, 특히 어떻게 해야 정신이 육신의 움직임과 변화에 공감하면서도 침착하게 자신의 선을 흔들림 없이 추구할 수

있는지를 고민했다. 또한 나는 의사들이 마치 대단한 일이라도 한다는 듯이 거들먹거릴 수도 없게 했다. 내가 병들어 누워 있을 때조차도 나의 삶은 평안하고 아무 문제가 없었기 때문이다."

너도 병이 들거나 곤경에 처하거나 어려운 처지가 되었을 때 그를 본받으라. 삶 속에서 그 어떤 곤경을 만나더라도 철학을 포기하지도 않고, 철학과 자연의 원리를 알지 못하는 무지한 자들이 이러쿵저러쿵 하는 말들에 장단을 맞추지 않는 것이 모든 철학 학파의 철칙이다. 오직 지금 이 순간에 네가 해야 할 일과 그 일을 하기 위해 필요한 도구에 집중하라.

42. 어떤 사람이 뻔뻔스러운 짓을 저질러서 화가 날 때마다, 그 즉시 "이 세상에 뻔뻔스러운 사람이 존재하지 않는다는 것이 가능한가"라고 네 자신에게 자문해 보라. 그것은 불가능하다. 그렇다면 불가능한 일을 요구하는 것은 옳지 않다. 네가 방금 겪은 그 사람도 이 세상에 존재할 수밖에 없는 뻔뻔스러운 사람들 중 한 사람일 뿐이다. 악당이나 사기꾼이나 다른 그 어떤 악을 행하는 자를 보았을 때에도 동일하게 생각하라. 그런 부류의 사람들이 이 세상에 존재할 수밖에 없다는 것을 인정하자마자, 그런 부류의 사람들 개개인에 대한 너의 태도는 더 너그러워지게 될 것이다. "자연은 그들의 그런 잘못들을 상쇄시키기 위해서 다른 사람들에게는 어떤 미덕을 주었을까"라고 생각해 보는 것도 도움이 된다. 왜냐하면 자연은 어떤 사람이 지닌 냉혹함을 상쇄시키기 위해 다른 사람에게는 온유함을 주었고, 어떤 사람의 어떤 악덕을 상쇄시키기 위해서 다른 사람에게는 또 다른 미덕을 주었

기 때문이다.

어쨌든 너는 언제든지 잘못된 길에서 헤매고 있는 사람에게 바른 길을 가르쳐 줄 수 있다. 잘못을 저지르는 사람은 자신의 참된 목표를 잃고 헤매는 것이기 때문이다. 하지만 그 사람으로 인해서 네가 해를 입은 것은 없지 않느냐. 너를 화나게 한 사람들이 한 행위들이 네 마음을 악한 쪽으로 타락시킬 수 있는 힘을 지니고 있지 않다는 것은 너도 알 것이다. 네가 타격이나 해를 입었다면, 그것은 네 마음이 스스로 자초한 것일 뿐이고, 외부에서 일어나는 일들은 너의 마음에 해를 입힐 수 있는 힘이 없다.

무지한 자들이 무지하게 행동하는 것은 이상한 일도 아니고 남에게 해를 입힐 수도 없다. 도리어 그런 사람들이 그렇게 잘못된 행동을 할 것임을 예상하지 못한 네 자신을 탓하는 것이 합당하지 않은가. 무지한 자들이 그런 식으로 행동할 것임을 예상할 수 있는 능력이 네게 있었음에도 불구하고, 너는 그것을 망각한 채, 그들이 잘못을 저지르고 있다고 놀라고 화를 내고 있는 것이기 때문이다.

어떤 사람이 신의를 지키지 않거나 배은망덕하다는 생각이 들어서 그 사람을 비난하고자 하는 마음이 든다면, 먼저 네 자신을 돌아보라. 그런 사람이 네게 신의를 지킬 것이라고 네가 믿은 것이든, 아니면 그 사람에게 호의를 베푼 너의 행동 자체가 네게 충분한 보상이라고 생각하지 않고 어떤 보답을 바란 것이든, 분명히 잘못은 네게 있을 것이다.

네가 어떤 사람에게 호의를 베풀었다면, 왜 그것으로 만족하지 않고 무슨 보답을 바라는 것인가. 너의 본성을 따라 행한 것만으로는 충분하지도 않고 만족이 되지도 않는다는 것인가. 그런 경우에 보답을 바라는 것은 눈이 네게 보게 해 주는 것에 대해 보상을 바라고, 발이 네게 걷게 해 주는 것에 대해 보상을 바라는 것과 같이 터무니없다. 왜냐하면 눈이나 발은 각기 어떤 특정한 소임을 위해 만들어진 까닭에, 자신에게 주어진 본성에 따라 그 소임을 다할 때 그 자체로 이미 충분한 보상을 받은 것이듯이, 선행을 베풀어서 사람들을 유익하게 하기 위한 목적으로 지음 받은 인간은 자신의 본성을 따라 다른 사람들이나 공동체에 유익한 행동을 할 때 이미 보상을 받은 것이기 때문이다.

제 10 권

1. 오, 나의 정신이여, 마침내 너는 너를 덮고 있는 육신보다 네 자신을 더 밝게 드러내어서, 너의 선하고 소박하며 하나이고 있는 그대로의 모습을 보여주려고 하는 것인가. 마침내 너는 풍성한 사랑과 자애로움을 맛보려고 하는가. 마침내 너는 스스로 충만하고 자족하여, 쾌락을 누리기 위해 어떤 것을 바라지도 않고 생명이 있는 것이든 없는 것이든 탐하지도 않으며, 쾌락을 더 오랫동안 누릴 수 있는 시간이나 장소나 공간이나 좋은 기후나 마음이 맞는 사람들을 찾지도 않고, 도리어 네게 지금 주어진 모든 것은 신들로부터 온 것이고, 신들이 네게 주는 모든 것은 모든 것을 낳아서 끌어안고 모아 유지하면서 모든 것의 생멸을 주관하는 선하고 정의로우며 아름다운 저 완전한 존재의 보존을 위한 것이기 때문에 지금도 선하고 앞으로도 선할 것임을 확신하고서, 너의 현재의 상태에 만족하고 네게 지금 주어진 모든 것을 기뻐하려고 하는 것인가. 마침내 너는 신들 및 사람들과 동일한 공동체의 일원이 되어서 그들을 탓하지도 않고 그들로부터 비난을 받지도 않는 그런 존재가 되려고 하는 것인가.

2. 먼저 자연과 본성의 지배를 받는 자로서 너의 본성이 네게 무엇

191

을 요구하는지를 살펴보라. 그런 후에는 동물로서의 너의 본성이 더 나빠지지 않는 한도 내에서 그것들을 행하라. 다음으로는 동물로서의 너의 본성이 네게 무엇을 요구하는지를 살펴보라. 그런 후에는 이성적 존재로서의 너의 본성이 더 나빠지지 않는 한도 내에서 그것들을 전적으로 받아들여라. 그런데 이성적인 것은 반드시 공동체적인 것이기도 하다. 이런 원칙들을 지키고, 쓸데없이 다른 일들에 분주하지 말라.

3. 네게 일어나는 모든 일은 너의 본성과 부합해서 감당할 수 있거나 너의 본성과 부합하지 않아서 감당할 수 없는 일이거나 둘 중의 하나다. 전자인 경우에는, 당연히 너는 불평하지 말고 그것을 감당해야 한다. 그런데 후자인 경우에도 불평하지 말라. 그 일로 인해 너는 사멸될 것이지만, 그 일 자체도 사멸될 것이다. 이렇게 불평하지 않는 것이 네게 유익이고 너의 의무라고 생각한다면, 모든 것을 참고 감당하는 것이 가능하다는 점에서, 모든 것이 너의 생각에 달려 있기 때문에, 그렇게 했을 때 너는 본성을 따라 모든 것을 감당해 낼 수 있다는 것을 기억하라.

4. 어떤 사람이 잘못하면, 선의로써 그를 깨우쳐 주고, 그가 무엇을 잘못한 것인지를 보여주라. 그렇게 할 수 없을 때에는, 네 자신을 탓하라. 하지만 어떤 경우에는 네 자신을 탓할 필요조차 없을 것이다.

5. 네게 일어나는 모든 일은 영원 전부터 너를 위해 정해져 있는 것들이고, 원인들의 연쇄는 영원 전에 너의 실존과 네게 일어날 모든 구체적인 일들을 한데 엮어서 짜놓았다.

6. 우주가 원자들로 이루어져 있는 것이든, 아니면 하나의 통일된 질서를 갖춘 것이든, 첫 번째 원리는 나는 본성의 지배를 받는 우주 전체의 일부라는 것이고, 두 번째 원리는 나는 동일한 종류의 다른 부분들과 서로 밀접하게 연결되어 있다는 것이다. 이러한 원리들을 명심하고 있기만 한다면, 전체의 일부로서의 나는 전체가 내게 할당해 준 그 어떤 것에 대해서도 불만을 갖지 않게 될 것이다. 전체에 유익한 것이 부분에 해로울 수는 결코 없고, 전체는 그 자신에게 유익하지 않은 것은 그 자체 속에 단 하나도 담고 있지 않기 때문이다. 이것은 모든 본성에 공통적인 것이지만, 우주의 본성만이 지니는 추가적인 특징은 그 어떤 외적인 원인도 우주의 본성에게 그 자신에게 해로운 어떤 것을 생성해 내도록 강요할 수 없다는 것이다.

그러므로 내가 우주 전체의 일부라는 것을 기억하는 한, 내게 일어나는 모든 일에 만족할 것이다. 그리고 내가 나와 동일한 종류에 속한 모든 부분들과 서로 긴밀하게 연결되어 있다는 것을 기억하는 한, 나는 공동체를 해치는 일은 하지 않게 될 것이고, 도리어 나와 동일한 종류에 속한 모든 사람을 고려해서 공동체에 유익이 되는 일들을 함과 동시에 해로운 일들을 피하기 위해 온 힘을 쏟게 될 것이다. 그렇게 하기만 하면, 공동체에 속한 구성원들에게 유익이 되는 일들만을 지속적으로 해 나가면서, 공동체가 자기에게 할당해 준 모든 일들을 기꺼이 받아들이는 삶을 살아가게 될 것이고, 그런 식으로 살아가는 사람의 삶이 순조로울 수밖에 없을 것임을 너도 짐작할 수 있을 것이다.

7. 자연이 우주 안에 담고 있는 전체를 구성하는 부분들은 필연적으

로 사멸하게 되어 있는데, 여기에서 "사멸한다"는 것은 "변화한다"는 의미다. 그런데 이러한 필연적인 변화의 과정이 본질적으로 악하고 해로운 것이라면, 전체를 구성하는 부분들이 계속해서 변화를 거듭하면서 다양한 방식으로 사멸해갈 때, 그 전체는 결코 제대로 돌아갈 수 없다. 그렇다면 자연은 자기 손으로 의도적으로 자신의 구성부분들에게 해를 가해서 악에 빠지게 할 뿐만 아니라 빠지지 않을 수 없게 하는 것이거나, 그렇게 되고 있다는 사실 자체를 아예 알지 못하는 것이거나 둘 중의 하나일 것이다. 하지만 어느 쪽도 믿기 어렵다.

어떤 사람이 이런 변화를 수행하는 행위 주체로서의 자연이라는 개념을 배제하고서, 이런 일들은 그저 자연스럽게 일어나는 것일 뿐이라고 주장한다고 해도, 그런 경우에 한편으로는 전체의 부분들이 자연스럽게 변화해가는 것이라고 주장하면서, 다른 한편으로는 마치 그런 변화들, 특히 그 중에서도 각각의 사물이 자신을 구성하고 있던 원소들로 해체되는 것을 자연스럽지 않은 것이라고 여겨서 이상하게 여기거나 분개하는 것은 앞뒤가 맞지 않는 태도가 아니겠는가. 해체라는 것은 각각의 사물을 구성하고 있는 원소들이 흩어지거나, 고체가 흙으로, 또는 기체가 공기로 변화되어서 우주의 이성 속으로 흡수되는 것이고, 우주 전체도 주기적으로 불로 화하거나 영원한 변화를 통해 자신을 새롭게 하기 때문이다.

여기에서 고체와 기체는 네가 태어났을 때부터 지니고 있던 것이라고 생각해서는 안 된다. 그것들은 어제 또는 그제 네가 음식을 섭취하고 공기를 들이마셨을 때 생겨난 것들이다. 따라서 그것들은 너의 어머니의 태의 산물이 아니라, 변화하고 있는 것들을 네가 받아들인 것일 뿐이다. 설령 네가 너라는 개체의 특질에 의해 그런 것들과 늘 밀접하게 결부되어 있다고 할지라도, 그것들이 변화의 산물이라는 사실에는 아무런 영향을 미치지 못한다.

8. 네 자신을 선한 사람, 겸손한 사람, 진실을 말하는 사람, 사려깊은 사람, 순리를 따르는 사람, 마음이 고결한 사람으로 만들고, 그런 후에는 네게 다른 명칭이 붙지 않도록 주의하라. 그러한 명칭들을 잃어버린 경우에는 서둘러서 다시 회복하라. 사려깊다는 것은 모든 일을 주의깊고 철저하게 살피고 숙고하는 것을 의미하고, 순리를 따른다는 것은 우주의 자연이 네게 할당해 주는 모든 것들을 기꺼이 받아들이는 것을 의미하며, 마음이 고결하다는 것은 우리의 정신이 육신의 온갖 거칠거나 순한 움직임들, 또는 헛된 명성에 대한 욕망이나 죽음에 대한 두려움 같은 것들을 초월해 있는 것을 의미한다는 것을 명심하라. 네 자신을 그런 명칭들에 합당한 사람으로 만들어서 그 상태를 계속해서 유지해 나간다면서도, 다른 사람들로부터 네가 그런 사람이라는 것을 인정받고 싶어하지 않는다면, 너는 이미 새 사람이 되어 있는 것이고 새로운 삶을 살고 있는 것이다.

네가 지금까지 살아왔던 것처럼 계속해서 그런 모습으로 살아가고, 그런 삶 속에서 찢기고 더럽혀지는 것은 아무런 사려분별도 없이 오직 사는 데만 집착하는 사람이나 할 짓이고, 원형경기장에서 맹수들과 싸우다가 온 몸에 상처를 입고 피투성이가 되어서도 목숨이 붙어 있는 동안에는 내일도 모레도 맹수들과 싸우게 해 달라고 간청해서 또다시 찢기고 할퀴어 피투성이가 되어 버리는 사람과 같다.

그러므로 네 자신을 앞에서 말한 그런 명칭들이 어울리는 사람으로 만들고, 일단 그런 사람이 되었다면, 복 받은 자들만이 거주하는 섬으로 이주해 온 사람처럼 거기에서 떠나지 말라. 그러나 네 자신이 그런 명칭들에서 멀어져서 다시는 회복할 수 없다고 느껴지면, 네가 감당할 수 있는 수준으로 과감하게 물러나거나, 네 자신에 대해 화내지 말고 담담하고 초연하게 이 세상을 완전히 떠나가라. 그렇게 한다면, 적어도 이 세상에 미련을 두지 않고 떠날 수 있었다는 이 한 가지는 너의 삶에서 잘한 일이 될 것이다.

네가 신들을 늘 너의 마음에 두고서, 신들은 너의 아첨을 원하는 것이 아니라 이성적인 존재들이 자신들을 본받기를 원한다는 것, 그리고 그것은 무화과나무가 무화과나무의 일을 하고, 개가 개의 일을 하며, 꿀벌이 꿀벌의 일을 하듯이, 인간도 인간의 일을 하는 것임을 기억한다면, 네 자신이 그런 명칭들이 어울리는 사람이 되는 데 큰 도움이 될 것이다.

9. 익살 광대극, 전쟁, 공포, 무기력, 굴종―네가 이런 것들을 날마다 행하게 되면, 너의 본성을 따라 네가 알고 있던 온갖 거룩한 원리들이 조금씩 지워지게 될 것이다. 그러므로 너는 너의 이성이 순수하고 온전히 작동하는 가운데 지금 이 순간 네게 주어진 일을 이루어 내고, 각각의 것에 대한 지식으로 인해서 생겨나는 자신감이 훼손되거나 방해를 받지 않는 가운데 계속해서 드러나게 하는 방식으로 모든 일을 행하여야 한다.

어느 때가 되어야 너는 소박함을 기뻐하고, 고결함을 기뻐하며, 각각의 사물을 아는 지식을 기뻐하겠는가. 어떤 것의 본성이 무엇이고, 우주 안에서는 어떤 위치에 있으며, 본성에 따라 어느 정도나 존속할 수 있고, 그 구성부분들은 어떤 것들이며, 그것은 누구에게 귀속될 수 있고, 누가 그것을 수여하거나 빼앗을 수 있는지를 아는 지식을 네가 기뻐할 날이 언제 올까.

10. 거미는 자기가 쳐둔 거미줄을 이용해서 파리를 잡았을 때 자랑스러워하고, 어떤 사람은 산토끼를, 어떤 사람은 청어를, 어떤 사람은 멧돼지를, 어떤 사람은 곰을, 어떤 사람은 사르마테스족 사람을 잡았을 때 자랑스러워한다. 하지만 그들의 생각을 잘 살펴보면, 그들은 모두 강도들이 아니겠는가.

11. 만물이 서로 간에 어떤 식으로 변화하는지를 학문적으로 연구하는 방법을 익혀서 네 자신의 것으로 만든 후에, 그 방법을 사용해서 만물의 그러한 측면을 부지런히 연구해서 거기에 정통한 자가 되어라. 마음과 생각을 고결하고 고매하게 만드는 데는 그것보다 더 도움이 되는 것은 없기 때문이다. 사람이 거기에 정통하게 되면, 자기가 머지않아 이 모든 것들과 작별해야 하고 사람들과 이별해야 한다는 것을 알고서, 자신의 육신에 얽매이지 않고 거기에서 초탈하여, 자신의 모든 행위에서는 전적으로 정의를 추구하고, 자기에게 일어나는 모든 일에서는 아주 기꺼이 우주의 본성을 따르게 된다. 그런 사람은 다른 사람들이 자기에 대해 무슨 말을 하거나 무슨 생각을 하거나 무슨 행동을 하든지 상관하지 않고, 오직 자기가 현재 모든 일들을 정의롭게 행하는 것과

자신의 현재의 운명에 만족하는 것, 이 두 가지만으로 만족한다. 그리고 그는 다른 모든 것에 대해서는 관심이나 야심을 전혀 갖지 않고, 법을 따라 바른 길을 걸어가서 그 법을 이룸으로써 신을 따르는 자가 되려고 하는 것 이외의 다른 소원을 갖지 않는다.

12. 지금 네가 무엇을 해야 하는지를 분명하게 알 수 있을 때에는 이런저런 고려를 하지 말고 용감하게 그 일에 매진하고 곁눈질을 하지 말라. 하지만 그 일이 네 눈에 분명하게 보이지 않을 때에는 그 자리에 멈추어서 가장 훌륭한 조언자들의 말을 듣고서 그들이 가르쳐 준 길로 나아가라. 그런 후에 그 길로 나아가다가 장애물들을 만나게 되는 경우에는, 현재 네가 활용할 수 있는 모든 수단들을 동원해서 신중하게 앞으로 나아가되, 정의임이 분명한 것을 붙들어라. 정의를 이루는 것이 최고의 선이고, 정의를 벗어나는 것이 유일한 실패이기 때문이다. 모든 일에서 이성을 따르는 사람은 여유로우면서도 무기력하지 않고 침착하면서도 활력이 넘친다.

13. 잠에서 깨어나자마자 네 자신에게 이렇게 반문해 보라: "다른 사람들이 정의롭고 바르며 참된 것을 비난한다고 해서, 그것이 나와 무슨 상관이 있단 말인가." 아무 상관이 없다. 너는, 자신들의 기분 내키는 대로 다른 사람들을 칭찬하거나 비난하는 자들은 잠자리에 들었을 때나 식탁 앞에 앉았을 때나 늘 그런 식으로 행동한다는 것을 잊어서는 안 된다. 또한 너는 그런 자들이 어떤 짓들을 행하고, 어떤 것들을 피하며, 어떤 것들을 추구하는지, 그런 자들은 남의 것들을 훔치고 약탈하지만,

손이나 발로가 아니라, 그들을 구성하고 있는 부분들 중에서 가장 귀하고 소중한 부분, 즉 인간이 신뢰와 겸손과 진리와 법과 신성을 생겨나게 하는 데 사용하는 부분(이성 – 역주)을 악용해서 훔치고 약탈한다는 것을 잊어서는 안 된다.

14. 교양을 갖추고 겸손한 사람은 모든 것을 주기도 하고 다시 가져가기도 하는 자연에게 이렇게 말한다: "그대의 뜻대로 주기도 하고 가져가기도 하시게나." 그는 만용과 허세를 부리며 이렇게 말하는 것이 아니라, 겸허히 순종하고 기꺼이 따르겠다는 마음으로 그렇게 말한다.

15. 네가 앞으로 살아갈 시간은 짧다. 산 위에서 사는 것처럼 살아가라. 사람이 우주라는 국가의 시민으로 살아가기만 한다면, 그 사람은 여기에서 살든 저기에서 살든, 그가 살아가는 장소는 전혀 중요하지 않다. 사람들이 너의 살아가는 모습을 보았을 때, 자연(본성)에 따라 살아가는 사람의 예로 너를 꼽을 수 있게 하라. 사람들이 너를 용납할 수 없다면, 너를 죽이게 하라. 그들처럼 사느니 차라리 죽는 것이 더 낫기 때문이다.

16. 선한 사람은 어떻게 행동해야 하는지에 대해서는 이미 충분히 말했으니, 이제는 그런 말은 그만두고, 네 자신이 선한 사람이 되라.

17. 시간 전체와 실재 전체를 늘 너의 마음과 생각에 담아두라. 각각의 개체는 실재 전체에 비하면 무화과 씨앗에 지나지 않고, 그 개체가

존속하는 기간은 시간 전체에 비하면 송곳을 한 번 돌리는 것에 지나지 않는다.

18. 모든 존재하는 것을 주목하고서, 모든 것이 사멸과 흩어짐의 과정 중에 있다는 의미에서 이미 해체되어 가고 있고 변화되어 가고 있다는 것, 즉 모든 것은 죽기 위해서 태어난다는 것을 생각하라.

19. 먹고 잠자고 교합하고 배설하고 등등의 일을 하고 있는 그들은 어떤 사람들인가. 또한 다른 사람들 위에 군림해서 교만함으로 의기양양해하고 조금만 마음에 안 들어도 화가 나서 높은 자리에 앉아서 사람들을 꾸짖고 있는 그들은 어떤 사람들인가. 조금 전까지만 해도 그들은 자신의 어떤 목적을 이루기 위해 자기가 필요로 하는 모든 것들의 노예들이었던 자들이고, 이후에도 마찬가지로 그런 노예들로 살아가게 될 자들이다.

20. 우주의 본성이 어떤 존재에게 가져다주는 것은 유익하다. 또한 바로 그 순간에 그 존재의 유익을 위한 것이다.

21. 대지는 비를 좋아하고, 저 고고한 하늘도 비를 좋아한다. 그리고 우주도 자기가 해야 할 일들을 하는 것을 좋아한다. 나는 우주에게 "그대가 좋아하는 것을 나도 좋아한다"고 말한다. 그래서 옛 사람들은 "이 일이 일어나기를 좋아한다"는 표현을 사용한 것이 아닐까.

22. 너는 여기에 적응해서 살아가거나, 여기가 싫어서 네가 원하는 곳으로 가서 살거나, 죽음을 선택해서 너의 복무를 마치거나 해야 한다. 다른 선택지는 없다. 그러므로 힘을 내라.

23. 전원에서 넓은 토지를 가지고 살든, 산꼭대기에서 살든, 바닷가에서 살든, 아니면 네가 원하는 그 어느 곳에서 살든, 사람이 사는 것은 어디에서나 똑같다는 사실을 결코 잊지 말라. "산 위의 넓은 목장에서 울타리를 쳐놓고 양 떼를 기르며 젖을 짜는 삶"에 대해 플라톤이 한 말은 너무나 지당하다.

24. 나의 이성은 내게 무엇이고, 지금 나는 그 이성을 어떤 모습으로 만들고 있으며, 어떤 목적에 사용하고 있는 것인가. 나의 이성에 정신이 결여되어 있거나, 공동체로부터 분리되어 동떨어져 있거나, 육신과 뒤엉키고 밀착되어서 육신의 움직임들에 휘둘리고 있는 것은 아닌가.

25. 주인으로부터 달아나는 자는 도망자다. 그런데 법이 주인이기 때문에, 법을 어기는 자는 도망자다. 슬퍼하거나 분노하거나 두려워하는 자는 우주 전체를 다스리는 분이 정한 일들이 과거에 일어났거나 지금 일어나고 있거나 앞으로 일어나게 될 것을 못마땅해하는 자다. 하지만 그 일들은 인간에게 일어나도록 법이 정한 것들이다. 그러므로 두려워하거나 슬퍼하거나 분노하는 자는 도망자다.

26. 남자는 자궁에 씨를 뿌린 후에는 떠나버리고, 곧이어 어떤 다른

원인이 그 씨를 맡아 돌보아서 아기를 생산한다. 시작은 미미했는데, 거기에서 놀라운 일이 완성된다. 그 아이가 음식을 목구멍을 통해 아래로 내려 보내면, 곧이어 어떤 다른 원인이 그 음식을 맡아서 감각과 충동을 만들어 내고, 생명과 힘을 비롯한 온갖 경이로운 것들을 무수히 만들어 낸다. 그러므로 우리가 물체를 떨어지게 하는 힘과 올라가게 하는 힘을 눈으로는 볼 수 없지만, 그런 힘이 있다는 것을 알 수 있듯이, 이렇게 은밀하게 이루어지는 모든 일들을 잘 살펴서, 그런 일들을 이루어 내는 힘을 알아내라.

27. 지금 일어나고 있는 모든 일들은 이전에도 일어났고, 틀림없이 이후에도 일어나게 될 것임을 늘 명심하라. 네가 네 자신의 경험을 통해 알게 되었거나 과거의 역사로부터 알게 된 모든 드라마들과 그 무대들, 예를 들어 하드리아누스의 궁정 전체, 안토니누스의 궁정 전체, 필리포스, 알렉산드로스, 크로이소스의 궁정 전체를 하나씩 네 눈 앞에 떠올려보라. 그 모든 무대들은 우리가 지금 보고 있는 일들이 일어나고 있는 무대들과 동일하고, 단지 그 무대에서 연기하는 배우들만 다를 뿐이다.

28. 어느 한 가지 일에 대해서라도 불만을 토로하는 사람은 누구든지 제단 위에 희생제물로 바쳐져서 발버둥 치며 비명을 지르는 돼지와 같다고 생각하라. 잠자리에 누워서 혼자 자신의 운명의 족쇄들을 속으로 한탄하는 사람도 마찬가지다. 모든 일어나는 일들에 복종하는 것은 만물에게 내려진 절대적인 명령이다. 다만 이성을 지닌 존재에게는 자

신의 의지와 결단으로 그 명령에 복종하도록 허락되어 있는 것만이 다를 뿐이다.

29. 어떤 일을 할 때마다 각 단계에서 스스로에게 자문해 보라: "이 일을 마치지 못하고 죽을 것이 두려워서 나는 죽음을 두려워하는 것인가."

30. 어떤 사람이 잘못을 저지르는 것이 화가 날 때마다, 그 즉시 네 자신을 돌아보고서, 너도 돈이나 쾌락이나 명성 등등을 선하고 좋은 것으로 여겨서 똑같은 잘못을 저지르고 있지는 않은지를 생각해 보라. 그러면 너의 분노가 신속하게 사라지게 될 것이다. 또한 그 사람이 어쩔 수 없어서 잘못을 저지르고 있는 것은 아닌지를 생각해 보는 것도 도움이 될 것이다. 그 사람이 그럴 수밖에 없는 상황에 처해 있다면, 그가 어떻게 다르게 행할 수 있겠는가. 또는, 네가 할 수 있다면, 그 사람에게서 그런 어쩔 수 없는 상황을 제거해 주어라.

31. 사티론이나 에우티케스나 휘멘을 보거든 소크라테스를 떠올려 보고, 에우티키온이나 실바누스를 보거든 에우프라테스를 떠올려보고, 트로파이오포로스를 보거든 알키프론을 떠올려보고, 세베로스를 보거든 크리톤이나 크세노폰을 떠올려보고,[1] 네 자신을 보거든 카이사르들

---

1 "사티론"과 "에우티케스"와 "휘멘"은 당시에 소크라테스와 플라톤을 따랐던 플라톤학파의 철학자들이었을 것이고, "에우티키온"과 "실바누스"는 당시에 스토아 학파의 철학자들이었을 것이며, "에우프라테스"는 소피스트로서 플리니우스 2세의 교사들 중 한 사람이었다. "트로파이오포로스"

중 한 명을 떠올려보라. 매사에 이런 식으로 비슷한 예를 떠올려보라. 그러면 네게는 문득 이런 생각이 떠오르게 될 것이다: "그들은 지금 어디에 있나." 그들은 그 어디에도 없거나, 어디에 있는지를 아무도 모른다. 이것이 습관이 되면, 네게는 인간사들이 금방 사라질 연기 같이 느껴지거나 무(無)로 보이게 될 것이다. 한 번 변화되어서 사라져 버리면 영원토록 다시는 그 모습으로 존재할 수 없게 된다는 생각이 들게 된다면, 더욱 그렇게 느껴질 것이다. 그렇다면 왜 괴로워하고 고민하는가. 왜 네게 주어진 짧은 인생을 법을 따라 살아가는 것으로 만족하지 못하는가.

너는 네가 꼭 배워야 할 것을 배울 수 있는 기회를 그냥 흘려보내려고 하는 것이냐. 왜냐하면 너를 둘러싸고 있는 모든 것들은 너의 이성을 훈련시켜서 자연의 이치를 따라 인생의 모든 분야를 정확하게 볼 수 있도록 해 주기 위한 재료들이기 때문이다. 그러므로 튼튼한 위장이 네가 먹은 모든 음식을 남김없이 소화시키고, 활활 타오르는 불이 네가 그 불 속으로 던져 넣는 모든 것들을 화염과 빛으로 변화시키듯이, 네가 네 자신에 관한 이 모든 진리들을 다 소화할 때까지 계속해서 훈련하라.

32. 다른 사람들이 너는 소박하고 진실하며 선한 사람이 아니라는 말을 자신 있게 말하지 못하게 하고, 도리어 너에 대하여 그렇게 말하는 사람은 누구든지 거짓말을 하는 사람이 되게 하라. 이 모든 것은 네

와 "알키프론"에 대해서는 알려져 있는 것이 없고, "세베로스"는 소크라테스의 친구들이었던 "크리톤"과 "크세노폰"처럼 철학의 친구였다.

게 달려 있다. 네가 선하고 소박하며 진실한 사람이 되는 것을 막을 자는 아무도 없기 때문이다. 네가 그런 사람이 될 수 없다면, 더 이상 목숨을 부지하고 살아가지 않겠다고 결심하라. 그런 경우에는 이성도 너에게 더 살아가라고 말하지 않는다.

33. 한 사람에게 주어진 그 어떤 구체적인 상황 속에서도 가장 바르게 말하거나 행할 수 있는가. 그 상황이 무엇이든, 가장 바르게 말하거나 행하는 것은 오로지 네 자신에게 달려 있다. 그런데도 네가 마치 외부의 상황에 의해 방해를 받고 있다는 듯이 변명해서는 안 된다. 마치 향락주의자가 자기가 만나는 모든 것을 쾌락으로 바꾸듯이, 네가 네게 주어진 그 어떤 구체적인 상황 속에서도 너의 본성을 따라 바르게 행하여 모든 상황에서 동일한 기쁨을 누리게 될 때까지는, 너의 불만을 절대로 그치지 않게 될 것이다. 인간은 자신의 본성을 따라 행할 수 있는 힘이 자기에게 주어져 있다는 것을 기쁨으로 여기는 것이 마땅하고, 또한 그 어떤 상황에서도 그렇게 할 수 있기 때문이다.

원통이라고 해서 어디에서나 자신에게 고유한 굴러가는 운동을 할 수 있는 것은 아니고, 불이나 물을 비롯해서 자연이나 이성을 지니지 않은 혼의 지배를 받는 다른 모든 것도 마찬가지다. 그들의 운동을 가로막고 방해하는 장애물들이 많기 때문이다. 반면에 정신과 이성은 본성에 의해서 원하기만 하면 얼마든지 모든 장애물을 돌파할 수 있다. 본성적으로 불이 위로 올라가고, 돌이 아래로 떨어지며, 원통이 언덕 아래로 구르는 것처럼, 이성은 모든 장애물을 아주 쉽게 돌파할 수 있다는 것만을 명심하고 다른 것은 생각하지 말라. 모든 장애물은 시체나

다름없는 우리의 육신과 관련된 것이거나, 우리가 이런 사실을 모르고 착각해서 우리의 이성이 거기에 굴복하지만 않는다면, 절대로 우리를 훼방할 수도 없고 해를 입힐 수도 없다. 만일 그런 것이 아니라면, 장애물들을 만난 사람들은 다 즉시 그 상태가 나빠지고 악해질 수밖에 없게 될 것이다.

사실 이성을 지니지 않은 존재들의 경우에는 어떤 장애물을 만나게 되면 해를 입어서 그 상태가 나빠진다. 반면에 이성을 지닌 인간의 경우는 다르다. 인간은 그런 상황에 처하게 되면, 그 장애물을 바르게 선용함으로써 자신의 상태를 더 낫고 더 칭찬받을 만하게 만든다. 요컨대, 이성을 지니고 움직이는 우주 전체에 해가 되지 않는 것은 우주의 일부로서 이성을 지니고 살아가는 인간에게도 해가 되지 않고, 우주의 법에 해가 되지 않는 것은 우주 전체에도 해가 되지 않는데, 모든 장애물들은 우주의 법에 해가 되지 않기 때문에, 우주의 법에 해가 되지 않는 장애물들은 우주에게나, 우주의 일부이자 이성적 존재인 인간에게나 해가 되지 않는다는 말이다.

34. 참된 원리들을 진심으로 따르고자 하는 사람은 아주 짧고 평범한 경구만 듣고서도 진리를 깨우쳐서 고통과 두려움에서 벗어날 수 있다. 예컨대 "바람이 부니 나뭇잎들이 떨어져서 땅 위에서 뒹구는데, 인간의 세대들이 그와 같도다"라는 경구가 바로 그런 것이다.[2] 너의 자녀

---

2 이 경구는 호메로스의 서사시 『일리아스』 제6권 146-149행을 요약한 것이다. 전문은 이렇게 되어 있다: "사람들의 세대는 나뭇잎들의 세대와 같다. 바람이 불면 한 해의 나뭇잎들이 땅에 떨어져 흩어지지만, 봄철이 다시 돌아오듯이, 숲에서는 또다시 싹이 트고 다른 나뭇잎들이 나온다. 사람들

들도 나뭇잎들에 지나지 않고, 확고한 신념에 차서 네게 환호를 보내고 칭송하는 자들이나, 반대로 너를 욕하고 비난하거나 네가 알지 못하는 곳에서 너를 비웃는 자들도 나뭇잎들일 뿐이다. 우리가 죽은 후에 우리의 명성을 후세에 전하는 것도 나뭇잎들이다. 이런 것들은 모두 바람이 불면 떨어져야 할 나뭇잎들이고, 그런 후에는 다시 봄이 찾아와서, 숲에는 새로운 싹들이 돋고 새로운 잎들이 나기 때문이다. 덧없음은 만물의 공통된 운명이다. 그런데도 너는 마치 영원한 것이라도 있다는 듯이 무엇인가를 추구하기도 하고 피하기도 하고 있다. 머지않아 너도 눈을 감게 될 것이다. 그리고 머지않아 너를 매장했던 사람들도 죽어 그들을 위해 곡하는 소리가 들려올 것이다.

35. 건강한 눈은 그 눈으로 볼 수 있는 모든 것들을 다 보아야 하고, "나는 오직 녹색만을 보겠다"고 말해서는 안 된다. 그렇게 말하는 것은 그 눈이 병들었음을 보여주는 징후다. 마찬가지로, 건강한 귀와 코도 당연히 들을 수 있는 모든 소리를 듣고 맡을 수 있는 모든 냄새를 맡으려고 해야 한다. 방아에 찧을 수 있는 것을 넣으면 그것이 무엇이든 다 찧듯이, 건강한 위도 소화시킬 수 있는 것이면 무엇이든 다 소화시키는 것이 마땅하다. 따라서 바른 마음은 우리에게 일어나는 모든 일을 기꺼이 받아들여야 한다. 우리의 마음이 "나의 자녀들은 안전해야 해"라거나 "나의 모든 행위가 모든 사람으로부터 칭찬을 받아야 해"라고 말한다면, 녹색만을 보려고 하는 눈이나 부드러운 것만을 구하는 치아처럼

의 경우도 마찬가지다. 한 세대가 오면, 한 세대가 간다."

병든 것이다.

36. 어떤 사람의 임종을 지켜보기 위해 주위에 서 있는 사람들 중에서 그가 죽는 것을 환영하는 마음을 지닌 사람이 한두 명이라도 있지 않은 그런 행복한 사람은 없다. 그 사람이 아무리 훌륭하고 지혜로운 사람이었다고 할지라도, 마음속으로 이렇게 말하는 사람이 반드시 있게 마련이다: '이 훈육 선생 같은 분이 곧 세상을 뜨면, 이제 우리는 해방되어서 마음 놓고 편히 숨쉴 수 있게 되겠지. 이분은 우리 중 그 누구에게도 막 대하지는 않았지만, 나는 이분이 우리를 은근히 무시하고 있다는 것을 늘 느껴 왔어.'

훌륭한 사람의 경우가 이러하다면, 우리 같은 사람들이 죽는 것을 쌍수를 들어 환영하며 기뻐할 사람이 얼마나 많겠는가. 그러므로 너는 임종 때에 이것을 생각하라. 그러면 세상을 떠나는 너의 마음이 한결 편해질 것이다: '내가 오랫동안 그토록 애를 써서 돌봐주고 기도해 주고 생각해 주었던 나와 가까운 사람들조차도 자신들이 좀 더 편해지게 되기를 바라며 내가 죽기를 바라는 것이 이 세상에서의 삶의 현실이다. 그런 삶에 미련이 남아서 이 세상에서 좀 더 오래 살아보려고 아등바등할 사람이 누가 있겠는가. 지금 나는 바로 그런 삶과 작별하고 있는 것이다.'

하지만 그렇다고 해서 그들에게 정나미가 떨어졌다는 심정으로 속 시원하다는 듯이 이 세상을 떠나지는 말고, 네가 지금까지 그래왔던 것처럼 그들에 대한 너의 참된 우정과 선의와 자비로움을 끝까지 견지하라. 또한 떠나기 싫다는 듯이 억지로 버티다가 그들에게서 끊어지듯 떠나지도 말고, 평안한 임종을 맞는 사람들이 그렇듯이, 너의 혼이 육신으로부터 아주 자연스럽게 스르르 빠져나가는 모습으로 그들 곁을 떠나가라. 그들과 너를 맺어주고 묶어 놓은 것도 자연이고, 이제 그 인연의 끈을 풀어 주고 있는 것도 자연이기 때문이다. 내가 그들과 이별하는 것은 이렇게 자연의 한 과정이기 때문에, 떠나가지 않겠다고 발버둥치다가 억지로 끌려갈 필요는 없다.

37. 다른 사람이 어떤 일을 하는 것을 볼 때마다 이런 질문을 네 자신에게 던지는 것이 습관이 되게 하라: "이 사람이 이 일을 하는 목적은 무엇일까." 하지만 무엇보다도 그런 질문은 네 자신에게 먼저 던져서, 네 자신을 가장 먼저 면밀하게 살펴라.

38. 꼭두각시 인형처럼 실을 이용해서 나를 조종하는 것이 내 안에 감춰져 있다는 것을 명심하라. 바로 그것이 나의 말을 만들어 내고, 나의 삶을 만들어 내며, 나라는 인간을 만들어 낸다. 그것을 담고 있는 그릇이나 그것에 붙어 있는 보조도구(지체)들과 그것을 혼동해서는 절대로 안 된다. 그 도구들은 장인들이 사용하는 여러 가지 도구들처럼 나를 지배하는 그것이 사용하는 것들일 뿐이다. 그 보조도구들은 내가 태어날 때부터 나의 육신에 붙어 있다는 것만이 다르다. 이 보조도구들은, 직조공의 베틀이나 작가의 펜이나 마부의 채찍처럼, 그 도구들을 움직이게 하거나 멈추게 하는 원인인 그것 없이는 아무 쓸모가 없는 것들이다.

제 11 권

1. 이성적인 정신의 속성들은 이런 것들이다: 자신을 보고, 자신을 분석하며, 자신의 뜻대로 자기를 만들고, 자신의 열매를 자기가 거두며 (식물과 동물의 열매는 남이 거둔다), 삶이 어느 때에 끝나든 자신의 고유한 목표를 달성한다. 무용이나 연극 같은 예술 공연에서는 방해를 받아서 중도에 중단되면, 공연 전체를 망치게 되는 반면에, 우리의 인생은 어느 때 어느 장면에서 갑자기 중단되어도, 이성적인 정신은 자신이 해야 할 일을 현재의 그 순간에서 완전하고 완벽하게 하고 있기 때문에, "나는 내가 해야 할 일을 다했다"고 말할 수 있다.

이성적인 정신은 거기에서 더 나아가 우주 전체와 우주를 둘러싸고 있는 허공을 두루 다니며 그 모습을 탐색하고, 무한한 시간 속으로 뻗어나가서 만물의 주기적인 재탄생을 살펴서 깨달고서는, 우리의 조상들이 우리가 보지 못했던 새로운 것을 단 한 가지도 보지 못했던 것처럼, 우리의 자손들도 새로운 것을 보지 못할 것임을 알게 된다. 그러므로 어떤 사람이 비록 40년밖에 살지 못했다고 할지라도, 그에게 약간의 이해력과 사고력이 있기만 하다면, 어떤 의미에서 그 사람은 과거에 존재했던 모든 것과 미래에 존재하게 될 모든 것을 이미 다 본 것이라고 말할 수 있다. 이성적인 정신이 지닌 또 하나의 속성은 이웃을 사랑하고 진실하며 겸손하고, 모든 것을 각각의 분수대로 평가해서 거기에 맞게 대한다는 것인데, 이것은 법의 속성이기도 하다. 그렇기 때문에 진리의 이성(올바른 이성)과 정의의 이성 간에는 전혀 차이가 없다.

2. 네가 어떤 훌륭한 노래를 여러 음표들로 분해한 후에 각각의 음표를 보면서 "내가 이것을 대단하다고 여긴 것인가"라고 스스로에게 반문한다면, 매력적인 음악이나 무용이나 격투기 시합이 네게 시시하고 하찮게 느껴져서, 그런 것들에 감탄해서 찬사를 보냈던 것이 부끄러워지게 될 것이다. 무용도 여러 동작과 자세로 분해해서 살펴보면, 너는 똑같은 반응을 보이게 될 것이다. 격투기 시합도 마찬가지다. 요컨대, 미덕과 미덕에서 나온 행위들을 제외하고는, 어떤 훌륭해 보이는 것이 있거든, 그것을 구성하고 있는 부분들로 분해해 보라. 그러면 너는 그것을 하찮게 여기게 될 것이다. 너의 인생 전체에 대해서도 똑같이 행하라.

3. 우리의 혼은 필요한 경우에는 언제든지 육신으로부터 떠나서 소멸되거나 흩어지거나 이주할 준비가 되어 있어야 한다. 하지만 그러한 태도는 우리 자신의 판단에 따른 것이어야 하고, 기독교인들처럼 반항[1]에서 나오는 것이 아니라, 신중하고 품격 있는 것이어야 하며, 연극하는 것이 전혀 아니어서 다른 사람들도 그 진실성을 느낄 수 있는 것이어야 한다.

---

1 순교

4. 너는 공동체를 위해 어떤 일을 한 적이 있는가. 그랬다면 그 일로 인해 네 자신도 많은 유익을 얻은 것이다. 너는 이것을 늘 명심하고서, 그렇게 하기를 멈추지 말라.

5. 너의 일은 무엇이냐. 선한 자가 되는 것이다. 하지만 한편으로는 우주의 본성을, 다른 한편으로는 인간에게 주어진 본성을 알지 못한다면, 어떻게 진정으로 선한 자가 되겠는가.

6. 처음에 비극들이 공연된 목적은 세상에서 실제로 일어날 수 있는 일들을 우리에게 보여주면서, 그런 일들은 자연에 의해서 일어나는 일들이기 때문에, 무대 위에서 너를 울렸던 그런 일들이 인생이라는 좀 더 큰 무대에서 일어나더라도 괴로워하거나 분노해서는 안 된다는 것을 일깨우기 위한 것이었다. 그런 일들은 반드시 그런 식으로 진행될 수밖에 없고, "아, 키타이론이여"라고 부르짖는 자들도 그런 일들을 감내할 수밖에 없기 때문이다.[2] 극작가들이 쓴 글들에는 유익한 말들이 꽤 있었는데, "나와 나의 아들들이 신들로부터 버림을 받았다면, 거기에도 이유는 있을 것입니다"라는 말이 그 좋은 예다. 또한 "일어나는 일들에 대해서 화를 내서는 안 됩니다"라는 말이나, "우리의 인생은 익은 곡식 같아서 다 익으면 거두어들여진다네"라는 말도 유익한데, 이런 말들은 상당히 많이 있다.[3]

---

2 이 외침은 소포클레스의 『오이디푸스 티라노스』 1391에 나오는데, "키타이론"은 그리스의 보이오티아에 있는 산으로서, 오이디푸스는 아기일 때 거기에 버려진다.
3 셋 다 에우리피데스의 말이다.

비극 다음으로는 고(古) 희극(喜劇)이 공연되어서, 언어를 교육적인 목적으로 사용해서, 직설적인 화법을 통해 교만을 경고하고 겸손을 가르치는 유익한 역할을 수행했고, 디오게네스도 비슷한 목적으로 그런 방식을 사용했다. 그런 후에는 중기 희극이 도입되었고, 이어서 신(新) 희극이 도입되었는데, 그 목적이 무엇이었는지를 살펴보라.[4] 이렇게 해서 연극은 점차 기교와 모방으로 변질되고 말았지만, 희극 작가들도 유익한 말들을 꽤 많이 남겼다는 것은 모두가 인정하는 사실이다. 하지만 가장 중요한 것은 이러한 시가들과 희곡(戲曲)들을 지은 목적이 무엇이었느냐 하는 것이다.

7. 철학을 하는 데는 다른 그 어떤 사람의 형편보다 네가 지금 처해 있는 형편이 가장 유리하다는 것은 너무나 분명하지 않은가.

8. 하나의 동일한 나무에 붙어 있는 어떤 가지가 자기 옆에 있는 가지로부터 떨어져 나가게 되면 그 나무 전체로부터 떨어져 나가게 될 수밖에 없게 된다. 마찬가지로, 어떤 사람이 다른 한 사람으로부터 떨어져 나가는 것은 모든 사람이 속해 있는 공동체로부터 떨어져 나가는 것이다. 차이점이 있다면, 나뭇가지는 남에 의해서 베어져서 떨어져 나가게 되는 것인 반면에, 사람은 이웃을 미워하거나 이웃에게 등을 돌림으

---

4 고 희극의 대표자는 아리스토파네스(기원전 5세기 중엽-386년)였고, 신 희극의 대표자는 메난드로스(기원전 344-292년경)였다. 아리스토파네스가 쓴 희극은 11편이 현존하고, 메난드로스의 희극 중에서 거의 온전한 것은 1편뿐이고, 상당 부분이 남아 있는 것은 6편이다. 중기 희극들은 오직 단편들로만 남아 있다.

로써 스스로 이웃으로부터 떨어져 나온다. 그런데도 사람은 자기가 공동체 전체로부터 떨어져 나온 것이라는 사실을 알지 못한다. 공동체를 만든 제우스는 그런 상황에서도 우리에게 여전히 선물을 남겨 두었는데, 그것은 우리가 다시 그 나무로 돌아가서 그 이웃 가지와 함께 자람으로써 완전한 공동체를 이룰 수 있는 여지를 남겨 둔 것이었다. 하지만 떨어져 나오는 것이 너무 자주 반복되는 경우에는, 떨어져 나온 가지가 다시 그 나무에 붙어서 원상을 회복하는 것이 어려워지게 된다. 정원사들은, 처음부터 그 나무에 붙어서 계속해서 함께 자란 가지는 떨어져 나왔다가 다시 접붙여진 가지와 같지 않다고 말한다. 함께 자라기는 하지만, 그 생각이 완전히 같지는 않기 때문이다.

9. 어떤 사람들이 네가 바른 이성의 길을 따라 나아가는 것을 방해할지라도, 너로 하여금 바른 행동에서 벗어나 빗나가게 할 수 없는 것과 마찬가지로, 네가 그들에게 질려서 그들에 대한 너의 선의를 거두게 하는 것도 할 수 없게 하라. 너는 이 두 가지 방향에서 네 자신을 철저하게 지켜서, 한편으로는 바른 길을 따라 나아가고자 하는 너의 판단과 행동이 변함이 없게 하고, 다른 한편으로는 너의 길을 방해하거나 어떤 식으로 너를 훼방하고자 하는 자들을 선의로 대하는 것에서 변함이 없게 하라. 그들에 대한 선의를 거두고 그들에게 분노하는 것은 그들을 두려워하여 그들의 압력에 굴복해서 바른 행동을 그만두는 것만큼이나 너의 나약함을 공표하는 것이기 때문이다. 전자는 본성을 따라 동족이자 친구인 사람들과 불화하는 것이고, 후자는 겁을 집어먹고 도망친 것이기 때문에, 전자나 후자를 행하는 자는 똑같이 자신의 자리를 지키

지 않은 탈영병이라는 것은 마찬가지다.

10. 자연을 능가하는 기술은 없다. 사실 모든 기술은 자연의 이런저런 모습을 모방한 것이기 때문이다. 이것이 맞다면, 인간이 기술을 통해 만들어 낸 것들 중에서 자연의 이런저런 모습을 다 포괄하는 가장 완전한 자연을 능가하는 것도 존재할 수 없다. 모든 기술에서 열등한 것을 만들어 내는 것은 우월한 것을 위한 것인데, 이것은 자연 전체에도 그대로 적용된다. 자연 전체에서 정의가 기원하고, 정의로부터 다른 모든 미덕이 나온다. 따라서 우리가 선하지도 않고 악하지도 않아서 가치중립적인 것들을 소중히 여겨서 미덕들을 소홀히 하거나, 그런 것들에 쉽게 속아서 미덕들을 행하는 일에서 미끄러지거나 변질된다면, 정의는 보존되지 못하게 된다.

11. 네가 피하거나 추구하는 외적인 대상들이 있다면, 그것들이 너에게 다가오는 것이 아니라, 어떤 의미에서는 네 자신이 그것들에게로 나아가거나 피하는 것일 뿐이다. 그러므로 그것들에 대한 판단을 중지하라. 그러면 그것들은 제자리에 그대로 있을 것이고, 네가 추구하거나 피하는 일도 없게 될 것이다.

12. 혼이 완전한 구체(球體)를 유지하는 것은 외부의 어떤 것을 향해서 불거지거나 내부를 향하여 오그라들지도 않고, 확장되거나 수축되지도 않으며, 오직 자신의 밝은 빛을 그대로 유지해서, 그 빛으로 만물과 자신의 진리를 직시할 때다.

13. 누군가가 나를 경멸한다면, 그것은 그 사람이 알아서 할 일이다. 내가 할 일은 경멸받을 만한 말이나 행동을 하지 않는 것이다. 누군가가 나를 미워한다면, 그것은 그 사람이 알아서 할 일이다. 내가 할 일은 모든 사람을 선의로써 인자하게 대하고, 내게 잘못한 사람에게는 꾸짖거나 내가 많이 참고 있다는 것을 보여주는 것이 아니라, 단지 저 유명한 포키온⁵처럼—그가 반어법적으로 그렇게 말한 것이 아니라면—예의를 갖추어서 진심으로 그가 무엇을 잘못했는지를 깨우쳐 주는 것이다. 인간의 마음가짐은 그런 것이어야 하기 때문에, 신들은 인간이 그 어떤 일에도 분노하거나 불만을 표출하지 않기를 바란다. 네 자신이 지금 이 순간에 너의 본성에 부합하는 것들을 행하고, 보편적 자연이 공동체의 유익을 위해 옳은 것으로 여겨서 이런저런 방식으로 네게 명하는 것들을 지금 행한다면, 네게 무슨 해로운 일이 일어날 수 있겠는가.

14. 사람들은 서로를 경멸하면서도 서로에게 잘 보이려고 하고, 서로를 밟고 일어서려고 하면서도 서로에게 굽신거린다.

15. "나는 너를 정직하게 대하기로 결심했어"라고 공표하는 자는 그 내면이 얼마나 부패하고 거짓된 자인가. 이 사람아, 그것이 도대체 무슨 짓인가. 그런 말은 할 필요가 없다. 그것은 저절로 드러나고, 이마에

---

5 "포키온"(기원전 402-318년경)은 "선한 자"로 알려진 아테네의 정치가이자 장군이었는데, 기원전 318년에 사형선고를 받고서 독약을 마시고 죽기 직전에, 자기 아들이 자신의 죽음에 대한 아무런 불만도 품지 않기를 바란다는 유언을 남긴 후에, "나는 지금 아테네인들의 호의를 마시고 있노라"고 말했다고 한다. 그에 대한 이런 이야기는 플루타르코스의 글을 통해 전해졌다.

기록될 것이기 때문이다. 연인들이 상대방의 표정만 한 번 슬쩍 보아도 내면에 있는 모든 비밀을 다 읽어낼 수 있듯이, 어떤 사람이 진정으로 솔직한지도 그 사람의 목소리를 한 번 들어보거나 그 눈빛을 한 번 보아도 금방 알 수 있다. 정직하고 선한 사람은 악취가 나는 사람과 마찬가지로 지나가기만 해도, 사람들은 원하든 원하지 않든 그것을 안다. 계산된 정직함은 비수이고, 늑대의 우정보다 더 가증스러운 것은 없다. 다른 무엇보다도 그런 것들을 피하라. 어떤 사람이 선하고 자비롭고 참되다면, 그 모든 것은 그의 눈에 다 나타나기 때문에 숨겨질 수 없다.

16. 가장 고귀한 삶을 살 수 있는 힘은 혼에 있고, 사람이 선하지도 않고 악하지도 않은 것들에 대해 담담한 태도를 취하기만 한다면, 그런 삶을 살 수 있다. 그런 것들은 전체적으로나 부분적으로나 우리에게 그 어떤 판단도 강요하지 않고, 우리에게 다가오지도 않는다는 것을 명심한다면, 우리는 그런 담담한 태도를 취할 수 있다. 그런 가치중립적인 것들은 제자리에 가만히 있는데, 우리가 쓸데없이 그런 것들을 판단해서, 그 판단들을 우리의 마음과 생각에 각인시켜 둠으로써 문제를 일으킨다. 우리에게는 그런 것들을 판단하지도 않고 각인시켜 두지도 않을 수 있는 힘이 있고, 그런 것들이 우리의 마음과 생각 속으로 슬그머니 들어와도 그 즉시 지워 버릴 수 있는 힘이 있다. 우리가 그런 것들에 신경을 쓰다보면, 어느새 우리의 인생은 종착역에 도달해 있을 것임을 명심하라. 그런데 왜 우리가 그런 것들에 신경을 쓰고 불평해야 한단 말인가. 그런 것들이 본성이 원하는 것이라면, 그런 것들을 즐겨라. 이것은 네게 어려운 일이 아니다. 그런 것들이 본성에 부합하지

않는 것일 때에는, 본성에 부합하는 것을 찾으라. 비록 네게 명성을 가져다주지 않는 것일지라도, 너의 본성에 부합하는 것들을 찾아서 행하라. 자신에게 유익한 것을 찾아서 추구하는 것은 용납될 수 있는 일이기 때문이다.

17. 어떤 것을 볼 때마다 그것이 어디에서 왔고, 무엇으로 이루어져 있으며, 무엇으로 변해가고, 변화가 끝났을 때는 무엇이 될 것인지를 생각하고, 또한 변화는 그 어떤 해악도 가져오지 않는다는 것을 생각하라.

18. 첫째로, 사람들과 너의 관계를 생각할 때에는, 우리 모두가 서로를 위해 이 세상에 태어났다는 것을 명심하라. 관점을 달리해서 표현해보자면, 숫양이 양 떼를 인도하고, 황소가 소 떼를 인도하듯이, 나는 사람들을 인도하기 위해 이 세상에 태어났다. 처음에는 다음과 같은 전제에서 시작하라: 우주가 단순히 원자들의 이합집산이 아니라면, 우주를 주관하는 본성이 존재한다. 후자가 맞다면, 열등한 것들은 우월한 것들을 위해 존재하고, 우월한 것들은 서로를 위해 존재한다.

둘째로, 식사를 하고 잠을 자는 등등의 일을 하는 사람들은 어떤 존재들이고, 그들이 어떤 생각 위에서 어떤 행동들을 하며, 그런 행동들을 하는 자신들을 얼마나 자랑스러워하며 의기양양해하는지를 생각해보라.

셋째로, 사람들이 바르게 행동하고 있다면, 우리가 분노할 이유는 전혀 없다. 사람들이 바르게 행동하지 않는다면, 그것은 분명히 어쩔 수 없이, 또는 무지해서 그렇게 하는 것이다. 혼이 자신의 의지에 반하여 진리를 빼앗기듯이, 각각의 사람들을 바르게 대하는 힘을 빼앗기는 것도 혼이 원하는 것이 아니기 때문이다. 사람이 남들에게서 정의롭지 못하고 냉혹하며 탐욕스러운 자, 즉 이웃들에게 잘못을 저지르는 자라는 말을 들으면 분개하는 이유가 거기에 있다.

넷째로, 너도 많은 잘못을 저지르고, 그런 점에서 다른 사람들과 전혀 다르지 않다는 것을 기억하라. 또한 네가 어떤 잘못들을 저지르지 않는다고 할지라도, 그것은 겁이 나거나, 너의 명성을 더럽히지 않기 위해서, 또는 다른 그 어떤 불순한 동기에서 실제로 잘못들을 저지르지는 않지만, 사실 네게는 그런 잘못들을 저지르고자 하는 성향이 여전히 존재한다는 것도 기억하라.

다섯째로, 너는 다른 사람들이 정말 잘못을 저지르고 있는 것이라고 단정적으로 말할 수 없다는 것을 기억하라. 왜냐하면, 많은 일들이 우리가 알지 못하는 어떤 목적을 이루고자 하는 더 큰 계획의 일부로서 일어나기 때문이다. 요컨대, 우리가 알고 있는 것은 많이 제한되어 있기 때문에, 다른 사람의 행동들을 단정적으로 평가하기가 어렵다는 것이다.

여섯째로, 너무나 화가 나거나 도저히 참을 수 없거든, 인생은 순간이고, 머지않아 우리 모두가 땅에 묻히게 될 것이라는 사실을 생각하라.

일곱째로, 다른 사람들의 행동이 우리를 괴롭게 하고 화나게 하는 것이 아니다. 그런 행동들은 그 사람들의 이성의 영역에 속해 있고, 우리와는 상관이 없다. 우리를 괴롭게 하고 화나게 하는 것은 사람들의 그런 행동들에 대한 우리의 판단이다. 그러므로 다른 사람의 어떤 행동

들이 우리를 화나게 하는 잘못된 행동이라고 결론을 내린 너의 판단을
폐기처분해서 갖다 내버려라. 그러면 너의 분노도 사라질 것이다. 그렇
다면 어떻게 해야 그러한 판단들을 폐기할 수 있는가. 그 비결은 너에
대한 다른 사람들의 그 어떤 행동도 진정으로 네게 해를 입히거나 너의
상태를 나쁘게 만들지 못한다는 사실을 깨닫는 데 있다. 만일 다른 사
람들의 행동으로 네가 진정으로 해를 입을 수 있는 것이라면, 너는 그
들의 행동들로 말미암아 너의 의도와는 상관없이 너의 상태가 나빠져
서 많은 잘못들을 범할 수밖에 없게 될 것이고, 네가 바라지 않는데도
강도나 그런 종류의 어떤 악인이 되어 있을 수밖에 없게 된다.

여덟째로, 우리의 분노와 괴로움을 불러일으키는 다른 사람들의 행
동들보다도, 우리의 분노와 괴로움으로 인해 생겨나는 결과들이 훨씬
더 심각하다는 것을 기억하라.

아홉째로, 너의 선의가 꾸민 것이거나 가면을 쓴 것이 아니라 진심
이라면, 그러한 선의는 언제나 통하게 되어 있다. 네가 어떤 사람을 끊
임없이 선의로 대하고, 기회가 주어질 때마다 좋은 말로 권하며, 그가
네게 어떤 해를 입히고자 할 때는 "이 사람아, 우리는 다른 일을 하기 위
해 태어났고, 자네가 나를 해코지하려고 해도, 나는 그런 것으로 해를
입는 일은 없을 것이고, 오직 자네만 해를 입게 될 걸세"라고 조용히 말
함으로써 그에게 더 나은 길을 가르쳐 준다면, 아무리 막돼먹은 자라도
네게 무슨 짓을 할 수 있겠는가. 그리고 그 사람에게 네가 말한 것은 사
실이고, 꿀벌 같이 군집생활을 하는 것들은 서로에게 해를 입히는 행동
을 하지 않는다는 것을 하나의 일반적인 사실로 넌지시 일러주라. 비꼬
거나 책망하듯이 말하지 말고, 그 사람이 마음에 상처를 입지 않도록

사랑을 품고 다정하게 말하고, 학생을 훈계하는 훈육 선생님 같은 태도로 말하거나 옆에서 지켜보는 사람들에게 어떤 강렬한 인상을 주기 위해 말하지 말고, 그 자리에 여러 사람이 있어도 마치 단 둘이만 있는 것처럼 말하라.

이 아홉 가지 원칙을 지혜의 여신이 준 선물로 여기고서 늘 마음에 새겨두고 있으라. 아직 살아 있는 동안에 마침내 사람다운 사람이 되기 시작하라. 하지만 사람들에게 화내는 것만이 아니라, 그들이 듣기 좋아하는 말들만을 하여 아부하는 것도 조심하라. 이 둘은 공동체를 위한 것들이 아니어서 공동체에 해를 입히기 때문이다. 화가 나려고 할 때마다, 화내는 것이 아니라 온유하고 점잖은 것이 더 인간적인 것이기 때문에 더 남자다운 것이기도 하고, 힘과 근육과 남자다운 용기를 지닌 사람은 화내고 불만을 표출하지 않고, 도리어 그 언행이 온유하고 점잖다는 사실을 상기하라. 감정을 절제해서 감정으로부터 자유로워진 사람일수록 더 힘 있고 강한 사람이기 때문이다. 슬픔이 나약함의 증표이듯이, 분노도 나약함의 증표다. 이 두 감정을 표출하는 사람은 다른 사람의 행동에 의해 상처를 입고 거기에 굴복한 것이기 때문이다.

이제 네가 원한다면, 지혜의 여신들 중에서 가장 으뜸가는 여신이 주는 열 번째 선물도 받으라. 그것은 악인들이 잘못을 저지르지 않기를 기대하는 것은 정신 나간 사람이나 하는 짓이라는 것이다. 그것은 불가능한 일이 일어나기를 바라는 것이기 때문이다. 또한 악인들이 다른 사람들에게 잘못을 저지르는 것은 어쩔 수 없는 일이라는 것을 인정하면서도, 그들이 너에게만은 잘못을 저지르지 않기를 기대하는 것은 어리석은 독단일 뿐이다.

19. 너는 너의 이성이 빠지기 쉬운 네 가지 잘못된 길을 무엇보다도 특히 끊임없이 경계해야 하고, 그런 길이 탐지될 때마다 네 자신에게 다음과 같이 말하고 거부함으로써 그 길로 나아가는 것을 완전히 차단해야 한다. 첫 번째 잘못된 길을 만났을 때는 "이 일은 꼭 필요한 일이 아니다"라고 말하고, 두 번째 잘못된 길을 만났을 때는 "이 일은 공동체를 파괴하는 일이다"라고 말하며, 세 번째 잘못된 길을 만났을 때는 "이 생각은 진심으로부터 나온 것이 아니다"라고 말하라. 진심으로부터 나온 것이 아닌 것은 그 자체로 잘못된 것이다. 네가 너의 이성을 책망해서 나아가지 못하게 해야 할 네 번째 잘못된 길은, 너의 신적인 부분이 너의 열등한 부분이자 반드시 죽게 되어 있는 부분인 육신과 그 조잡한 움직임에 져서 무릎을 꿇는 것이다.

20. 네 안에 섞여 있는 공기와 불로 이루어진 모든 부분은 본성적으로 위로 올라가려는 성질을 지니고 있으면서도, 우주의 질서에 순종해서 여기 육신이라는 복합체에 머물러 있다. 그리고 네 안에 있는 흙과 물로 이루어진 모든 부분은 본성적으로 아래로 내려가려는 성질을 지니고 있으면서도, 위로 올려진 채로 자신들의 본성과 어긋나는 위치에 머물러 있다. 이렇게 우리는 원소들조차도 우주의 질서에 순종해서 자신들에게 그 어떤 자리가 배정된다고 할지라도, 이동하라는 자연의 신호가 그들에게 다시 주어질 때까지 그 자리에 머물러 있을 수밖에 없다.

그런데 네 안에서 이성을 지닌 부분만이 자신의 자리에 불만을 품고 반역을 일으킨다면, 그것은 얼마나 우스꽝스럽고 어처구니없는 일이겠는가. 하지만 너의 그 부분에 가해지는 강제력은 오직 이성의 본성에 맞는 것을 행하라는 것뿐이다. 그런데도 너의 이성은 거기에 순종하지 않고 정반대의 길을 간다. 불의와 방종, 분노와 슬픔과 두려움으로 나아가는 모든 행동들은 본성에 등을 돌리고 반역하는 행위 이외에 다른 것이 아니다. 그리고 네 안에 있는 이성이 네게 일어나는 그 어떤 일에 대해 못마땅해하거나 분노한다면, 바로 그 순간 이성은 자신의 고유한 위치를 이탈하는 것이다. 이성이 인간에게 주어진 것은 단지 정의를 행하게 하기 위한 목적만이 아니라, 신을 공경하고 섬기게 하기 위한 목적도 있기 때문이다. 실제로 후자는 참된 공동체를 위해 꼭 필요한 것이고, 사실은 정의를 행하는 것보다 더 우선적이고 중요하다.

21. "하나의 동일한 삶의 목표를 가지고 살아가지 않는 사람은 일생 동안 하나의 동일한 정체성을 지닌 변함없는 삶을 살아갈 수 없다"는 금언이 있다. 하지만 그 목표가 어떤 것이어야 하는지를 거기에 추가하지 않는다면, 그 금언만으로는 완전하거나 충분할 수 없다. 모든 일에서 대중들이 선하다고 여기는 것이 천차만별로 서로 다르지만, 오직 한 가지만은 모든 사람의 판단이 일치하는데, 그것은 공동체의 유익을 위해 행하는 것은 선하다는 것이다. 따라서 우리는 공동체의 유익, 즉 우리의 동료 시민들의 유익을 위해 살아가는 것을 우리 자신의 목표로 삼아야 한다. 이 목표를 위해 자신의 모든 역량을 집중하는 사람은 모든 행동에서 일관되고 한결같을 것이기 때문에, 하나의 동일한 정체성을 지니고서 일생을 살아갈 수 있게 될 것이다.

22. 산에서 사는 쥐와 집에서 사는 쥐에 관한 우화에서 집에서 사는

쥐가 겁에 질려 경악해서 줄행랑을 친 이야기를 기억하라.

23. 소크라테스는 대중들이 믿는 민간 신앙들은, 어린아이들을 잡아 먹는다고 해서 어린아이들이 두려워하는 악귀들이라고 말하곤 했다.

24. 축제 때에 스파르타인들은 외부인들에게 그늘 아래 있는 자리들을 양보하고서, 그들 자신은 아무 자리에나 앉아서 구경을 했다.

25. 마케도니아의 페르디카스 왕이 소크라테스를 자신의 궁정으로 초대했을 때,[6] 소크라테스는 "나는 최악의 불명예스러운 죽음을 맞고 싶지 않기 때문에 거기에 가지 않겠다"고 말했는데, 이것은 자기가 보답할 수 없는 호의나 환대는 받을 수 없다는 뜻이었다.

26. 에피쿠로스가 쓴 글에는, 옛적에 미덕의 길을 따라 살아간 현인들 중에서 반드시 어느 한 사람을 늘 기억하며 살아가야 한다는 교훈이 나온다.

27. 피타고라스학파의 철학자들은 이렇게 말했다: "아침에 하늘을 보고서, 천체들이 늘 변함없이 동일한 길을 가고 자신들이 해야 할 일

---

6 여기에서 마르쿠스의 기억은 부정확하다. 아리스토텔레스와 세네카가 말한 이 이야기 속에 등장하는 마케도니아의 왕은 기원전 423년에 즉위해서 399년에 암살되기까지 통치했던 아르켈라오스였는데, 그는 페르디카스의 아들이었다. 아르켈라오스는 예술가들의 후원자로 자처하고서, 에우리피데스와 아가톤 같은 시인들이나 화가였던 제욱시스 같은 유명 인사들을 궁정으로 초대하곤 했다.

을 늘 동일하게 행한다는 것, 그것들이 질서정연하게 자리를 잡고서, 숨기는 것이 없이 모든 것을 투명하고 정직하게 행하는 것을 보고 배우라." 별들에게는 가식이라는 것이 없다.

28. 아내 크산티페가 소크라테스의 겉옷을 가지고 나가버리자, 소크라테스가 양가죽을 두르고 밖에 나갔고, 그의 이상한 옷차림을 본 친구들이 당혹해하며 뒷걸음치자, 그가 그들에게 했던 말을 기억하라.

29. 다른 사람들에게 글을 읽고 쓰는 법을 가르칠 수 있기 위해서는 먼저 자기가 배워야 한다. 인생과 관련해서는 더욱 그래야 한다는 것은 두말할 필요조차 없다.

30. "너는 노예로 태어났기 때문에, 시키는 대로 할 뿐이고 이유를 물어서는 안 된다."[7]

31. "내 안에서 마음이 웃었다."[8]

32. "그들은 미덕을 비웃고 욕하는 말들을 쏟아낼 것이다."[9]

---

7 미지의 시인의 단편.
8 호메로스의 『오디세이아』 9.413에 나온다. 이 말은 오디세우스가 외눈박이의 흉포한 거인이었던 키클로프스 폴리페모스(Cyclops Polyphemus)를 이기고서 기뻐서 한 말이다. 마르쿠스는 이 말이 참된 기쁨은 내면의 기쁨이라는 것을 보여주고 있다고 생각한 것 같다.
9 헤시오도스의 『노동과 나날』 186에 나오는 말이다. 그는 거기에서 자신의 부모조차도 공경하지 않는 타락한 시대에 대해 쓰고 있다.

33. "오직 정신 나간 사람만이 겨울에 무화과를 찾는다. 아이를 가질 수 없는 나이가 되었는데도 아이를 갖고 싶어하는 사람도 정신 나간 사람이기는 마찬가지다."[10]

34. 에픽테토스는 "너의 자녀에게 입맞춤할 때 너는 네 자신에게 '너는 내일 죽을 수도 있어'라고 속삭여야 한다"고 말했다. 이 무슨 불길한 말이란 말인가. 그러자 그는 이렇게 대답했다: "죽음은 자연의 한 과정이기 때문에, 이 말은 전혀 불길하지 않다. 만일 그런 말이 불길한 것이라면, 다 익은 곡식을 거두어들인다고 말하는 것도 불길한 말이 될 것이다."

35. "덜 익은 포도, 다 익은 포도, 건포도. 이 모든 것들은 변화이지만, 그것은 완전히 없어지는 무(無)로의 변화가 아니라 아직 존재하지 않는 것으로의 변화다."

36. 에픽테토스의 말을 들어 보라: "그 어떤 도둑도 우리의 선택권을 빼앗아가지는 못한다."

37. 그는 또 이렇게 말했다: "우리는 어떤 일을 하고자 할 때마다, 그 일이 공동체를 위한 일인지, 그리고 그런 목적에 비추어 보았을 때에 어느 정도의 가치를 지니는지를 따져서 적정한 수준을 발견하여, 거기

---

10 제33장부터 제38장까지는 에픽테토스의 『담화록』 3.24.86~93에서 발췌한 글들이 이어진다.

에 비례해서 시간과 노력을 들임으로써, 지나치거나 부족한 것이 없게 하여야 하고, 우리의 힘으로 어쩔 수 없는 것들에 대해서는 거부감을 보이거나 피하지 말고 순순히 받아들여야 한다."

38. 또한 그는 이렇게 말했다: "우리 앞에 있는 문제는 사소한 문제가 아니라, 우리가 미쳐서 살아갈 것이냐 제정신으로 살아갈 것이냐 하는 문제다."

39. 소크라테스는 이렇게 말하곤 했다: "이성적 존재의 혼과 비이성적 존재의 혼 중에서 너는 어느 쪽을 갖고 싶으냐." "이성적 존재의 혼을 갖고 싶습니다." "그렇다면 바른 이성과 바르지 않은 이성 중에서 너는 어느 쪽을 갖고 싶으냐." "바른 이성을 갖고 싶습니다." "그렇다면 왜 너는 그것을 가지려고 하지 않는 것이냐." "우리가 이미 그것을 갖고 있기 때문입니다." "그렇다면 왜 너는 그런 이성과 불화하며 싸우는 것이냐."

제 12 권

1. 네가 이루고자 하는 모든 것들은 너의 방식대로 하면 저 멀리 돌고돌아서 언젠가는 이루어질 수도 있고 이루어지지 않을 수도 있겠지만, 지금 이 순간 그것들을 부정하지 말고 순순히 받아들이는 태도를 갖기만 한다면, 즉 모든 과거를 그대로 인정하고, 미래를 섭리에 맡기는 가운데, 오직 현재만을 경건과 정의로써 대한다면, 그 즉시 너의 것이 될 수 있다. 그런 태도를 경건이라고 말하는 것은 자연이 너에게 준 운명을 받아들여서 사랑하기 때문이고, 정의라고 말하는 것은 거짓 없이 진실하게 말하고 행동하며, 무슨 일을 할 때마다 법을 지킬 뿐만 아니라 그 일의 경중을 가려서 적정한 정도를 지키기 때문이다. 다른 사람들이 저지르는 악이나, 네 자신의 판단이나, 사람들이 하는 말들이나, 너를 둘러싸고 생겨나는 육신의 이런저런 감각들이 너의 길을 가로막지 못하게 하라. 그런 것들이 너를 방해하려고 하겠지만, 너는 얼마든지 그런 것들을 물리치고서 너의 길을 갈 수 있고, 또 가야 하기 때문이다.

그런 후에 이 세상을 떠날 날이 가까워왔을 때, 네가 다른 모든 것들을 버리고 오직 너의 이성과 네 안에 있는 신성만을 소중히 여기고, 언젠가는 너의 삶이 끝날 수밖에 없다는 사실이 두려운 것이 아니라, 네 자신이 자연과 본성을 따라 사는 삶을 시작도 하지 못한 것을 두려워한다면, 너는 너를 낳은 자연이 귀하게 여기는 사람이 될 것이다. 그러면 너의 조국에서 이제 더 이상 이방인이 아닐 것이며, 날마다 일어나는 모든 일들이 이제 더 이상 낯설지 않고 친숙할 것이고, 이제 더 이상 이런저런 것에 얽매이거나 연연해하지 않게 될 것이다.

2. 신은 우리를 볼 때, 우리의 구성부분들 중에서 물질로 이루어진 그릇과 껍데기와 찌꺼기들은 다 제거하고 오직 우리를 움직이고 지배하는 이성만을 본다. 왜냐하면 신은 자신의 이성으로부터 나가서 우리에게 주어진 바로 그 이성들만 상관하기 때문이다. 너도 그런 훈련을 해서 거기에 익숙해진다면, 너를 산만하게 만드는 많은 것들로부터 벗어날 수 있게 될 것이다. 자신을 둘러싼 육신을 거들떠보지도 않는 사람이 옷이나 집이나 명성을 비롯한 부수적인 장식물들과 무대 장치들에 눈길을 주며 시간을 허비하지는 않을 것이기 때문이다.

3. 너는 육신과 호흡과 정신, 이렇게 세 가지로 이루어져 있다. 처음 두 가지는 네게 주어져 있는 동안에만 너의 것이지만, 세 번째는 온전한 의미에서 너의 것이다. 그러므로 네가 너의 육신과 호흡이 행하거나 말하는 모든 것들, 네 자신이 지금까지 행했거나 말해 온 모든 것들, 장래에 너를 괴롭힐 모든 것들, 네가 너를 둘러싸고 있는 육신과 그의 동료인 호흡에 휘둘려서 너의 의지와는 상관없이 행하는 모든 것들, 너를 둘러싼 외적인 회오리바람에 휘말려서 네가 행하는 모든 것들로부터 너의 정신을 분리해내기만 하면, 너의 정신은 지금은 운명에 의해서 거기에 부수적으로 들러붙어 있던 모든 것들을 초월해서 자유롭고 순수한

모습으로 독자적으로 존재하면서, 정의롭고 바른 것들을 행하고, 자신에게 일어나는 모든 것을 기꺼이 받아들이며, 참된 것들을 말할 수 있게 된다. 이렇게 내가 말한 대로, 네가 너의 이성을 거기에 들러붙어 있는 모든 것들, 즉 과거와 미래에 있어서 육신의 모든 정념들로부터 분리해내서, 엠페도클레스[1]가 말한 것처럼, 네 자신을 "너의 정신이 누리는 완전한 고독을 즐거워할" 수 있게 만들고, 오직 네가 현재 속에서 살아가고 있는 이 삶을 완전하게 하고자 한다면, 적어도 죽음이 너를 찾아올 때까지 네게 남아 있는 나날들을 네 안에 있는 신성과 화목을 이룬 가운데 선한 마음으로 지극히 평안하게 살아갈 수 있게 될 것이다.

4. 나는 모든 사람이 다른 모든 사람들보다 자기 자신을 더 사랑하면서도, 자신에 관하여 타인의 판단보다 자기의 판단을 더 낮게 평가하는 것을 보고서는 의아해했던 적이 한두 번이 아니다. 어쨌든 신이나 현자가 어떤 사람에게 와서, 마음에 어떤 생각이나 계획을 떠올릴 때마다 그 즉시 그것을 큰 소리로 공표해야 한다고 명령한다면, 그 사람은 아마도 그런 삶을 단 하루도 살아갈 수 없을 것이다. 이것은 우리가 우리 자신에 대해 평가하는 것보다 다른 사람들이 우리를 평가하는 것에

---

1 "엠페도클레스"(기원전 493-433년)는 만물이 물, 공기, 불, 흙으로 이루어져 있다고 주장한 것으로 유명한 그리스 철학자다. 시칠리아 출신인 그는 물, 공기, 불, 흙의 네 원소가 만물의 기본 요소라고 주장하며, 모든 사물이 이 기본 원소의 비율에 따라 다양한 형태를 띨 뿐이고, 어떤 사물도 무에서 탄생하거나 완전히 소멸한다고 보지 않았다. 또한 이들 네 원소는 서로 합해지고 나누어지는 과정을 통해 세상의 모든 물질을 형성해 내는데, 그 과정에서 힘을 공급하는 것은 원소들 사이에 작용하는 "사랑"과 "미움"이라는 이론을 주창했다. 이것은 필연적으로 윤회설로 귀결되었고, 그는 자신의 그러한 신념을 실제로 보여주기 위해 에트나 산 정상에 있는 분화구에 몸을 던져 죽었다.

더 신경을 쓴다는 것을 여실히 보여준다.

5. 인간에 대해 선의를 가지고서 모든 것들을 선하게 안배하는 것이 신들인데, 그런 신들이 인간 중에서 가장 선한 자들, 즉 자신들 속에 있는 신성에 철저하게 순종해서 경건하고 바른 행동들을 통해서 신성과 아주 긴밀한 관계를 유지하며 살아온 자들을 외면함으로써, 그들이 죽었을 때에 다른 어떤 존재로 변화되어 살아가는 것이 아니라 완전히 영원토록 소멸되어 버리게 할 수 있겠는가. 하지만 혹시라도 그런 식으로 소멸되어 버리는 일이 실제로 일어난다고 해도, 신들은 그것이 그 가장 선한 자들에게 유익이 되기 때문에 그렇게 하는 것일 뿐이고, 만일 그렇지 않다면 절대로 그렇게 하지 않을 것임을 의심하지 말라. 왜냐하면, 신들이 그렇게 한다면, 그것은 정의로운 것이고, 자연과 본성에 부합해서 그렇게 하는 것이기 때문이다. 그러므로 만일 그것이 정의롭지도 않고 자연과 본성에 부합하는 것도 아니라면, 그런 일은 절대로 일어나지 않을 것임을 너는 확신해도 좋다. 그런 식으로 신을 의심하여 의문을 제기하고 따지고 드는 것 자체가 주제넘고 건방진 일이라는 것을 네 자신도 알 것이다. 하지만 우리가 그런 식으로 신들과 논쟁을 벌일 수 있는 것 자체가 신들이 무한히 선하고 정의롭다는 것을 보여주는 반증이다. 만일 신들이 그런 존재가 아니었다면, 우리가 우주의 완전한 질서를 조금이라도 무시하거나 어기자마자, 신들은 그 즉시 우리를 가만두지 않았을 것이다.

6. 네가 해낼 수 있는 가망성이 없어 보이는 일조차도 실제로 행동으로 옮겨라. 왼손은 다른 모든 것들을 행하는 데는 오른손보다 서투르고

어설프지만, 말 고삐를 단단하게 잡는 일에서는 오른손보다 더 나은 법이다.

7. 죽음이 다가왔을 때 우리의 육신과 혼이 어떤 상태에 있어야 하는지를 생각하고, 인생은 짧다는 것, 시간은 과거와 미래로 무한히 뻗어 있다는 것, 모든 물질적인 것들은 무력할 뿐이라는 것을 생각하라.

8. 무슨 일에서든지 모든 외적인 껍데기들은 다 제거하고서 그 근본적인 원인을 보고, 그 일의 궁극적인 목적이 무엇인지를 보라. 고통이 무엇이고, 쾌락이 무엇이며, 죽음이 무엇이고, 명성이 무엇인지를 곰곰이 생각해 보라. 네 자신의 불안의 원인은 네 자신 이외의 다른 누구도 아니고, 아무도 다른 사람에 의해서 좌지우지되지 않으며, 모든 것은 어떻게 받아들이느냐에 달려 있다는 것을 알라.

9. 삶의 원리들을 활용하기 위해 현실에 적용할 때에는 검투사가 아니라 격투기 선수를 본받아야 한다. 검투사는 자신이 사용하는 칼을 다른 곳에 두었다가 시합에 나갈 때마다 다시 챙겨서 들고 나가지만, 격투기 선수가 사용하는 손은 그에게 늘 붙어 있기 때문에 단지 손을 오므려서 주먹을 쥐기만 하면 되기 때문이다.

10. 어떤 사물이든 있는 그대로 보고, 그 사물을 분석해서 그것을 구성하고 있는 재료, 그것을 존재하게 한 원인, 그것이 존재하는 목적으로 구분해서 살펴보라.

11. 인간에게는 신이 인정하고 기뻐하는 일들만을 행하고, 신이 각 사람에게 할당해 준 모든 것들을 기꺼이 받아들일 수 있는 능력이 있다.

12. 신들을 탓하지 말라. 신들은 의도적으로 잘못을 저지르지도 않고, 원하지 않는데 어쩔 수 없어서 잘못을 저지르지도 않기 때문이다. 사람들을 탓하지 말라. 사람들은 원하지 않는데도 어쩔 수 없이 잘못을 저지르는 것이기 때문이다. 그러므로 아무도 탓하지 말라.

13. 자신의 삶 속에서 일어나는 일들 중에서 그 어떤 일에라도 놀라거나 이상하게 여기는 사람이 있다면, 그것은 자신이 지독하게 어리석은 사람이거나 이 우주의 세계 속에서 이방인임을 보여주는 것이다.

14. 운명으로 미리 정해진 필연성과 그 어떤 편차도 허용하지 않는 절대적인 계획이 존재하는 것이거나, 아니면 섭리가 존재하지만 얼마든지 바뀔 수 있는 것이거나, 계획도 없고 방향도 없는 혼돈만이 존재하거나, 우주는 이 셋 중 어느 하나일 수밖에 없다. 인간으로서는 어쩔 수 없는 필연성이 존재하는 것이라면, 왜 너는 네게 일어나는 일들이 마음에 들지 않는다고 쓸데없이 발길질을 해서 스스로 고통을 자초하는 것이냐. 섭리가 존재하기는 하지만 얼마든지 바뀔 수 있는 것이라면, 너는 신에게 도움을 청하는 것이 상책이다. 하지만 계획도 없고 방향도 없는 혼돈만이 존재하는 것이라면, 그러한 격랑의 파도 속에서도 너를 인도해 줄 이성이 네 자신에게 있다는 것을 감사하라. 그 거센 파도가 너를 덮쳐서 네게서 모든 것을 휩쓸어가 버리고자 할 때, 너의 육

신과 호흡과 거기에 붙어 있는 다른 모든 것들은 다 휩쓸어가 버리라고 하라. 하지만 너의 정신만은 절대로 휩쓸려가지 않게 하라.

15. 등불은 꺼질 때까지는 계속해서 환하게 빛을 비춘다. 그런데 네가 죽기 전에 네 안에 있는 진리와 정의와 절제가 꺼져서야 되겠는가.

16. 어떤 인상이 내게 주어져서, 그 사람이 잘못한 것이라고 생각하게 되었다면, 그 사람이 그렇게 한 것이 잘못한 것이라고 내가 생각하는 것이 과연 맞는 것인가. 그리고 설령 그 사람이 정말 잘못한 것이라고 할지라도, 그가 이미 자신의 잘못을 뉘우치고서 괴로워하고 있는 것이라면, 그것은 그 자신의 얼굴을 찢는 것과 다름없는 것인데, 그런데도 너는 그를 단죄하겠는가. 악인들이 잘못을 저지르지 않기를 바라는 것은 무화과나무의 열매에서 신맛이 나지 않기를 바라는 것과 같고, 갓난아기들이 울지 않기를 바라는 것과 같으며, 말(馬)이 울지 않기를 바라는 것과 같고, 다른 어떤 것들이 자신의 본성을 따라 행하지 않기를 바라는 것과 같다는 것을 명심하라. 악인의 마음 상태를 지닌 그가 악한 일 외에 다른 무엇을 할 수 있겠는가. 그런 그에 대해서 너의 마음이 정말 화가 나고 괴로워서 견딜 수 없다면, 그의 마음 상태를 네가 직접 고쳐라.

17. 바르지 않은 일은 행하지를 말고, 참되지 않은 말은 하지를 말라.

18. 너의 마음과 생각에 들어오는 어떤 인상이 있을 때마다, 언제나 그것을 부분적으로가 아니라 전체적으로 바라보라. 그런 인상을 네게

만든 바로 그것이 정확히 무엇인지를 알기 위해서, 그것을 생겨나게 한 원인이 무엇이고, 그것을 구성하는 재료는 무엇이며, 그것이 존재하는 목적은 무엇이고, 그것이 어느 기간 동안 존속하다가 소멸될 것인지를 분석해서 전체적으로 파악해 보라.

19. 너를 구성하고 있는 여러 부분들 중에는 육신의 정념(情念)들을 불러일으켜서 너를 조종하여 꼭두각시로 부리는 부분보다 더 선하고 강하며 신성한 부분이 있다는 것을 마침내 깨달으라. 지금 나의 마음과 생각 속에는 무엇이 있는가. 두려움인가? 의심인가? 욕망인가? 아니면 그런 종류의 어떤 것인가?

20. 첫째, 아무런 목표도 없고 목적도 없는 행동을 하지 말라. 둘째, 공동체의 유익을 너의 행동의 유일한 목표로 삼아라.

21. 너라는 사람은 얼마 후에는 죽어 없어져서 그 어디에도 존재하지 않게 될 것이고, 네가 지금 네 눈으로 보고 있는 모든 사람들과 지금 살아 있는 모든 사람들도 그렇게 될 것임을 생각하라. 지금 존재하는 모든 것들이 생겨나서 변모하다가 사멸하고, 뒤이어서 다른 것들이 또 다시 생겨나는 것이 우주의 법칙이기 때문이다.

22. 모든 것은 너의 생각 속에서 어떻게 판단하고 어떻게 받아들이느냐에 달려 있고, 네게는 너의 판단을 주관하고 다스릴 수 있는 힘이 있다는 것을 기억하라. 그러므로 네가 원할 때마다 너의 판단을 중지하

라. 그러면 거센 물살이 이는 곳을 지나서 파도치는 것이 하나도 없는 잔잔한 바다로 접어든 것 같은 놀라운 고요를 맛보게 될 것이다.

23. 어떤 행동이든 어느 한 행동이 정해진 때가 되어 끝나더라도 그렇게 끝났다고 해서 해를 입는 법은 없고, 그 행위를 한 주체도 그 행위를 끝냈다고 해서 해를 입는 법도 없다. 마찬가지로 우리의 모든 행동의 총합인 인생이 정해진 때가 되어 끝나더라도 그렇게 끝난다고 해서 해를 입는 것이 전혀 아니고, 정해진 때가 되어서 이 일련의 행위들을 끝낸 주체도 결단코 해를 입지 않는다. 인생이 어느 때에 끝나느냐 하는 것은 자연에 의해 정해지고, 때로는 늙는 것과 마찬가지로 우리 자신의 본성에 의해 정해지지만, 어느 경우이든 우주의 자연에 의해 정해진다. 이렇게 자연 전체는 자신을 구성하고 있는 부분들을 끊임없이 변화시킴으로써 젊음과 활력을 유지한다.

우주 전체에 유익이 되는 모든 것은 언제나 선하고 아름답다. 따라서 인생이 끝나는 것인 죽음은 우리의 선택권 밖에 있고 공동체의 유익을 해치는 것이 아니라는 점에서 개개인에게 해악이나 부끄러움이 되지 않을 뿐만 아니라, 우주 전체와 보조를 맞추어서 자연이 정한 때에 우주 전체에 유익을 끼치는 것이라는 점에서 선하고 유익한 것이기도 하다. 모든 일에서 신과 동일한 판단을 하고 신과 동일한 길을 걸어가는 사람이야말로 진정으로 신이 자기에게 준 신성을 따라 살아가는 사람이다.

24. 너는 다음과 같은 세 가지 원칙을 언제라도 즉시 사용할 수 있도록 늘 마음에 새겨두고 있어야 한다. 첫 번째는, 아무런 목표도 없고 목

적도 없는 일, 또는 정의가 원하는 것이 아닌 일은 그 어떤 일도 하지 말라는 것이다. 그리고 외부로부터 네게 일어나는 모든 일은 우연이나 섭리에 의한 것이고, 우연을 탓하는 것이나 섭리를 비난하는 것은 쓸데없는 짓이라는 것을 기억하라. 두 번째는, 우리 각 사람이 잉태되어서 처음으로 생명의 호흡을 하고, 그렇게 생명의 호흡을 하며 살아가다가 다시 그 호흡을 돌려주는 것은 여러 가지 원소들이 결합되었다가 다시 해체되는 과정일 뿐임을 기억하라는 것이다. 세 번째는, 네가 어느 날 갑자기 하늘 높이 들려져서, 거기에서 이 세상의 무한히 다양한 인간사들을 내려다본다면, 대기와 천상의 정기 속에서 살아가는 무수히 많은 존재들도 동시에 보면서, 인간사가 얼마나 하찮은 것인지를 느끼고 멸시하게 될 것이고, 그렇게 여러 번에 걸쳐 하늘 높이 올려져도 그때마다 똑같은 일들과 똑같은 광경만을 볼 수 있을 뿐인 데다가, 그 모든 것들이 덧없고 허망하다는 것을 알고서는 거듭거듭 인간사를 멸시하게 될 것임을 기억하라는 것이다.

25. 너의 판단을 내던져 버려라. 그러면 너는 속박에서 벗어나게 될 것이다. 네가 너의 판단을 중지하고 내버리겠다는데, 누가 그것을 방해할 수 있겠느냐.

26. 네가 어떤 일에 대해서 못마땅해하거나 화가 난다면, 너는 네가 꼭 기억해 두었어야 할 몇 가지를 잊어버리고 있는 것이다. 첫 번째는, 모든 일은 우주의 본성에 따라 일어난다는 것이고, 두 번째는, 누가 잘못을 저지른다고 해도, 그것은 그 사람의 일이고, 너와는 상관이 없다

는 것이며, 세 번째는, 지금 네게 일어난 모든 일은 과거에도 늘 일어났었고, 미래에도 늘 일어나게 될 것이며, 현재에도 도처에서 일어나고 있는 일이라는 것이다. 또한 너는 너와 인류는 씨나 피가 아니라 정신으로 하나가 되어 있는 강력한 공동체라는 것을 잊고 있고, 각 사람의 정신은 신이고 신으로부터 나온 것이며, 네 자신의 것은 아무것도 없고, 너의 자녀, 너의 육신, 너의 혼을 비롯해서 지금 네게 있는 모든 것이 신으로부터 왔으며, 모든 것은 너의 생각과 판단, 즉 네가 어떻게 받아들이느냐에 달려 있고, 인간은 오직 현재의 순간만을 살아가기 때문에, 인간이 잃는 것도 오직 현재의 순간뿐이라는 것을 잊고 있다.

27. 어떤 일들에 대해 극단적으로 분개하고 증오했던 자들, 또는 명성이나 재난이나 적개심이나 어떤 특별한 운명으로 인해서 사람들의 주목을 받았던 자들을 떠올리며, "그런데 그들이 지금은 모두 어디에 있지"라고 스스로에게 반문해 보는 일을 끊임없이 하라. 그들은 모두 연기나 재처럼 사라져 버렸고, 옛이야기가 되었거나 옛이야기조차도 되지 못하였다. 아울러, 파비우스 카툴리누스가 시골에서 무엇을 추구했고, 루시우스 루푸스가 자신의 정원에서 무엇을 추구했으며, 바이아이에서 스테르티니우스가 무엇을 추구했고, 카프리 섬에서 티베리우스 황제가 무엇을 추구했으며, 벨리우스 루푸스가 무엇을 추구했는지도 상기해 보라.[2] 그들이 추구했던 것들은 한 마디로 말해서 자만심에

---

2 "바이아이"는 캄파니아 지방의 해변에 있던 유명한 휴양지였고, "카프리 섬"은 나폴리 만에 있는 작은 섬으로서 황제가 사용하는 사치스러운 별장이 있었다. 여기에 언급된 다섯 인물은 겉보기에는 무엇인가 그럴 듯한 이상을 따라 살아가고자 한 것처럼 보였지만, 사실은 전혀 쓸데없고 어리

가득 찬 기괴한 행동들이었다. 그들이 온 힘을 다해 추구했던 모든 것들이 얼마나 무가치하고 쓸데없는 일들이었는지를 생각해 보고, 자신에게 주어진 것들 속에서 정의롭고 절제하며 신들에게 순종하는 삶을 사는 것이 참된 앎을 추구하는 사람에게 훨씬 더 합당한 삶이라는 것을 생각하라. 자만심 중에서도 마치 자기 자신이 자만심에서 자유롭게 된 것처럼 생각하는 자만심이야말로 가장 심각한 자만심이다.

28. 누군가가 내게 "당신은 어디에서 신들을 보았거나, 어떤 경로로 신들의 존재를 확신하게 되었기에, 신들을 그토록 정성으로 섬기고 공경하는 것이오?"라고 묻는다면, 나는 그들에게 이렇게 대답할 것이다: 첫 번째는, 신들은 우리의 눈으로도 볼 수 있다는 것이다. 두 번째는, 내가 내 정신을 본 적은 없지만 존중하듯이, 나는 신들을 보지는 못했지만, 신들의 능력을 끊임없이 경험하기 때문에, 그 경험을 근거로 해서 신들이 존재한다는 것을 알고 공경한다는 것이다.

29. 인생에서 구원은 무슨 일이든 그 일을 전체적으로 보아서 그 본질을 이해하고, 그 일을 구성하고 있는 재료와 그 일이 일어나게 된 원인을 구분해서 살펴보며, 바른 행동을 하고 참된 말을 하는 데 온 힘을 기울이는 데 있다. 한 가지 선행을 하고 나서는 조금의 틈새도 허용하지 않고 즉시 또다른 선행을 행하는 식으로 끊임없이 선행을 행하는 것을 인생의 낙으로 삼는 것 외에 인생에서 또 무슨 할 일이 있겠는가.

석은 야망을 추구한 본보기들로 거론되고 있는 것으로 보인다.

30. 햇빛이 장벽들과 산들과 그 밖의 다른 무수히 많은 장애물들에 막혀서 끊어지고 분산된다고 하여도, 햇빛은 오직 하나다. 마찬가지로, 서로 다른 무수히 많은 개체들이 존재하고, 그것들은 서로 구분되고 단절되어 있는 실재인 것처럼 보일지라도, 오직 하나의 실재만이 존재한다. 무수히 많은 개체들이 각기 서로 다른 특징을 지닌 혼들을 지니고 있는 것처럼 보이지만, 오직 하나의 혼만이 존재한다. 이성적인 존재들 속에 각기 다른 수많은 정신이 있는 것처럼 보일지라도, 오직 하나의 정신만이 존재한다. 하지만 앞에서 말한 실재와 혼과 정신 외의 다른 모든 부분들, 즉 인식 능력이 없는 호흡이나 물질적인 부분들은 서로 간에 그런 동족관계와 연대의식이 존재하지 않고, 단지 정신의 통제 아래 중력으로 서로 결합되어 있을 뿐이다. 반면에, 정신은 자신과 동족관계에 있는 것들에 강한 연대의식을 느끼고서 함께 결합되어 있기 때문에, 정신들 간에는 공동체적인 교제가 결코 단절되지 않는다.

31. 너는 무엇을 원하는가. 언제까지나 계속해서 살고 싶은가. 느낌과 욕망을 계속해서 잃고 싶지 않은가. 계속해서 성장하고 언어를 사용하며 생각하고 싶은가. 이런 것들 중에서 어느 것을 원하는가. 하지만 이 모든 것들이 다 네게는 하나같이 쓸데없고 하찮은 것으로 생각된다면, 네게 마지막으로 남아 있는 목표, 즉 이성을 따르고 신을 따르는 길로 나아가라. 그러나 한 가지 명심해야 할 것이 있는데, 그것은 네가 앞에서 말한 모든 것들을 소중히 여기고, 죽음이 너를 찾아와서 이 모든 것을 잃게 될 것을 두려워한다면, 너는 그러한 목표로 나아가지 못하게 되리라는 것이다.

32. 각 사람에게 배정된 시간은 저 무한히 뻗어 있는 시간 중에서 얼마나 작은 부분인가. 한순간에 영원 속으로 사라져 버리고 마는구나. 또한 각 사람에게 배정된 실재는 우주의 실재 중에서 얼마나 작은 부분이고, 각 사람에게 배정된 혼은 우주의 혼 중에서 얼마나 작은 부분인가. 그리고 네가 기어다니고 있는 땅은 대지 전체 중에서 얼마나 작은 부분인가. 이 모든 것들을 마음에 새기고서, 너의 본성이 네게 행하라고 명하는 것들을 능동적으로 행하는 것과 우주의 본성을 따라 네게 일어나는 모든 일들을 수동적으로 감내하는 것 외에는 그 어떤 것도 중요한 일이라고 생각하지 말라.

33. 너의 지배적 이성이 자신을 어떻게 사용하는가. 모든 것이 거기에 달려 있다. 다른 모든 일들은 네가 선택할 수 있는 일이든 선택할 수 없는 일이든 단지 죽어 있는 시체이고 금세 사라져 버릴 연기일 뿐이다.

34. 쾌락을 선으로 여기고 고통을 악으로 여긴 자들조차도 죽음을 하찮은 것으로 생각했다는 사실은 죽음이 정말 하찮은 것임을 여실히 깨닫게 해 준다.

35. 때를 따라 자연스럽게 찾아오는 것들만이 선하다고 여기는 사람, 참되고 바른 이성을 따라 행할 수 있기만 하다면 그렇게 할 수 있는 기회가 많이 주어지든 적게 주어지든 상관하지 않고 만족하는 사람, 이 세상을 좀 더 오래 보게 되거나 좀 더 짧게 보게 되는 것에 연연해하지 않는 사람에게 죽음은 두려움이나 공포를 줄 수 없다.

36. 이 사람아, 그동안 너는 우주라는 이 거대한 국가의 시민으로 살아 왔다. 네가 시민으로 살아온 기간이 5년이든 100년이든, 그런 것이 무엇이 중요하냐. 이 국가의 법은 모든 사람에게 똑같이 적용된다. 너는 폭군이나 불의한 재판관에 의해서 이 국가로부터 추방당하는 것이 아니고, 너를 이 국가에서 살게 한 자연이 이제 때가 되어 너를 이 국가에서 내보내는 것인데, 네가 그것을 두려워할 이유가 어디 있겠느냐. 그것은 집정관이 희극배우에게 무대에 올라가서 연기를 하라고 지시했다가 얼마 후에 무대에서 내려오라고 지시하는 것과 같다.[3]

너는 5막이 아니라 3막만을 마쳤을 뿐이라고 항변할지도 모른다. 맞는 말이다. 하지만 연극과는 달리 3막만으로 끝날 수 있는 것이 바로 인생이다. 처음에 여러 가지 것들을 결합해서 너를 만들어 낸 바로 그 존재만이 너의 인생을 언제 끝낼지를 결정할 수 있고, 그 결정을 따라 너를 구성하고 있던 것들을 해체하는 것이기 때문이다. 네가 태어난 것이나 죽는 것은 네가 할 수 있는 일이 아니다. 그러므로 자연의 결정을 선의로 받아들여서 순순히 떠나라. 너를 떠나보내는 자연도 선의를 가지고서 너를 떠나보내는 것이기 때문이다.

---

3 집정관이 배우들을 지휘한 것으로 언급되고 있는 이유는 로마 제국 시대에는 국가에서 주관하는 축제들을 집정관이 주재했기 때문이다. 마르쿠스는 인생을 한 편의 연극으로 보는 비유를 자주 사용한다. 그에게는 한 사람의 인생은 자연 또는 신이 연출한 섭리와 운명을 따라 왔다가 가는 것이었기 때문이었다.

부록

에픽테토스의 명언집

1. 과연 오직 이것들만이 신이 섭리를 통해 우리에게 준 모든 것이겠는가. 신이 우리에게 준 것들을 어떻게 말로 다 설명하거나 찬양할 수 있겠는가. 그것들을 온전히 알 수만 있다면, 신이 우리에게 준 놀라운 선물들에 대해 말하며, 사람들 앞에서나 혼자 있을 때나 신을 찬양하고 신에게 감사하는 일을 어찌 멈출 수 있겠는가. 땅을 팔 때나 밭을 갈 때나 먹고 마실 때나 늘 다음과 같은 찬양을 신에게 올려 드리지 않겠는가.

"우리에게 땅을 파는 도구를 주신 신은 위대하시도다.
 우리에게 손을 주어 밥을 먹게 하시고,
 소화시킬 수 있는 능력을 주시며,
 잠을 자는 동안에도 우리가 알지 못하는 사이에
 계속해서 자라게 하시고 숨 쉬게 하시는
 신은 위대하시도다."

이것은 우리가 늘 불러야 할 찬양이지만, 모든 찬양 중에서 가장 장엄하고 거룩한 찬양은 이런 것이다:

이런 것들을 이해할 수 있는 지성을 우리에게 주시고
적절하게 사용할 수 있게 하신 신은 위대하시도다.

그런데 이것을 어찌 하나! 너희 중 대부분은 눈이 감겨서 이것을 깨닫지 못하니, 누군가가 너희의 그 빈 자리를 메워서 모든 사람을 대신하여 신을 찬양해야 하지 않겠는가. 나는 늙고 몸도 성치 않으니, 신을 찬양하는 일 외에 다른 무엇을 할 수 있으랴. 만일 내가 나이팅게일이라면, 나이팅게일의 방식으로 신을 찬양하고, 백조라면 백조의 방식으로 신을 찬양하겠지만, 나는 이성을 지닌 존재이니 이성으로 신을 찬양하리라. 이것이 내가 할 일이다. 나는 그 일을 할 것이고, 내게 그 일을 할 수 있는 힘이 있는 한 그 일을 포기하지 않으리라. 그리고 너희에게도 신을 찬양하는 이 일에 동참하기를 권한다.

2. 그렇다면 사람들은 어떻게 살아가고 있는가. 그들은 아주 멋진 여관에 하룻밤 머물렀다가 그곳에 매료되어서 아예 거기에 정착하고 싶은 마음이 굴뚝 같은데도 자신의 고국으로 돌아가야 하는 어떤 나그네처럼 살아간다.

"친구여, 자네의 처지를 잊어버렸는가. 이곳은 자네의 최종 목적지가 아니고, 단지 도중에 잠시 들른 곳일 뿐일세."

"내 처지를 잊어버린 것은 아닐세. 다만 이곳이 너무나 좋은 곳이어서 그런 것일 뿐일세."

"이곳보다 좋은 곳이 아무리 많이 있어도, 자네는 잠시 머물 수 있을 뿐이네. 자네의 목표는 고국으로 무사히 돌아가서 가족들의 근심을 덜어 주고, 시민으로서의 의무를 다하며, 결혼을 해서 자녀를 낳고, 자네 차례가 되면 나라의 부름을 받아 봉사하는 것이지. 자네가 지금 이 곳에 있는 것은 가장 멋진 곳을 찾아내어 정착하기 위해서가 아니라, 자네가 태어나서 시민으로 살아 왔던 곳으로 돌아가기 위한 것이라네."

3. 인생이라는 큰 축제를 다른 사람들과 함께 어울려 마음껏 즐기려고 하라.

4. 그러나 내가 기쁘게 해 드려야 하고, 나를 다스리도록 허용해야 하며, 내가 복종해야 하는 분이 계시는데, 곧 신과, 신을 가장 가까이에서 모시는 분들이다. 신은 내게 자유의지를 주었고, 나의 의지로 하여금 오직 내 자신에게 복종하도록 정했으며, 그 의지를 사용하는 법도 내게 가르쳐주어서 내가 그 의지를 제대로 사용할 수 있게 해 주었다.

5. 무소니우스 루푸스Musonius Rufus는 "너희에게 나를 칭송할 마음의 여유가 있다면, 그것은 내가 너희를 잘못 가르친 것이고, 내가 너희에게 한 말들이 아무 소용도 없었다는 것을 보여주는 것이다"라고 말하곤 했다. 실제로 그의 말을 들은 사람들은 그를 칭송하고자 하는 마음을 갖기 어려웠다. 왜냐하면, 그는 자기 앞에 있는 사람들을 하나하나 손가락으로 가리키면서 각자가 잘못한 것들을 일일이 다 지적하는 식으로 사람들을 가르쳤기 때문이었다.

6. 그러나 신은 무엇이라고 말하는가.

"에픽테토스야, 만일 가능했다면, 나는 너의 육신과 네게 있는 것들을 모든 것에서 완전히 초탈한 완벽하게 자유로운 것으로 만들었을 것이지만, 그렇게 하는 것은 가능하지 않았다. 그러니 현실을 직시하고 속지 말라. 너의 육신은 너의 것이 아니다. 그것은 단지 잘 빚어진 흙일 뿐이다. 나는 너를 완전히 자유로운 존재로 만들 수 없었기 때문에, 내 자신의 일부를 네게 주었고, 그래서 너는 무엇을 바라거나 거절하거나 추구하거나 피할 능력, 한 마디로 말해서 너의 오감과 관련된 모든 것들을 처리할 수 있는 능력을 갖게 되었다. 네가 이것을 잊지 않고 진정으로 믿는다면, 그 어떤 것도 너를 가로막지 못할 것이다. 너는 결코 한탄하지 않을 것이고, 네게 일어나는 일들과 관련해서 남을 욕하거나 칭찬하는 일도 없을 것이다. 너는 어떻게 생각하느냐. 이것이 하찮은 것이라고 생각하느냐. 절대로 그렇지가 않다. 그러니 그것으로 만족해라."

그래서 나는 신들에게 기도한다.

7. 아리스테네스는 무엇이라고 말하는가. 너희는 그의 말을 한 번도 들어본 적이 없는가. 그는 이렇게 말했다: "오, 키루스여, 왕으로서의 올바른 처신은 바른 일을 하고 백성들로부터 나쁜 말을 듣는 것입니다."

8. 에픽테토스는 이렇게 말했다.

"그렇기는 하지만, 그렇게 내 자신을 비하하는 것은 내게 합당하지 않아 보인다. 그것은 당신에게나 해당되고 내게는 해당되지 않는다. 당신은 당신의 가치가 어느 정도나 되는지도 알고, 당신 자신을 어떤 가격에 팔아야 할지도 안다. 사람들은 그들 자신을 서로 다른 가격에 판다.

플로루스가 네로의 연회에 참석해서 거기에서 하는 공연에 참여할지 말지를 심사숙고하면서 아그리피누스에게 '당신은 왜 그 연회에 나가지 않습니까'라고 물었을 때, 아그리피누스가 다음과 같이 대답한 것도 그런 이유 때문이었다.

'나는 그 문제는 일고의 가치도 없다고 여기기 때문이다. 사람은 일단 그런 문제를 숙고하면서, 어떤 일을 해야 하나 말아야 하나를 결정할 때에 손익계산을 하기 시작하면, 자기가 어느 정도의 가치가 있고 자신의 몸값으로 어떤 가격을 받을 수 있는지를 반드시 고려하게 된다. 당신이 내게 묻는 것이 무엇인가? 죽는 것과 사는 것 중에서 어느 쪽이 더 낫느냐고 묻는 것이냐. 그렇다면 나는 사는 것이 더 낫다고 말할 것이다. 괴로움과 즐거움 중에서 어느 쪽이 더 낫느냐고 묻는다면, 나는 즐거움이라고 대답할 것이다.'

'그렇기는 하지만, 내가 공연에 참여하지 않으면, 분명히 내 목이 달아날 겁니다.'

'그렇다면 가서 공연을 해라. 하지만 나라면 공연하지 않을 것이다.'

'왜죠.'

'너는 네 자신을 한 필의 천을 이루는 수많은 실들 중에서 단지 하나의 실로 생각하고 있기 때문이다. 그러니 마치 하나의 평범한 실이 다른 수많은 실들과 다르기를 원하지 않듯이, 너는 다른 모든 실들과 똑같이 처신하려고 해야 하고, 다른 실들보다 더 돋보이려고 해서는 안 된다. 하지만 나는 다른 모든 실들을 더 아름답게 돋보이게 해 줄 작고 빛나는 한 올의 자색 실이 되고자 한다. 그런데 어찌하여 너는 내게 나머지 다른 많은 실들과 똑같이 되라고 강요하는 것이냐. 만일 내가 네

말대로 그렇게 한다면, 나는 더 이상 자색 실이 되지 못할 것이 아니겠느냐.'"

9. 사람은 우리 모두가 최고신이 특별히 창조한 존재들이고, 최고신은 신들의 아버지일 뿐만 아니라 사람들의 아버지라는 것을 진정으로 깨달아야 하는데, 실제로 그러한 사실을 깨달은 사람은 자기 자신을 결코 하찮다거나 미천하다고 생각하지 않을 것이다. 만일 카이사르가 당신을 양자로 삼았다면, 당신은 차마 눈뜨고 봐줄 수 없을 정도로 기고만장해할 것이 분명하다. 하물며 당신이 신의 아들이라는 것을 진정으로 깨달았다면, 어찌 의기양양해하지 않을 수 있겠는가.

하지만 오늘날 우리에게서는 그런 모습은 거의 찾아볼 수 없다. 우리는 두 가지가 서로 결합된 존재로 태어난다. 즉, 한편으로는 짐승들과 똑같이 육신을 지니고 태어나고, 다른 한편으로는 신들과 똑같이 이성과 지성을 지니고 태어난다. 이렇게 태어난 우리 중에서 다수는 말 못하는 짐승들처럼 살아가고, 오직 소수만이 신으로부터 받은 저 복된 유산을 가지고 살아갈 뿐이다. 따라서 각 사람은 자기가 어떤 존재라고 생각하고 있느냐에 따라 자신을 대하기 때문에, 오직 소수의 사람들만이 자신이 신의와 정절을 지켜야 할 존재로 태어났다고 믿고서, 그들 자신을 그런 존재로 여기고, 자신을 비하하거나 하찮다고 생각하지 않는 반면에, 대다수의 사람들은 그 정반대다.

그들은 자신에게 "내가 어떤 존재인가"라고 자문했을 때, 자신은 보잘것없는 육신을 입고 태어난 하찮은 존재일 뿐이라고 생각한다. 육신이 보잘것없다는 것은 맞다! 그러나 당신에게는 비천한 육신 말고도 더 고귀한 것이 있지 않는가. 그런데도 당신은 왜 당신에게 있는 비천한 것에만 집착하고, 당신의 또 다른 면인 저 고귀한 것은 무시해 버리는 것인가.

10. 당신은 생명 없는 육신 안에 갇힌 가엾은 영혼이다.

11. 일전에 쇠로 만든 등을 내 집에 있는 제단 옆에 두었었는데, 어느 날 문에서 소리가 나서 급히 나가보았더니, 그 등을 훔쳐서 도망가고 있는 도둑이 보였다. 그 도둑에게 곧 무슨 일이 일어나게 될 것인지가 나의 뇌리를 스쳐갔다. 그래서 나는 그 도둑에게 이렇게 소리쳤다: "친구여, 내일 자네는 흙으로 만든 등을 보게 될 걸세. 사람은 무엇을 가졌든 다 잃게 되어 있거든."

12. 내가 나의 등을 잃게 된 이유는 그 도둑이 나보다 더 깨어 있었기 때문이다. 하지만 그는 등을 갖는 대신에 그 대가를 치렀다. 왜냐하면, 그는 등을 갖는 대가로 도둑이 되는 데 동의했고, 그 대가로 범죄자가 되어 버렸기 때문이다.

13. 신이 사람을 창조한 것은 신을 바라보고 신이 하는 일들을 바라보게 하기 위한 것이었다. 사람은 신과 신의 일들을 단지 바라볼 뿐만 아니라 해석하는 자가 되어야 했다. 그러므로 사람이 내내 오직 짐승처럼 살아간다면, 그것은 부끄럽고 수치스러운 일이다. 사람은 처음에는 짐승처럼 살아갈 수밖에 없지만, 본성이 우리 속에 둔 것들을 발견했을

때에는 그런 삶을 그쳐야 한다. 그리고 본성이 우리 속에 둔 것은 생각하고 깨닫는 힘이다. 우리가 그 힘을 발견해서 사용했을 때, 우리는 본성과 조화되는 삶을 살아갈 수 있게 된다. 그러므로 너희는 죽기 전에 반드시 이것을 깨달아야 한다.

14. 너희는 페이디아스(조각가)의 작품을 보러 올림피아에 가고, 죽기 전에 그것을 보지 못하는 것은 불행이라고 여긴다. 하지만 신의 작품이 바로 여기 너희 눈 앞에 있고, 그 작품을 보기 위해서 멀리 여행할 필요도 없다. 그런데도 너희는 왜 신의 작품을 눈여겨보고 연구할 생각은 아예 하지도 않는 것이냐. 너희가 어떤 존재이고, 왜 태어났으며, 왜 너희에게 생각할 수 있는 힘이 주어졌는지는 알고 싶지도 않은 것이냐.

"그렇기는 하지만, 인생에는 생각하고 싶지도 않은 괴롭고 힘든 일들이 있고 감당하기 어려운 일들도 있지 않습니까."

그렇다면, 올림피아에 가는 데는 그런 일들이 전혀 없단 말인가. 찌는 듯한 열기도 견디기 힘들고, 사람들이 너무 몰려서 발 디딜 틈 없는 것도 힘들며, 목욕하는 것이 불편한 것도 힘들고, 비가 오면 그대로 다 맞아야 하는 것도 힘들며, 온갖 사람들이 다 모여서 떠들고 괴성을 지르며 성가시고 귀찮게 하는 것을 다 참아내야 하는 것도 힘들지 않다는 말인가.

그래 좋다, 감탄이 절로 나오는 작품들을 감상할 수 있으니, 이 모든 힘든 것들은 얼마든지 참아낼 수 있다고 하자. 너희는 그 작품들을 보고 나서 위대한 마음과 용기와 불굴의 힘을 얻었는가. 위대한 마음을 얻을 수만 있다면, 내게 무슨 일이 일어나든, 그런 것들은 대수롭지 않은 일이 아니겠는가. 그 무엇이 나를 낙심하게 하거나 방해하고, 나로 고통스럽게 할 수 있겠는가. 내게 일어나는 일들을 그저 바라보며 탄식하고 슬퍼하는 것이 아니라, 신이 내게 준 힘을 그 목적에 맞게 사용해야 하지 않겠는가.

15. 철학자들이 신과 인간의 관계에 대해 말한 것이 사실이라면, 모든 사람은 소크라테스가 보여준 것과 같이 행하여야 한다. 즉, 우리는 어느 나라 사람이냐는 질문을 받았을 때에 "나는 아테네 사람"이라거나 "코린토스 사람"이라고 대답해서는 안 되고, "나는 우주의 시민"이라고 대답해야 한다.

16. 세계가 돌아가는 질서를 깨달은 사람, 신과 사람들로 이루어진 이 공동체가 다른 모든 것을 포괄하는 가장 중요하고 위대한 것임을 아는 사람, 생명의 불꽃이 신으로부터 나의 아버지와 조부에게만이 아니라 이 땅에서 태어나고 자란 모든 것에게 주어졌다는 것을 아는 사람, 이성을 지닌 존재인 사람들에게는 특별한 불꽃이 주어져서, 오직 그들만이 본성적으로 이성을 통해서 신과 대화할 수 있는 힘을 지니고 있다는 것을 아는 사람이 우주의 시민으로 자처하지 못할 이유가 어디 있고, 신의 아들로 불리지 못할 이유가 어디 있으며, 사람들 가운데서 일어나는 일들을 두려워할 이유가 어디 있겠는가.

사람이 카이사르나 로마의 고관대작의 혈연이기만 해도, 체포될 염려도 없고 해를 당할 위험도 없이 안전하게 사는 것이 보장되어 있어서 모든 두려움과 염려로부터 벗어나 살아갈 수 있는 법인데, 하물며 신이 우리의 창조주이고 아버지이며 우리의 혈연인데, 그런 우리가 두려움과 염려로부터 벗어나서 살아가지 못할 이유가 어디 있겠는가.

17. 나는 나 같은 늙은이가 여기에 앉아서 모든 사람이 자기 자신을 하찮게 여기거나 비하하는 말을 하는 것을 막고자 해야 한다고 생각하지 않는다. 하지만 너희 중에 혹시 젊은이들이 자신과 신의 관계를 깨달은 후에 자신들이 육신과 그 다양한 필요들에 묶여 속박되어 있다는 것을 알고서 감당하기가 너무나 버거운 무거운 짐으로 여겨 떨쳐내 버리고자 하여 자신의 가족을 떠나고자 한다면, 나는 그런 사람들을 말리고 싶다. 그런 것은 너희의 스승과 교사가 그 이름에 걸맞은 사람들이라면, 네가 아니라 바로 그들이 감당해야 할 싸움이기 때문이다.

너희는 내게 와서 이렇게 말할지도 모르겠다: "에픽테토스여, 우리는 이 비참한 육신에 매여서 먹고 마시며 쉬고 씻는 것 같은 일들을 해야 하고, 먹고 살기 위해서 이 사람 저 사람에게 굽신거려야 하는 이런 삶을 이제 더 이상 견딜 수가 없습니다. 그런 일들은 정말 하찮고 쓸데없는 일들이 아닙니까. 죽음이 우리에게 해악이 아니라는 것이 사실이지 않습니까. 우리는 신들로부터 나왔으니 어떤 점에서 신들과 친척이지 않습니까. 우리를 옭아매고 옥죄고 있는 이 사슬로부터 놓여나서, 우리가 왔던 곳으로 되돌아가는 것은 좋은 일이지 않겠습니까. 여기 이 땅에는 도둑과 강도가 들끓고, 법정이 있으며, 우리의 이 비참한 육신과 그 필요들을 이용해서 우리를 지배하는 폭군들이 있습니다. 그들이 우리를 지배할 수 없다는 것을 보여주는 것도 좋은 일이지 않겠습니까."

18. 거기에 대해 나는 이렇게 대답한다: "친구들이여, 너희는 신을 기다려야 한다. 신이 너희에게 신호를 보내서, 이 땅에서 너희가 살아가야 할 기한이 끝났다고 말할 때, 너희는 그에게 갈 수 있다. 하지만 지금은 신이 너희 각자에게 정해 준 자리에서 인내하며 계속해서 머물러 있어야 한다. 너희가 이 땅에 머물러 있어야 하는 기간은 실제로 짧기 때문에, 기꺼이 머물러 있기로 작정한 사람들에게는 그렇게 어려운 일이 아니다. 육신과 거기에 속한 모든 것들을 하찮게 여기는 사람들에게 그 어떤 폭군이나 강도나 법정이 두려움의 대상이 되겠는가. 때가 이르기도 전에 경솔하게 이곳을 떠나려고 하지 말고, 이 땅에 잠시 더 머물며 느긋하게 기다려라."

19. 교사와 순진한 젊은이들 간에 벌어지는 일은 무엇과 같은가. 실제로 그들 사이에서는 무슨 일이 벌어지는가. 교사가 생명 없는 육신이면, 너희도 생명 없는 육신이 된다.

너희는 오늘 충분히 먹고 나서 앉아서 내일 끼니를 걱정하며 운다. 그것은 너희가 먹을 것의 노예가 되어 있다는 것을 보여주는 것이다. 너희에게 먹을 것이 있다면, 그것은 좋은 일이다. 하지만 먹을 것이 없다고 하더라도, 너희는 죽게 될 것이지만, 그것은 곧 하늘로 가는 길이 열린 것인데, 왜 슬퍼한단 말인가. 눈물을 흘릴 만한 무슨 이유라도 있다는 것인가.

어찌하여 너희는 서로에게 아부하고 서로를 시기하는가. 어찌하여 너희는 많이 가진 부자들이나 힘 있는 권력자들, 특히 그런 자들 중에서 강하고 변덕이 심한 자들을 두려워하는가. 도대체 그들이 우리에게 무슨 짓을 할 수 있는가. 그들이 우리에게 할 수 있는 것들은 우리가 하찮게 여기는 것들이고, 우리가 진정으로 소중하게 여기는 것들은 그들이 자신들의 힘으로 어떻게 할 수 있는 것들이 아니다. 이런 식으로 생각하며 살아가는 자들을 누가 지배할 수 있겠는가.

20. 너희는 이것을 알고, 너희에게 주어진 힘도 잘 알고 있기 때문에, 이렇게 말해야 한다: "오, 신이시여, 당신이 원하는 대로 무슨 시련이든 내게 보내십시오. 내게는 당신이 준 능력들과 힘들이 있어서, 어떤 시련이 닥쳐도 의연하게 극복할 수 있습니다." 하지만 실제로는 너희는 무슨 일이 일어나지는 않을까 노심초사하며 두려워 떨고 앉아 있다가, 무슨 일이 생기면 한참 슬퍼하고 신음하며 탄식하고, 그런 후에는 신들을 원망하고 욕한다. 그런 비열한 심령이 할 수 있는 것은 오직 한 가지뿐이고, 그것은 불경죄를 저지르는 것이다.

하지만 신은 우리가 온갖 시련과 역경 속에서 짓눌려서 부서지거나 절망하지 않고 충분히 감당할 수 있는 능력들을 우리에게 주었을 뿐만 아니라, 선한 왕이자 아버지로서 우리로 하여금 그의 제한이나 속박 없이 그 능력들을 아무런 방해를 받지 않는 가운데 전적으로 우리의 뜻대로 사용할 수 있게 해 주었다.

이렇게 이 모든 능력들을 너희 자신의 뜻대로 마음껏 사용할 수 있는데도, 너희는 그 능력들을 사용하지 않는다. 너희는 신이 너희에게 준 능력들이 무엇인지도 알지 못하고, 그 능력들이 어디로부터 온 것인지도 알지 못한 채, 그저 땅바닥에 주저앉아서 탄식하며 울고만 있을 뿐이다. 너희 중 어떤 이들은 이것을 너희에게 준 분을 전혀 알지 못해

서, 너희의 은인에게 감사조차 하지 않고, 또 어떤 이들은 도리어 배은
망덕하게도 신을 원망하고 비난하기도 한다.

하지만 나는 너희가 용감하고 위대한 마음을 지닐 수 있도록 신이
너희에게 어떤 능력들을 주었는지를 쉽게 보여줄 수 있다. 왜냐하면,
너희가 신을 원망하고 비난하는 것 자체가 신이 너희에게 어떤 능력들
을 주었는지를 내게 보여주고 있는 것이기 때문이다.

21. 소크라테스는 이 모든 것과 관련해서 어떻게 처신하였는가. 그
가 신들과의 관계에 대한 온전한 확신을 지닌 사람답게 처신했으리라
는 것은 두말할 필요도 없지 않겠는가.

22. 만일 신이 자신의 본성 중 일부를 떼어서 우리에게 주면서, 그것
이 그 자신이나 다른 누구의 지배나 제약을 받을 수 있게 했다면, 그런
신은 참된 신일 수 없거나, 우리를 제대로 보살핀 것이라고 할 수 없다.
너희가 선택을 할 수 있다면, 너희는 자유로운 존재다. 너희가 선택할
수 있다면, 너희는 다른 그 누구를 탓할 수 없고 비난할 수 없다. 모든
일은 너희와 신이 원하는 바에 따라 일어나게 될 것이기 때문이다.

23. 무감각에는 두 종류가 존재하는데, 하나는 깨닫지 못하는 무감
각이고, 다른 하나는 부끄러움을 모르는 무감각이다. 이러한 무감각
은 사람이 명백한 진리를 인정하기를 완강하게 거부하고서 자기모순
인 것을 고집할 때에 일어난다. 우리는 대체로 우리의 육신이 죽는 것
을 두려워해서 죽음을 피하기 위해서라면 그 어떤 고통도 기꺼이 감수

하고자 한다. 하지만 우리 정신이 죽은 것에 대해서는 전혀 신경을 쓰지 않는다. 실제로 정신과 관련해서 어떤 사람이 어떤 것을 제대로 따라하지 못하거나 깨닫지 못하는 상태에 있는 경우에는, 우리는 그 사람의 상태가 좋지 않다고 생각한다. 반면에, 어떤 사람이 무감각으로 인해 수치심과 염치가 없는 경우에는, 우리는 그가 강한 의지를 지녔다고 칭찬한다!

24. 저 옛적의 로마 사람들이 자신들이 관심을 갖고 있던 일들에 집중했듯이, 우리가 우리의 일에 그 정도로만 집중했다면, 우리는 분명히 무엇인가를 이루어 내었을 것이다.

나는 나보다 더 나이가 많은 어떤 사람을 알고 있는데, 그 사람은 지금 로마의 곡물시장에서 총책임자로 있다. 그 사람은 전에 유배지에서 돌아오는 길에 이 시장을 지날 때, 내게 자신의 이전의 삶을 들려주면서, 이제 자기가 다시 집으로 돌아가면 이후의 여생을 조용히 보내는 것이 자신의 유일한 소원이라고 분명하게 말했던 기억이 아직도 내 뇌리에 생생하다.

그는 그렇게 말한 후에 "내가 앞으로 살 날이 이제 얼마 남지 않았잖소"라고 큰 소리로 외쳤다.

그래서 나는 그에게 이렇게 말했다: "내가 장담하건대, 당신은 분명히 그렇게 하지 않을 것이오. 로마의 냄새가 당신의 코로 들어가는 바로 그 순간, 당신은 지금 당신이 한 모든 말들을 까맣게 잊어버릴 것이오. 당신이 황궁에 다시 들어가서 황제를 섬길 수 있는 길이 조금이라도 있다면, 당신은 뛸 듯이 기뻐하며 어떻게 해서든지 다시 관직으로 나아가게 될 것이고, 그런 길이 당신에게 열린 것에 대해 신에게 감사하게 될 것이오."

그러자 그는 내게 이렇게 응수했다: "에픽테토스여, 내가 황궁에 한 발자국이라도 들여 놓는다면, 당신이 나를 어떻게 생각해도 나는 다 받아들이겠소."

그래서 결국 어떻게 되었을까. 그는 로마 성내로 들어가기도 전에 황제가 보낸 교지를 받았고, 방금 전에 내 앞에서 큰소리치며 밝혔던 자신의 모든 결심을 다 잊어버리고서는 그 교지를 따랐다. 그 순간부터 그는 모든 기회를 이용해서 부를 축적해 갔다.

나는 그와 함께 있을 때에는 그가 이 길을 지나면서 내게 했던 말을 상기시켜 주면서, "내가 당신보다 몇 배는 더 나은 예언자가 아닌가"라는 말을 덧붙이곤 한다.

그렇다면, 나는 무슨 말을 하고자 하는 것인가. 사람은 왕성하게 활동해서는 안 되고 조용히 살아야 된다고 말하고자 하는 것인가. 절대 그렇지 않다! 그러나 다른 사람들이 하는 일들과 우리가 해야 할 일 간에는 큰 차이가 존재한다. 그들이 하는 일들을 한 번 얼핏 훑어보면, 너희는 그것을 분명하게 알 수 있다. 그들이 하루 종일 하는 일이라는 것은 곡물과 땅 등등을 이용해서 어떻게 돈을 벌 것인지를 계산하고 계획하고 서로 모여 논의하는 것뿐이다. 반면에, 내가 너희에게 권하는 것은 만유(우주)가 돌아가는 이치가 무엇이고, 그 속에서 이성을 부여받은 존재인 인간이 어떤 위치를 차지하는지를 알려고 하고, 너희 자신이 어떤 존재이고, 너희의 선한 면과 악한 면이 어떤 식으로 구성되어 있는지를 숙고하는 일을 하라는 것이다.

25. 대다수의 사람들이 억세게 불운한 사람이라고 생각해 온 어떤 사람이 내게 자기 대신에 로마에 보낼 편지를 써 달라고 부탁을 해왔다. 그 사람은 원래 큰 부자에다 권력도 있는 사람이었지만, 모든 것을 잃어버리고 여기에 와서 살고 있었다. 그래서 나는 그를 위해서 그의 사정이 어떤지를 밝히며 동정을 구하는 편지를 썼다. 그러자 그는 내가 쓴 편지를 다 읽고 나서는 내게 다시 돌려주면서, 이렇게 말했다: "나는 당신의 도움을 요청한 것이지, 당신의 동정을 요청하지는 않았소. 내게는 그 어떤 나쁜 일도 일어나지 않았으니까요."

26. 참된 가르침은 너로 하여금 네게 일어나는 모든 일에 만족하는 법을 배울 수 있게 해 주는 가르침이다. 어떻게 그런 일이 가능하단 말인가. 그것은 모든 일을 주관하는 신이 그렇게 정해 놓았기 때문이다. 신은 모든 일을 그런 식으로 안배해서, 여름이 있으면 겨울이 있게 하고, 풍년이 있으면 기근이 있게 하며, 선이 있으면 악이 있게 해서, 모든 것을 서로 반대되는 것들로 짝을 맞추어, 그 전체로 조화를 이루게 해 놓았다.

27. 네가 이 세상에서 잃는 것이 있는 경우에는 그것 대신에 반드시 얻는 것이 있다는 것을 늘 기억하라. 따라서 네가 얻은 것이 잃은 것보다 더 귀한 것이라면, 네 자신이 어떤 것을 잃었다고 생각해서는 안 된다는 것은 두말할 필요가 없다.

28. 신들과 관련해서 첫 번째 부류의 사람들은 신의 존재를 부정하

고, 두 번째 부류의 사람들은 신은 존재하지만 세상사에 관여하지도 않고 관심을 갖지도 않으며 어떤 것을 계획하지도 않는다고 말한다. 세 번째 부류의 사람들은 신은 존재하고 어떤 일들을 미리 계획하기도 하지만 오직 하늘의 큰 일들에 대해서만 그렇게 하고 이 땅에서 일어나는 일들에 대해서는 전혀 개입하지 않는다고 말한다. 네 번째 부류의 사람들은 신이 하늘의 일만이 아니라 땅의 일도 간섭하기는 하지만 오직 전체적인 것에만 관심을 갖고 구체적이고 개별적인 일들에는 개입하지 않는다고 생각한다. 오디세우스와 소크라테스 같은 다섯 번째 부류의 사람들은 "당신은 나의 일거수일투족을 다 아십니다"라고 외치는 자들이다.

29. 이 모든 것들을 고려할 때, 선하고 참된 사람은 마치 선한 시민들이 국법에 복종하듯이 만유를 다스리는 신의 뜻에 복종하고자 하여 신의 뜻이 무엇인지를 살피는 사람이다. 그러므로 진정으로 가르침을 받고자 하는 사람은 다음과 같은 마음가짐을 가져야 한다: "어떻게 하면 내가 모든 일에서 신들을 따를 수 있을까. 어떻게 하면 내가 신의 섭리에 만족할 수 있을까. 어떻게 하면 내가 자유롭게 될 수 있을까." 왜냐하면, 모든 일어나는 일들이 모든 일을 주관하는 신의 뜻을 따라 일어나는 것임을 알고 거기에 복종하여 받아들이게 되면, 그 누구로부터도 방해받을 수 없는 까닭에, 그런 사람은 진정으로 자유롭다고 할 수 있기 때문이다.

그렇다면, 자유는 미친 것을 의미하는가. 절대로 그렇지 않다. 미친 것과 자유는 공존할 수 없다. 네가 "나는 내가 원하는 모든 일이 내가 원하는 방식으로 일어나기를 원한다"고 말한다면, 너는 분명히 미친 것이고 정신 나간 것이다. 자유는 영광스러운 것이고 지극히 소중한 것임을 너는 알지 않느냐. 반면에, 내가 모든 일들이 내가 원하는 대로 일어나기를 원한다면, 그것은 고귀한 것이 아니라 지독하게 악한 것일 뿐이다.

30. 너는 사람이 이 원리를 따라 살아간다는 것이 결코 쉬운 일이 아니라는 것을 알아야 한다. 그렇게 되기 위해서는 날마다 이 원리를 되뇌어야 하고, 다른 사람들이 그 원리를 말하는 것을 들어야 하며, 자신의 삶 전체에 걸쳐서 그 원리를 실천해야 한다.

31. 너는 너그럽지 못하고 편협하며 부정적이다. 어떤 사람이 혼자 있는 것을 보면, 너는 그것을 처량맞다고 말한다. 사람들이 많이 모여 있는 것을 보면, 너는 그들을 나쁜 일을 하려고 음모를 꾸미고 있는 강도들이라고 부르고, 너의 부모와 자녀와 형제와 이웃을 헐뜯는다. 반면에, 너는 네 자신이 혼자 있는 것은 네가 고요한 평화와 자유를 누리고 있는 것이라고 말하고, 마치 네 자신이 신들처럼 된 것인 양 여긴다. 그리고 네가 많은 사람들과 함께 어울려 있을 때에는, 너는 그들을 야단법석을 떨며 너를 피곤하게 하는 어중이떠중이들이라고 말하지 않고, 중요한 일들을 논의하고 결정하는 회의이자 법정이라고 말하며, 모든 것을 아주 흡족해한다.

32. 그렇다면, 이 원리를 받아들이지 않는 사람들이 받는 벌은 무엇인가. 그들이 현재 처한 처지가 바로 그들에 대한 벌이다. 혼자 있는 것

을 싫어하는 사람이 있는가. 그는 고독하게 살아갈 것이다. 부모에게 불만인 사람이 있는가. 그는 나쁜 아들이 되어 불평하며 살아갈 것이다. 자녀에게 불만인 사람이 있는가. 그는 나쁜 아비가 되어 살아갈 것이다. 어떤 사람은 "그를 감옥에 처넣어라"고 말할지도 모르겠다. 하지만 그를 어떤 감옥에 처넣으라는 말인가? 그는 이미 감옥에서 살아가고 있지 않은가. 왜냐하면, 그는 자신의 뜻에 맞지 않는 곳에서 살아가고 있고, 어떤 사람이 자신의 뜻에 맞지 않는 곳에서 살아가고 있다면, 그에게는 바로 그곳이 감옥이기 때문이다. 그런 의미에서 소크라테스는 자신의 뜻을 따라 자기가 원해서 감옥에 있었기 때문에, 사실은 감옥에 갇혀 있는 것이 아니었다.

33. 너는 네 자신을 이 우주와 비교하면 눈에 보이지도 않는 아주 작은 점에 불과하다는 것을 아느냐? 하지만 그것은 너의 육신과 관련해서만이다. 네가 지닌 정신이나 지성과 관련해서라면, 너는 신들보다 결코 못하지 않고 그들보다 열등하지 않다. 너의 정신이나 지성의 크기는 길이나 높이가 아니라 사고가 얼마나 깊은가를 기준으로 측정된다. 그러므로 네가 신들에 비해서 전혀 못하지 않은 바로 그 정신과 지성에서 너의 행복을 찾으라.

34. 어떻게 해야 사람이 신들이 만족하고 기뻐하는 방식으로 식사할 수 있는가에 대한 질문을 받았을 때, 에픽테토스는 이렇게 대답했다: "사람이 식사할 때에 바르고 단정하며 절제와 기품이 있고 즐겁게 먹는다면, 신들이 흡족해하는 방식으로 식사하는 것이 아니겠는가. 그

러나 네가 뜨거운 물을 달라고 했는데, 너의 종이 대답하지 않거나, 미지근한 물을 갖다 주거나, 심지어 모습조차 보이지 않을 때, 네가 불같이 화를 낸다면, 신들은 너의 식사하는 모습을 아름답다고 생각하지 않을 것이다."

"하지만 어떻게 그런 종에게 화를 내지 않고 참을 수 있겠습니까?"

"이 한심한 사람아, 그 종은 신을 자신의 아버지로 둔 사람으로서 너와 마찬가지로 지극히 고귀한 혈통에서 태어난 너의 가족이자 형제인데, 네 자신의 형제에 대해서 그 정도도 참을 수 없단 말인가. 네가 사회적으로 높은 지위에 있다고 해서, 폭군처럼 행할 권리가 네게 주어지기라도 했다는 것이냐. 네가 어떤 존재인지를 기억하고, 네가 부리는 너의 종들이 어떤 존재인지를 생각하라. 그들은 본질상 너의 혈육들이고 너의 형제들이며 다 같은 신의 자녀들이다."

"하지만 내가 그들을 돈 주고 샀고, 그들이 나를 산 것이 아니잖습니까?"

"지금 너의 그런 생각은 도대체 어느 법을 따른 것이냐. 너는 죽어서 지옥에 간 자들에게나 적용되는 저 멸시할 만한 끔찍한 법을 생각하고 있는 것이 아니냐. 하지만 너는 신들의 법을 생각하고 거기에 따라 행하여야 한다."

35. 우리는 다른 사람의 초대를 받아서 연회에 갔을 때에는 우리 앞에 놓인 음식을 먹는다. 만일 누군가가 주인에게 자신의 식탁에 생선이나 맛있는 음식들을 내어올 것을 요구한다면, 그 사람은 비웃음을 사게 될 것이다. 하지만 우리가 신들에게 어떻게 하고 있는지를 생각해 보

라. 우리는 신들에게 그들이 우리에게 주지 않은 것들을 내어 놓으라고 요구한다. 게다가, 신들은 우리에게 아주 많은 것들을 차고 넘치게 주었음에도 불구하고, 우리는 그런 요구를 한다.

36. 어떤 사람이 자기가 한 모든 일들을 신이 다 지켜보고 있다는 것을 어떻게 확신할 수 있느냐고 질문하자, 에픽테토스는 이렇게 대답했다: "땅과 하늘에서 일어나는 모든 일들이 하나의 전체를 이루어서 함께 돌아간다는 것을 너는 믿지 않느냐?"

그 사람은 "믿습니다"라고 대답했다.

"만일 그렇지 않다면, 어떻게 나무들이 신이 지시를 내린 듯이 때를 따라 꽃을 피우고 가지를 내며 열매를 맺을 수 있겠으며, 또 때가 되면 열매와 나뭇잎들을 땅에 떨어뜨리고서 조용히 휴식에 들어갈 수 있겠느냐. 또한, 이렇게 우리가 하늘에서 달이 찼다가 기울고 해가 가까이 다가왔다가 멀리 물러나는 변화들을 볼 수 있듯이, 땅에서도 마찬가지로 그런 계절의 변화들을 볼 수 있겠느냐. 모든 성장하는 것들, 심지어 우리 자신의 육신조차도 우주 전체와 연결되어 있다면, 우리의 정신이 천지 만물이나 하늘과 땅 같은 온 우주와 연결되어 있다는 것은 더욱더 확실하지 않겠느냐. 우리의 정신이 신과 이토록 굳건하게 연결되어 있고, 실제로 신의 일부라면, 신이 자신의 일부인 우리의 모든 움직임을 마치 자신의 움직임처럼 느끼고 아는 것은 당연하지 않겠느냐."

37. 너는 이렇게 말한다: "하지만 나는 이 모든 것을 금방 이해할 수 없고 받아들이기가 힘듭니다. 도대체 누가 사람의 능력이 신의 능력과

대등하다고 우리에게 말해 주었습니까."

"신은 각 사람에게 수호신(이성)을 주었는데, 수호신의 임무는 자신의 책임 아래 있는 사람을 지키는 것이기 때문에 자지도 않고 속지도 않는다. 신이 우리에게 준 수호신보다 더 깨어 있어서 우리를 더 잘 지킬 수 있는 존재가 어디 있겠는가. 그러므로 너는 문들을 다 닫아 걸어서 칠흑같이 어두운 실내에 혼자 있을 때에도, 네가 혼자 있다는 말을 결코 해서는 안 된다는 것을 명심하라. 너는 혼자 있는 것이 아니다. 신이 너와 함께 있고, 너의 수호신이 너와 함께 있다. 수호신이 캄캄한 실내에서 네가 무엇을 하는지를 보려면 빛이 필요할 것이라고 생각하느냐.

사실 군인들이 카이사르에게 충성을 맹세하듯이, 너도 진작 이 신에게 충성을 맹세했어야 옳다. 군인들은 돈을 받고 황제를 위해 군복무를 하게 되었을 때 카이사르의 생명을 다른 어떤 것보다도 더 소중히 여기겠노라고 맹세한다. 그런데 신은 네게 무수히 많은 크고 좋은 것들을 이미 주었기 때문에, 너는 신에게 충성맹세를 하는 것이 마땅하지 않겠느냐. 그리고 네가 충성맹세를 했다면, 그 맹세를 지키는 것이 옳다. 그렇다면, 너는 신에게 무엇을 맹세해야 하는지를 아느냐? 네가 맹세할 것은 절대로 불복종하지 않겠다는 것, 신으로부터 네게 주어진 그 어떤 것에 대해서도 불평하지 않겠다는 것, 네게 주어진 그 어떤 일도 기꺼이 다 행하고 감내하겠다는 것이다."

"그런 맹세가 군인들이 카이사르에게 하는 맹세와 똑같은 것입니까."

"그렇다. 하지만 한 가지 다른 것은 그들은 카이사르를 다른 그 어떤

265

것보다 더 소중히 여기겠노라고 맹세하지만, 너는 너의 참된 자아를 다른 모든 것보다 더 소중히 여기겠노라고 맹세해야 한다는 것이다."

38. "어떻게 하면 나의 형제가 내게 화내는 것을 그치게 할 수 있습니까."

"그를 내게 데려와라. 내가 그에게 말하리라. 하지만 그가 화내는 것에 대해 네게 할 말은 아무것도 없다."

39. 어떤 사람이 에픽테토스에게 와서 조언을 구하기 위해 이렇게 말했다: "나의 형제가 나와 화해하지 않는다고 할지라도, 어떻게 하면 내가 계속해서 평정심을 유지한 채 그를 대할 수 있는지에 대해 조언을 받고 싶습니다."

에픽테토스가 이렇게 대답했다: "모든 크고 중요한 일들은 서서히 이루어지고, 아니 굳이 그런 큰일들이 아니더라도 포도 열매나 무화과 열매 하나가 맺히는 데에도 꽤 오랜 시간이 걸리는 법이지. 그러므로 네가 지금 내게 무화과 열매를 갖고 싶다고 말한다면, 나는 시간이 필요하다고 말할 것이다. 먼저 꽃이 피기 시작하고, 그 다음에 만개하고, 그런 후에 무르익어 열매가 맺힐 때까지 기다려야 해. 무화과 열매 하나조차도 하루아침에 맺히지 않는 법인데, 사람의 마음에 열매가 맺혀서 그 열매를 거두는 일이 어떻게 빠르고 쉽게 될 수 있겠느냐. 설령 내가 그 일이 쉽고 빠르게 될 것이라고 조언할지라도, 너는 그런 기대를 가져서는 안 된다."

40. 에파프로디투스에게 펠리키온이라는 신발제조공인 노예가 있었는데, 쓸모가 없다고 생각해서 그를 팔아 버렸다. 나중에 이 노예는 어떻게 하다 보니 우연히 카이사르의 신하들 중 한 사람에게 팔려가서, 카이사르의 신발을 만드는 자가 되었다. 그런 일이 있은 후에 에파프로디투스가 그 노예에게 아주 깍듯하게 예를 갖추어 공손히 대하는 모습을 너는 보았어야 한다. "자비로운 펠리키온이여, 잘 지내셨는가. 뭐 한 가지 물어봐도 되겠는가." 이런 광경은 비일비재했는데, 그런 때에 어떤 사람이 "에파프로디투스가 지금 무엇을 하고 있는 것입니까"라고 물었다면, 언제나 돌아오는 대답은 "그가 펠리키온에게 이런저런 일들에 대해서 물어보며 조언을 구하고 있는 것이라네"라는 말이었을 것이다. 그는 펠리키온을 쓸모없다고 생각해서 팔아 버린 사람인데, 어떻게 갑자기 펠리키온을 현자로 여기게 된 것인가. 이것은 신의 뜻 이외의 다른 것들을 중요하다고 생각하는 사람들에게 일어나는 일이다.

41. 네 자신이 하기 싫은 일을 다른 사람들에게 하라고 강요하지 말라. 네가 노예가 되는 것이 싫다면, 다른 사람들을 노예로 삼아서 부려 먹는 데 신중해야 한다. 네가 다른 사람들을 노예로 삼아 부려 먹는 것을 개의치 않는다면, 사람들은 네가 한때 노예였을 것임에 틀림없다고 생각할 것이다. 악덕이 미덕과 아무런 공통점이 없고 완전히 다르듯이, 자유도 노예가 되는 것과 아무런 공통점이 없고 완전히 다르기 때문이다.

에픽테토스의 어록 단편들

1. 운명에 휘둘리는 삶은 격류와 같아서, 흙탕물이 되어 요란하게 흘러가며 건너기 어렵고 모든 것이 순식간에 휩쓸려가서 고요하고 차분한 것이 전혀 없고 오직 소란만이 있을 뿐이다.

2. 미덕과 동행하는 정신은 마르지 않고 늘 흐르는 샘과 같아서, 정갈하고 깨끗하며 건강하고 달콤한 것들이 차고 넘치고, 그 어떤 것도 해치거나 파괴하지 않는다.

3. 자신의 마실 것에 꿀벌의 선물을 타서 달콤하게 만드는 사람이 신의 선물인 이성에 악덕을 섞어서 쓰게 만드는 것은 부끄러운 일이다.

4. 까마귀들은 시체의 눈을 파먹지만, 죽은 자들에게는 더 이상 눈이 필요하지 않다. 반면에, 아첨하는 자들은 산 사람의 정신을 훼손해서 그 정신을 눈멀게 한다.

5. 혀를 길들이지 않고 멋대로 놀리는 것은 무딘 칼을 사용하는 것과 같다.

6. 본성이 인간에게 하나의 혀와 두 개의 귀를 준 것은 말하는 것보다 듣는 것을 두 배로 하게 하기 위한 것이다.

7. 정의의 법정에서 네 자신을 판단해 보기 전까지는, 인간의 법정에서 판결하지 말라.

8. 재판장이 다른 사람들에 의해서 판단을 받는 것은 부끄러운 일이다.

9. 무슨 수를 써서라도, 나는 길지만 비열한 삶을 살기보다는 짧지만 고귀한 삶을 살기를 원한다.

10. 자유는 미덕의 이름이고, 노예로 살아가는 것은 악덕의 이름이다. 자신의 행위들이 자유로운 자는 아무도 노예가 아니다.

11. 즐거움들 중에서 아주 드물게 주어지는 것들이 가장 큰 기쁨을 선사한다.

12. 적정한 정도를 넘어서게 되면, 아무리 즐거운 것도 별로 즐겁지 않은 것이 되고 만다.

13. 아첨하는 자의 위협은 원숭이의 분노와 동급이다.

14. 너의 혈기들을 꾸짖고 징계하라. 그래야만 그 혈기들이 네게 복수하지 못할 것이다.

15. 자기 자신을 다스리지 못하는 사람은 자유인이 아니다.

16. 하나의 닻을 단 배로 항해할 수 없듯이, 하나의 소망으로 삶을 살 수 없다.

17. 자족하는 것으로 너의 요새를 삼아라. 자족함은 난공불락의 요새이다.

18. 돈과 쾌락과 영광을 사랑하는 자는 그 누구도 인간을 사랑하는 자가 될 수 없다. 어떤 것을 사랑하지 않는 자만이 공정하고 선할 수 있다.

19. 네가 숨 쉬는 것보다 더 자주 신을 생각하라.

20. 가장 고귀한 삶을 선택해서 살아라. 그런 삶이 너의 몸에 배어

습관이 되면 네게 아주 달콤한 삶이 될 것이다.

21. 신에 대한 너의 말이 날마다 새로워지게 하고, 네가 먹고 마시는 횟수보다 더 자주 새로워지게 하라.

22. 사람들이 기도하고 기원하지 않아도 해는 떠올라서 빛을 비추고 모든 사람의 환영을 받는 것처럼, 너는 사람들의 박수갈채와 환호성과 칭송이 없어도 네가 마땅히 해야 할 일들을 행하고 자발적으로 선을 행하라. 그러면 해처럼 사람들로부터 사랑을 받게 될 것이다.

23. 어떤 사람이 너만을 사랑한다면, 그는 아무도 사랑하지 않는 자이니, 그런 사람이 너를 사랑하고 있다고 생각한다면, 그것은 착각이다.

24. 신이 네 옆에 서서 네가 하는 모든 일을 지켜보고 있다는 것을 기억한다면, 너는 육신으로 행하거나 정신으로 기도하는 데 잘못을 저지르지 않게 될 것이고, 신은 너와 함께 할 것이다.

옮긴이 **박문재**

서울대학교 법과대학 법학과와 장로회신학대학교 신대원 및 동 대학원을 졸업하였으며, 신학과 사회과학을 좀 더 깊이 연구하기 위해 독일 보쿰Bochum 대학교에서 공부하였다. 또한 고전어 연구 기관인 Biblica Academia에서 오랫동안 고대 그리스어(헬라어)와 라틴어를 익히고, 고대 그리스어와 라틴어로 쓰인 저서들을 공부하였다. 대학 시절에는 역사와 철학을 두루 공부하였으며, 전문 번역가로 30년 이상 신학과 인문학 도서를 번역해 왔다. 역서로는 『자유론』, 『프로테스탄트 윤리와 자본주의 정신』, 『실낙원』, 『톨스토이 고백록』 등이 있고, 라틴어 원전 번역한 책으로 『고백록』, 『철학의 위안』 등이 있다. 그리스어 원전에서 번역한 아우렐리우스의 『명상록』과 『소크라테스의 변명·크리톤·파이돈·향연』은 매끄러운 번역으로 독자들의 호평을 받고 있다.

현대지성 클래식 18

명상록

1판 1쇄 발행 2018년 4월 2일
1판 15쇄 발행 2024년 12월 30일

지은이 마르쿠스 아우렐리우스
옮긴이 박문재
발행인 박명곤 **CEO** 박지성 **CFO** 김영은
기획편집1팀 채대광, 김준원, 이승미, 김윤아, 백환희, 이상지
기획편집2팀 박일귀, 이은빈, 강민형, 이지은, 박고은
디자인팀 구경표, 유채민, 윤신혜, 임지선
마케팅팀 임우열, 김은지, 전상미, 이호, 최고은

펴낸곳 (주)현대지성
출판등록 제406-2014-000124호
전화 070-7791-2136 **팩스** 0303-3444-2136
주소 서울시 강서구 마곡중앙6로 40, 장흥빌딩 10층
홈페이지 www.hdjisung.com **이메일** support@hdjisung.com
제작처 영신사

© 현대지성 2018

"Curious and Creative people make Inspiring Contents"
현대지성은 여러분의 의견 하나하나를 소중히 받고 있습니다.
원고 투고, 오탈자 제보, 제휴 제안은 support@hdjisung.com으로 보내 주세요.

현대지성 홈페이지

"인류의 지혜에서 내일의 길을 찾다"
현대지성 클래식

현대지성 클래식 살펴보기